LK² 1419

ESSAI
SUR
L'HISTOIRE
DES COMTES SOUVERAINS
DE PROVENCE.

ESSAI

SUR

L'HISTOIRE

DES COMTES SOUVERAINS

DE PROVENCE.

Précédé d'un Précis historique des différentes dominations auxquelles la Provence a été soumise dans les temps anciens, antérieurs à l'époque du règne de ses Comtes ou Souverains particuliers.

Par M. BOISSON-DE-LA-SALLE, de la Société Académique d'Aix.

A AIX,
Chez G.ᵈ MOURET, Imprimeur du Roi.

1820.

ERRATA.

Pages 18, lignes 11, Tribonius, *lisez* Trebonius.
       28,   18, Suétonne, *lisez* Suétone.
       49,   26, Sapund, *lisez* Sapaud.
       65,   9, droit civil, *lisez* droit écrit.
       108,   4, qu'il fut, *lisez* qu'il fût.
       127,   5, eût, *lisez* eussent.
       171,   26, Quidoguerra, *lisez* Guidoguerra.
       193,   1, où les Pontifes, *lisez* Deux-Siciles, où les Pontifes.
       231,   25, S'il eut été, *lisez* s'il eût été.
       256,   14, sur, *lisez* par.
       256,   25, la soif de régner, *lisez* ta soif de régner seule.

AVIS DE L'ÉDITEUR.

L'auteur du présent Essai sur l'histoire des Comtes souverains de Provence, et du précis historique qui en est l'introduction, est un ancien Conseiller au Parlement d'Aix, ami des lettres, et surtout de cette belle partie des connaissances humaines, dont l'objet principal est de guider l'homme dans la carrière qu'il est appelé à parcourir, en lui présentant le fidèle tableau des vertus et des vices de ses ancêtres, et la série des bons ou mauvais succès, qui en ont presque toujours été la récompense ou la punition.

L'amour du pays, qui l'a vu naître, a naturellement entraîné M. de la Salle vers l'étude de l'histoire des souverains particuliers qui, pendant plusieurs siècles, en ont réglé les destinées et c éré le bonheur ; mais peu satisfait des notions éparses et incomplètes qu'on trouve sur ce sujet dans les histoires générales et particulières de Provence, du Languedoc, de France, d'Espagne, de Naples, de Sicile, etc., il n'a pas hésité à consacrer ses loisirs aux recherches indispensables pour éclaircir cette partie embrouillée de notre histoire. Pour cet effet, il a dû remonter aux sources où ont puisé les auteurs qui en ont traité. Nous indiquerons ces sources, en insérant à la fin de cet ouvrage une table alphabétique des auteurs anciens et modernes, et des mémoires, chroniques et documens dont il a été tiré ; et nous épargnerons ainsi au lecteur, l'ennuyeuse répétition des citations marginales.

L'auteur s'est borné à une histoire particulière très-circonscrite, sans se permettre d'autres remarques et réflexions que celles qui lui ont paru nécessaires pour l'intelligence des événemens. Il n'a rapporté des histoires contemporaines du reste de l'Europe, que ce qu'elles ont de relatif à celle dont il s'est occupé ; et il s'est ainsi ménagé le temps de donner à ses recherches toute l'étendue qu'exigeaient l'examen et la discussion des faits, faux ou douteux, qui n'échappent que trop souvent aux historiens les plus attentifs, lorsqu'ils travaillent sur un vaste canevas. Il a eu de plus l'avantage de pouvoir renfermer dans un seul in-octavo tout ce que contient d'essentiel le volume in-folio, que publia sur le même sujet Antoine de Ruffi, en 1655.

Au reste en commençant cet Essai, M. de la Salle n'avait d'autre dessein, que de conserver pour son usage le fruit de ses études; il ne s'est déterminé à le publier, que dans l'objet de satisfaire en quelque sorte la curiosité de ceux de ses compatriotes, qui se rappellent volontiers, comme lui, le souvenir de l'administration équitable et vraiment paternelle de nos anciens Comtes, et surtout de ceux de la maison de France.

INTRODUCTION.

CHAPITRE PREMIER.

La Provence avant la domination des Romains.

Avant que la Provence fût soumise aux Romains, différens peuples, connus en général sous le nom de Salyens, et distingués entr'eux par des noms particuliers, l'habitaient et y formaient des associations, ou fédérations, dominées par les plus puissans. On nommait Liguriens ceux qui occupaient la côte de la Méditerranée, depuis le Rhône jusqu'aux Alpes-maritimes; et c'est sur cette côte, que Marseille fut fondée par une colonie de Grecs, sortis de la Phocide ionienne située dans l'Asie mineure.

Marseille dût dans la suite son accroissement et sa prospérité à la sagesse de ses lois, et à la vigilance de son gouvernement républicain, qui favorisa le commerce et la navigation, et qui sut mettre à profit les talens et les travaux de deux de ses citoyens, dont l'Histoire nous a conservé le souvenir. Pythéas et Euthimènes, mathématiciens, astronomes et géographes, parcoururent les mers, l'un au nord, l'autre au sud, multiplièrent, par leurs découvertes, les ressources du commerce de Marseille, et contribuèrent à y faire fleurir en même temps les lettres, les sciences et les arts. Marseille fut en effet, au rapport de Cicéron, l'Athènes des Gaules, et suivant Pline, la Maîtresse des études.

Les Marseillais, pour étendre leur commerce, fondèrent des colonies en diverses parties de la Gaule. Les premières furent: *Tauroentum*, ville ruinée depuis des siècles, et dont il existe cependant encore des vestiges intéressans, qui portent le nom de *Taurenti*, à droite de l'entrée du golfe de la Ciotat; *Olbia*, aujourd'hui Hières; *Antipolis*, Antibes; *Nicæa*, Nice. Ces villes n'étaient d'abord que des comptoirs, pareils à ceux que les commerçans d'Europe ont établis, dans les temps modernes, en Asie et en Afrique. Ces colonies se gouvernaient suivant les mêmes lois et les mêmes usages, que la métropole.

Les Phocéens, bien loin d'aborder dans les Gaules avec des intentions hostiles, n'y avaient apporté que les bienfaits de la civilisation. Ils furent cependant forcés de se défendre contre les Salyens, qui partageant le caractère farouche des Gaulois, n'avaient d'autre motif dans leurs expéditions guerrières, que l'aversion pour les étrangers et l'amour du pillage.

Marseille avait cru devoir faire alliance avec les Romains: elle leur demanda du secours, sans apercevoir le danger d'attirer auprès d'elle un allié puissant et avide, qui n'attendait qu'un prétexte plausible pour entrer dans la Gaule, et s'y établir.

Rome ne manqua pas d'envoyer une armée sous les ordres du consul Fulvius Flaccus, pour repousser les Salyens : Fulvius vainquit ces peuples. Cette première expédition en Provence, donna aux Romains la facilité d'étendre dans la suite leurs conquêtes dans la Gaule. Ils soumirent successivement les pays qui comprennent aujourd'hui la Provence, le Dauphiné, la Savoie, le Languedoc, et appellèrent ce pays *Provincia romana*, la Province romaine, d'où est venu ensuite le nom de Provence. Cependant les Salyens, qui avaient été vaincus par Fulvius Flaccus, n'avaient pas été soumis : ils le furent deux ans après par le proconsul Sextius Calvinus, qui réduisit leur pays sous la domination romaine.

CHAPITRE II.

La Provence sous la république romaine.

Sextius donna à la république de Marseille, les terres qu'il avait conquises sur les Salyens, à l'exception de la contrée où il les avait vaincus, et où se trouvaient d'abondantes sources d'eau thermale. Ce fut en ce lieu qu'il fonda la ville d'Aix : la première que les Romains aient bâtie dans les Gaules, et dont le nom, *Aquæ Sextiæ*, rappelle à la fois la mémoire de son fondateur et la circonstance qui détermina son choix.

Les Romains s'établirent d'abord dans le plat pays : la prudence exigeait qu'ils s'éloignassent des montagnes, pour n'avoir pas à lutter à la fois contre les difficultés du terrain et contre le courage indompté des habitans.

La domination romaine en Provence, fut troublée par l'arrivée des Cimbres et des Teutons. Ces peuples, sortis de cette contrée du nord qui forme aujourd'hui les États de Danemarck, se mirent les premiers en marche, et entraînèrent dans leur parti d'autres peuples, avides comme eux de meurtre et de pillage.

Il est difficile de croire que sans cette réunion, ils eussent pu former ce nombre prodigieux de barbares qui pénétrèrent ensemble dans les contrées du midi de l'Europe. Les incursions des peuples du nord ne nous sont, en effet, représentées dans l'Histoire, que comme des suites de la réunion de plusieurs différentes peuplades qui se rassemblaient d'un commun accord, pour chercher à s'établir dans des régions plus fertiles, où elles étaient sûres de trouver des subsistances et des richesses, que leurs pays ne pouvaient plus leur fournir. C'est ainsi que les Ambrons qui habitaient l'Helvétie, aujourd'hui la Suisse, se réunirent aux Cimbres et aux Teutons. Ces peuples se répandirent comme un torrent dans la Gaule, et pénétrèrent en Provence.

La république romaine parvenue alors au plus haut période de sa gloire, eut à redouter l'invasion de ces barbares qui menaçaient déjà l'Italie. Le sénat se hâta d'envoyer Marius avec une armée, pour arrêter dans les Gaules ce torrent dévastateur.

Marius venait de vaincre Jugurtha, roi de Numidie. Il arriva en Provence, tandis que les hordes ennemies avaient fait une incursion dans l'Espagne, déjà soumise aux Romains qui l'avaient enlevée aux Carthaginois. Cette incursion donnait du temps au général romain. Il en profita pour fortifier son camp près d'Arles, et exercer ses soldats à la fatigue et au travail, en leur faisant exécuter en très-peu de temps, ce fameux canal qui fut nommé, du nom de son auteur, *Fossæ*

Mariane, et qui, recevant les eaux du Rhône, au-dessous de la ville d'Arles, avait son embouchure dans la mer, auprès du lieu qui porte encore aujourd'hui le nom de Fos.

La destination de ce prodigieux ouvrage, fut de rendre plus prompt et plus facile le transport des munitions, que Marius tirait par mer de Marseille, pour l'entretien de son armée, et qui rencontraient auparavant de grandes difficultés à remonter par les embouchures naturelles du Rhône, encombrées de vase et de graviers, et exposées aux coups d'une mer orageuse. La ville de Marseille resta depuis en possession de ce canal, en récompense des services qu'elle avait rendus à Marius.

Les Cimbres, les Teutons et les Ambrons chassés d'Espagne, revenaient sur leurs pas, lorsque Marius qui s'était rendu à Rome, dans le dessein d'y briguer le consulat pour la quatrième fois, en revint à temps pour combattre les Ambrons et les Teutons, qui s'étaient séparés des Cimbres. Ces derniers se dirigèrent sur l'Italie, par les Alpes Noriques, aux frontières du Frioul. Les autres se portèrent dans la basse Provence et traversèrent le Rhône, dont le passage ne leur fut pas disputé. Marius, après avoir levé son camp d'Arles, les atteignit dans une plaine du territoire d'Aix, dite aujourd'hui le Plan-d'Aillane, auprès du hameau des Milles. Il y eut dans cet endroit un engagement, dans lequel les ennemis firent peu de résistance, et ils continuèrent leur marche vers l'Italie; mais ce premier combat ne fut que le prélude d'une bataille sanglante et décisive que leur livra Marius, entre les villages de Trets et de Pourrières, où les Ambrons et les Teutons furent taillés en pièces.

Les historiens nous ont transmis à ce sujet une circonstance remarquable des mœurs de ces barbares. La pudeur était tellement révérée parmi les femmes des Teutons, que plus de trois cents d'entre elles, se voyant privées de leurs époux et craignant de servir aux désirs voluptueux de leur vainqueur, supplièrent Marius de les donner à Cérès ou à Vénus, pour servir dans leur temple, en qualité d'esclaves. Sur le refus de Marius, ces femmes désespérées massacrèrent leurs enfans et s'étranglèrent ensuite, préférant la mort à la perte de leur liberté.

La Provence étant ainsi totalement délivrée de l'invasion des Ambrons et des Teutons, Marius, pour célébrer sa victoire, fit élever sur le champ de bataille, un monument en forme de pyramide, dont on trouve encore aujourd'hui des vestiges sur la rive gauche de l'Arc, non loin du pont de la petite Pugère. L'année suivante, Marius eut le même avantage dans les champs raudiens, auprès de Verceil en Italie.

Tel fut le résultat de l'expédition formidable de ces peuplades sorties du nord, qui ne furent exterminées qu'après avoir désolé pendant onze ans les provinces romaines.

Les Salyens qui servaient dans l'armée de Marius, eurent beaucoup de part à sa victoire. Il était sans doute de leur intérêt, d'être délivrés de ces peuples errans qui dévastaient leurs propriétés; mais ils n'en restèrent pas moins sous le joug des Romains leurs vainqueurs. Ils eurent surtout beaucoup à souffrir du passage continuel des troupes romaines qui se rendaient en Espagne, et auxquelles il fallait fournir des vivres, des voitures et de l'argent.

Le souvenir de leur ancienne liberté leur faisait détester et refuser toutes les charges publiques; mais les vainqueurs surent enfin les accoutumer à l'obéissance, en les assujettissant aux lois et aux coutumes romaines. Pour y parvenir plus promptement, le premier soin des Romains fut d'affranchir les Salyens du pouvoir des Druides, qui avaient réuni jusqu'alors l'autorité civile aux fonctions du sacerdoce; et de leur présenter, par l'exemple des colonies romaines établies chez les peuples vaincus, l'image séduisante du gouvernement, du culte religieux et des jeux de Rome. Ces changemens excitèrent les Salyens à la révolte; mais ils furent soumis par le général romain Cecilius.

La république romaine, victorieuse de tant de nations, fut tourmentée par ses propres sujets.

Sertorius, l'un de ses généraux, voulut se rendre indépendant en Espagne, et fit soulever les peuples de son gouvernement. Le sénat alarmé envoya contre lui une armée commandée par le jeune Pompée, le même qui dans la suite fut opposé à César. Cette armée passa par la Provence. Les Salyens voulurent arrêter sa marche, et furent même soutenus par les peuples connus alors sous le nom d'Helviens, de Voconces et de Volces arécomiques. Les Helviens sont aujourd'hui les habitans du Vivarais; les Voconces avaient pour capitale *Vasio*, ville puissante et considérable dans ce temps-là, et qui est aujourd'hui la petite ville de Vaison. Les Volces arécomiques étaient voisins du Rhône, et s'étendaient le long de la mer, dans ce qu'on appelle aujourd'hui le bas Languedoc.

Pompée fit rentrer tous ces peuples dans le devoir, et les ayant dépouillés d'une partie des terres qu'ils possédaient le long du Rhône, il les donna aux Marseillais, en récompense des services qu'il en avait reçus. Les Romains ne se montraient généreux envers un peuple, que lorsque celui-ci avait servi à leur en soumettre un autre; et ils ne faisaient jamais de guerre éloignée, sans être secondés par un allié voisin de l'ennemi.

Les factions qui agitaient Rome, s'étendaient jusque dans les provinces. Les Allobroges (1)

___

(1) Ancien peuple de la Gaule, soumis aux Romains. Il

avaient pris parti dans la conjuration de Catilina; et pour y entraîner les Provençaux, ils avaient pénétré jusqu'en Provence, avec quelques corps de troupes; mais la mort inopinée de ce conspirateur, et les sages précautions prises par le préteur Cneus Pontinus, dissipèrent ces mouvemens, avant qu'ils eussent produit de fâcheux effets pour la république romaine. Salluste, dans la conjuration de Catilina, ne parle de Cneus Pontinus, que relativement aux Allobroges, sans faire mention des Provençaux; Dion Cassius est le seul historien qui donne quelque connaissance des mouvemens des Allobroges en Provence.

L'Italie, l'Espagne, une partie de la Gaule, l'Illyrie jusqu'au Danube, la Germanie jusqu'à l'Elbe, la Grèce, la Thrace, la Syrie, l'Égypte, les royaumes de l'Asie mineure et ceux qui étaient situés entre le Pont-Euxin et la Mer Caspienne, étaient devenus des provinces romaines. Il ne restait plus à conquérir que la grande Bretagne et le reste de la Gaule. Jules-César, ce romain qu'il suffit de nommer, en médita la conquête, bien plus pour son propre intérêt, que pour celui de sa patrie.

Il s'était déjà frayé la route aux premières

---

habitait le pays situé entre les Alpes grecques, le lac Leman, le Rhône et l'Isère. On appelait Alpes grecques, celles qui sont situées depuis le Mont-Cénis jusqu'au grand Saint-Bernard, sur les frontières du Valais.

dignités de la république, par son éloquence, autant que par ses talens militaires, lorsqu'il obtint le gouvernement de la Gaule méridionale qui était déjà entièrement soumise aux Romains, et dont la Provence n'était qu'une partie. Il partit pour son gouvernement, roulant dans son esprit les plus vastes projets.

Son premier exploit fut l'expulsion des Helvétiens qui menaçaient de faire une invasion dans la Provence. Après les avoir défaits, César les obligea de rentrer dans leur patrie. Il tourna ensuite ses armes contre les Germains qui s'étaient jetés dans la Gaule, tailla en pièces leur armée et attaqua immédiatement après, les peuples situés au nord, parmi lesquels les plus redoutables étaient les Nerviens (1), dont il loue dans ses commentaires la conduite et le courage. Il les vainquit, et finit par subjuguer tous les autres peuples de la Gaule.

Jules-César établit des colonies romaines dans plusieurs villes de Provence, ainsi qu'il paraît par les inscriptions qu'on a trouvées dans les villes d'Aix, d'Arles, de Fréjus, d'Apt, où l'on voit le nom de *Coloniæ Juliæ*. Le motif de ces établissemens ne pouvait être que de favoriser le défrichement des terres incultes, et d'augmenter

---

(1) C'était un peuple qui habitait d'immenses forêts aux environs de Cambrai.

la population. Les Provençaux, depuis long-temps soumis aux Romains, ne pouvaient pas être traités comme des peuples nouvellement vaincus, dont on distribuait une partie des terres aux pauvres citoyens de Rome, selon l'usage de la république romaine, à l'égard des nations qu'elle soumettait à son obéissance. En effet, César, comblant de bienfaits les Provençaux, qu'il faisait participer aux principales dignités de l'État, ne devait pas les dépouiller de leurs propriétés.

Enhardi par tant de victoires, César commença d'exécuter le projet qu'il avait long-temps médité, de s'emparer de la puissance souveraine, par la voie des armes, et d'employer pour soumettre la république romaine, cette armée victorieuse qui lui était entièrement dévouée.

Après avoir surmonté les obstacles, qu'opposèrent à ce grand dessein les partisans de la liberté romaine, et surtout Pompée leur chef qui, par ses victoires, avait aussi reculé les bornes des immenses possessions de la république; César, maître de Rome qu'il avait su gagner par un mélange heureux de douceur et de fermeté, César, dis-je, n'hésita pas de s'en éloigner pour porter ses armes en Espagne, où il avait à soumettre les lieutenans de Pompée.

Il s'arrêta devant Marseille et voulut l'attirer dans son parti. Les Marseillais rejetèrent les propositions du vainqueur des Gaules, à l'instigation de Pompée et de Domitius. Ce dernier avait

avait déjà combattu contre César, qui lui avait pardonné.

Marseille ferma ses portes et son port, augmenta ses retranchemens, arma sa flotte et se pourvut de toutes les munitions nécessaires pour sa défense. Le siége que soutint cette ville, et dont César lui-même nous a laissé le détail, fut un des plus mémorables de l'antiquité, soit par tout ce qu'exécutèrent les assiégeans pour emporter la place, soit par la vigoureuse défense des assiégés, qui avaient déféré le commandement à Domitius.

Il y avait près de Marseille une forêt consacrée aux divinités infernales. César ordonna de l'abattre pour en construire des machines de guerre; mais aucun soldat, par respect ou par crainte, n'osait y toucher. Le général romain se saisit d'une hache, et porta le premier coup sur un arbre de la forêt; « me voilà actuellement » chargé du crime », dit-il alors à ses soldats, » c'est sur moi seul qu'il doit retomber. » Tous alors obéirent sans hésiter, moins rassurés peut-être par l'exemple du général, qu'encouragés par le désir de lui plaire en l'imitant.

Ce fait, rapporté par Lucain dans son poëme de la Pharsale, ne se trouve point dans les commentaires de César; mais si l'on peut le regarder comme une invention du poëte qui cherche à embellir son ouvrage, on doit penser aussi que César ne pouvait, si le fait est vrai, se vanter d'avoir bravé les Dieux, en violant leur propriété. Quoi qu'il en soit, le général romain tira de cette forêt tout le bois nécessaire pour élever des tours et des galeries, et construire toutes les machines qu'on employait alors à l'attaque des places fortes.

César, dont la présence était plus nécessaire en Espagne, ne continua pas lui-même le siége de Marseille; il en laissa le soin à ses lieutenans Tribonius et Brutus qui s'emparèrent de cette ville. La république marseillaise, jusqu'alors si florissante, qui s'était maintenue dans sa puissance, autant par ses propres forces et par son commerce, que par l'alliance des Romains, ne conserva que son territoire, avec son titre de république, qu'elle perdit dans la suite, lorsqu'elle fut forcée d'obéir aux gouverneurs romains, comme le reste de la Provence. Cicéron, déplorant une guerre qui ne fut entreprise que pour l'oppression de la liberté publique, s'affligea autant sur le sort de la ville de Marseille, dont l'image fut portée à Rome en triomphe, que sur l'extinction de la république romaine.

Après avoir soumis l'Espagne, César retourna à Rome, où il fut nommé Dictateur. Ses combats et ses victoires, surtout celle qu'il remporta contre Pompée à la fameuse journée de Pharsale, en terminant les guerres civiles, achevèrent d'assurer sa puissance. Rome eut un maître sous le nom d'Empereur; son règne ne fut pas long; il fut assassiné au milieu du sénat.

La guerre civile renaquit de ses cendres; il se forma deux partis: les uns soutinrent les meurtriers de César, les autres demandèrent qu'on vengeât sa mort. Le consul Marc-Antoine était pour l'un ou pour l'autre parti, selon qu'il convenait à ses vues particulières; mais il fut traversé dans ses projets d'élévation, par le jeune Octave, petit-neveu et fils adoptif de César. Octave fit autoriser son adoption par le préteur, et se déclara hautement héritier de la puissance de son grand-oncle, dont il prit le nom. Quoique le sénat parût être dans ses intérêts, Octave rencontra des obstacles de la part d'Antoine et de Lépidus; ce dernier avait occupé les premières places de la république. Ce fut alors qu'Antoine, Octave et Lépidus firent entre eux cette ligue, par laquelle ils convinrent de se partager toutes les provinces de l'empire et le pouvoir suprême pendant cinq ans, sous le titre de Triumvirs réformateurs de la république, avec la puissance consulaire.

La Provence et la partie des Gaules qui confinait aux Pyrénées, furent cédées à Lépidus, avec les deux Espagnes. Le projet d'établir le Triumvirat, s'était formé en Provence, où Antoine, après sa défaite en Italie, était venu joindre avec le reste de son armée, Lépidus campé dans la plaine de Fréjus. C'est de là qu'ils écrivirent de concert à César-Octave, pour lui proposer cette funeste association, qui fut définitivement convenue dans une petite île que forme la rivière de Reno, à peu de distance de Bologne, en Italie.

Les Triumvirs jurèrent la perte de tous ceux qui auraient pu s'opposer à leurs projets ambitieux, sans excepter leurs parens et leurs amis, qu'ils s'abandonnèrent mutuellement. Des proscriptions multipliées et atroces s'ensuivirent. Octave se servit des forces de Lépidus et d'Antoine, pour faire périr ses ennemis; il se déclara ensuite contre l'un et l'autre de ses collègues. La bataille d'Actium le rendit enfin maître de tout l'empire, et il le conserva depuis sous le nom d'Auguste, qui lui fut déféré par le sénat, et qu'il transmit à ses successeurs.

La Provence partagea le sort de la république de Rome, et passa sous la domination de ses Empereurs.

CHAPITRE III.

La Provence sous les Empereurs romains.

Jusqu'à cette époque, les Romains n'avaient eu d'autre route pour arriver en Provence, que les Alpes maritimes. L'Empereur Auguste se fraya un passage par cette partie de la chaîne des Alpes, située entre les Alpes grecques et les Alpes maritimes, qu'on nommait Alpes cottiennes, du nom de Cottius leur Roi.

Différentes nations venaient réclamer la protection d'Auguste, comme celle du plus puissant Monarque de la terre : Cottius, quoique retranché dans ses montagnes, suivit leur exemple. Auguste le reçut dans ses bonnes grâces, et Cottius lui en témoigna sa reconnaissance en rendant, par de grands travaux les chemins plus praticables dans les montagnes. Dès ce moment ce Roi fut regardé comme l'ami des Romains; les États qu'il possédait, composés de douze cantons, furent érigés en municipes. On entendait à Rome, par municipes, une réunion de citoyens étrangers au peuple romain : ces citoyens à cause de quelques services rendus, ou par quelque motif de faveur, conservaient la liberté de vivre selon leurs coutumes et leurs lois, et choicissaient eux-mêmes leurs magistrats. Malgré cette différence, ils jouissaient de la qualité de citoyens romains; mais les prérogatives attachées à cette qualité étaient plus restreintes à leur égard, qu'en faveur des vrais citoyens de Rome.

Les États de Cottius ne furent point compris dans l'inscription du trophée, qui désignait les nations des Alpes qu'Auguste avait réduites sous son obéissance. Le lieu où fut élevé ce monument qui signalait ses victoires, conserva long-temps le nom de Tropœa, altéré dans celui de Turbia ou Torbia. C'est aujourd'hui le village de la Turbie, situé sur le sommet d'une montagne près de Monaco.

Auguste choisit le port de Fréjus comme un lieu sûr, pour y faire conduire la flotte dont il s'était emparé sur Marc-Antoine au combat naval d'Actium; cette flotte servit en même temps à garder les côtes de Provence. On ne voit aujourd'hui que les ruines du port de Fréjus, qui communiquait à la mer par un canal.

Parmi les monumens de la grandeur d'Auguste en Provence, on distinguait la voie aurelienne qui conduisait depuis Rome jusqu'à Arles, et dont il reste encore des vestiges. Il avait aussi établi un arsenal dans la ville de Fréjus.

Sénèque assure qu'Auguste fit élever en Provence un temple à ce vent que les Romains nommaient *Circius*, et que les Provençaux appellent aujourd'hui *Mistraou*. Le motif de cet acte religieux fut de rendre hommage à un vent dominant en Provence, et plus utile par la salubrité qu'il entretient dans l'atmosphère, qu'il n'est quelquefois incommode par sa violence.

On a découvert en Provence plusieurs pierres milliaires, qu'Auguste avait fait établir pour marquer la distance des routes. On a trouvé encore dans des temps très-récens des trophées en l'honneur de cet Empereur près de la ville de Nice, ainsi que des inscriptions dans la ville de Saint-Remy.

Le règne d'Auguste fut long et heureux. Sous ce règne le Christ, attendu depuis quatre mille ans, parut au monde pour y donner une nouvelle loi; et c'est de cette époque sacrée, que date le commencement de l'ère chrétienne.

Auguste mourut le 19 août, l'an 14 de cette ère nouvelle, âgé de soixante-seize ans. Il eut pour successeur Tibère, fils de Tibère Néron, et de Livie Drusille, dernière femme de l'Empereur, qui lui avait laissé prendre un si grand ascendant sur son esprit, qu'elle lui fit adopter le fils qu'elle avait eu de son premier époux.

Le caractère cruel et vindicatif du successeur d'Auguste, se développa dès qu'il eut le pouvoir absolu. Ses parens, ses amis, ses favoris, furent les victimes de sa jalouse méfiance. C'est au règne de Tibère que commença le véritable despotisme des Empereurs, ainsi que la servitude du sénat. Des séditions se manifestèrent dans la Gaule, occasionnées par les dettes qui accablaient les villes et les peuples; mais ces révoltes étoient mal concertées : les mouvemens partiels furent étouffés à mesure qu'ils éclatèrent, sans que la ligue eût le temps de se former. Ces mouvemens ne se firent pas même sentir en Provence.

Les Marseillais obtinrent la confirmation du legs universel, qu'avait fait à leur république Vulcanius Moschus, exilé de Rome, et agrégé par eux au nombre de leurs citoyens. Ils alléguèrent l'exemple du fameux Rutilius, que ceux de Smyrne avaient fait citoyen de leur ville après qu'il eut été exilé. La cause des Marseillais fut jugée bonne, et le legs confirmé.

Tibère mourut le 16 mars l'an 37, âgé de 78 ans, après un règne de 23 ans.

Les vertus qu'affecta dès le commencement de son règne, Caïus Caligula, fils adoptif et successeur de Tibère, furent bientôt remplacées par les vices les plus infâmes, qui portèrent les citoyens romains, jusqu'à dire qu'il fallait rayer son nom du nombre des Césars, pour ne pas laisser subsister au rang des princes, un homme qui n'était né que pour être l'opprobre de l'humanité. Caligula exerça dans les Gaules des rapines et des cruautés, dont la Provence ne fut pas exempte. Ce monstre fut poignardé par les officiers de sa garde, après un règne de quatre ans.

Claude, successeur et oncle de Caligula, fut

le fléau des Romains par sa stupidité et sa cruauté ; cependant quelques textes dans le digeste font mention de plusieurs lois de cet Empereur, qui paraissent assez équitables. Il accorda aux sénateurs de la Gaule narbonnaise les mêmes priviléges qu'avaient obtenus les sénateurs de Sicile, de pouvoir sortir de Rome, et aller vaquer à leurs affaires, sans prendre congé du prince.

Les maux qu'éprouvèrent les Romains sous Claude, ne furent que le prélude de ceux que leur fit souffrir Néron, fils adoptif et successeur de Claude. Plusieurs conjurations éclatèrent contre cet Empereur. La dernière fut celle de Galba, gouverneur de la province tarragonnaise en Espagne, qui fut entraîné à la révolte par Vindex, Gaulois et Aquitain de naissance. Vindex qui avait un commandement dans les Gaules, écrivit à Galba d'avoir pitié du genre humain, dont leur détestable maître était le fléau. Bientôt la garde prétorienne reconnut Galba pour Empereur ; le sénat déclara Néron ennemi public, et le condamna à être précipité de la Roche tarpeïenne.

Le tyran prévint ce supplice, en se poignardant ; et comme il se servait mollement du poignard, Epaphrodite, son affranchi et son secrétaire, appuya le coup, et aida le poignard à s'enfoncer.

Néron avait réuni à l'empire les habitans des

Alpes cottiennes, à qui Auguste avait laissé une sorte d'indépendance.

Soit que Néron détestât les Chrétiens, qui témoignaient une juste horreur pour ses vices, soit qu'il voulût aussi les accuser de l'embrâsement de Rome qu'il avait lui-même ordonné ; cet Empereur fut le premier qui les persécuta, et leur fit souffrir d'affreux tourmens et la mort, pour les obliger de sacrifier aux idoles.

Ce fut sous le règne de Néron, suivant la chronique d'Adon, que les habitans de la Provence eurent les premières connaissances de la religion chrétienne ; elle leur fut apportée par S.ᵗ Trophime, premier Évêque d'Arles, qui vint y prêcher l'évangile.

Galba, qui s'était montré vertueux lorsqu'il occupait les charges de l'empire, se plongea dans le vice dès qu'il fut Empereur. Il ne monta sur le trône que pour en descendre avec honte. Ses propres soldats l'assassinèrent et proclamèrent Othon. Le règne de Galba n'avait duré que sept mois.

Si le sénat ne craignit pas de déposer Néron et de proclamer Galba, c'est parce que les gardes prétoriennes donnèrent le premier mouvement. Jusque-là, l'armée faite pour obéir avait respecté le droit de succession établi dans la famille des Empereurs ; mais à la mort de Néron se divulgua, dit Tacite, ce mystère d'État : *que l'on pouvait choisir un Empereur ailleurs que dans la famille des Césars.* Dans des temps de trouble, les troupes qui avaient la force en main se regardèrent comme maîtresses du choix, et c'est ainsi que trois Empereurs romains passèrent rapidement sur la scène, comme des Rois de théâtre.

Othon avait été élu Empereur par les légions d'Italie. Celles de la basse Germanie avaient décerné le sceptre à Vitellius. La Provence, qui était alors entièrement soumise aux Romains, se déclara pour Vitellius, et devint le théâtre de la guerre entre les troupes des deux concurrens. Othon qui avait été victorieux en Provence finit par être entièrement défait, dans une bataille générale qui fut livrée près de Bedriac entre Cremone et Mantoue. Il se donna la mort et laissa l'empire à Vitellius.

Le règne de Vitellius ne dura que huit mois et un jour. Ses crimes et ses vices firent soulever les légions; elles élurent à sa place Vespasien, qui, né de parens obscurs, ne dut la puissance souveraine qu'à ses éminentes qualités. Galba avait été le dernier Empereur d'un sang illustre. Depuis les troubles et le despotisme cruel des Empereurs, les familles anciennes échappées à la proscription, ne cherchèrent plus qu'à cacher, par l'obscurité de leur vie, la splendeur périlleuse de leur origine.

La Provence se déclara pour Vespasien, à la

persuasion de Valerius Paulinus, qui jouissait d'un grand crédit dans cette province.

Titus succéda à son père Vespasien, et cette succession du père au fils ne fut point contestée, parce que si le règne du premier fut heureux et tranquille, les vertus de son fils le rendirent digne de lui succéder.

Domitien succéda à son frère Titus. Ce prince sans être aussi fou que Caligula et aussi déréglé que Néron, imita leur cruauté. Il versa le sang des chrétiens, et voulut même en abolir le nom. Il persécuta également les savans, les gens de lettres et surtout les historiens, qu'il craignit comme justes dispensateurs de la rénommée des princes, auprès de la postérité. Après quinze ans de règne, il fut assassiné par Étienne, affranchi de sa femme Domitia. C'est le dernier des douze Empereurs, dont Suétonne a écrit la vie.

Domitien, qui ne laissa point de successeur de sa maison, fut remplacé par Nerva. La gloire de l'empire se rétablit sous les règnes successifs de Nerva, de Trajan, d'Adrien, d'Antonin et de Marc Aurèle; mais elle s'affaiblit encore sous les règnes suivans, depuis l'Empereur Commode, jusqu'à Constantin le grand. Quelques-uns de ces règnes furent remplis de troubles. Souvent le caprice des soldats fit et défit les Empereurs. Plusieurs furent des hommes nouveaux, dont les ancêtres n'avaient pas paru dans les fastes du gouvernement romain : tous se montrèrent assez hardis et entreprenans pour aspirer au trône, et quelques-uns y firent aussi une fin tragique.

Pendant un espace de deux cents dix ans, depuis la fin du règne de Constantin le grand, il ne se passa rien de bien remarquable en Provence. Les efforts du gouvernement romain se portèrent dans d'autres provinces, où de plus grands événemens exigèrent son attention. La Provence tantôt heureuse, tantôt foulée, suivant le caractère des Empereurs qui occupaient le trône, gémissait sous le joug des gouverneurs romains, qui se conformaient le plus souvent à la volonté de leur Maître ; mais souvent aussi ces Gouverneurs, qui avaient en même temps l'administration civile et militaire, en abusaient pour se soustraire à l'obéissance du Souverain, et même pour exciter quelquefois des révolutions dans l'empire.

L'Empereur Constantin en divisant les places, réduisit leur autorité ; et ses successeurs maintinrent la forme d'administration qu'il avait établie.

Quoique le polythéisme fût encore la religion de l'État, le christianisme, qui s'était introduit en Provence, depuis S.t Trophime, premier Évêque d'Arles, s'était encore propagé dans d'autres endroits de la Provence ; car ce pays avait produit, avant le règne de Constantin, des saints martyrs et confesseurs, et l'on y comptait déjà les Évêchés d'Arles, de Marseille, d'Aix, d'Avignon, d'Orange et de Nice.

Constantin, devenu par ses victoires maître de tout l'empire, se fit instruire dans les principes de la foi chrétienne; il employa tous ses soins pour détruire la religion payenne, et établir sur ses ruines celle de Jesus-Christ. Ce Prince convoqua un concile à Arles, où il voulut être présent, pour faire cesser le schisme des donatistes. Il choisit aussi cette ville, pour en faire le siége de l'empire dans les Gaules; mais Arles ne conserva cet avantage que pendant le peu d'années qui précédèrent la défaite de Maxence. Trèves fut depuis, la première ville des Gaules où les Empereurs firent leur séjour ordinaire, lorsqu'ils s'arrêtèrent dans cette partie de l'empire. Ammien Marcellin qualifie Trèves de *Domicilium principum clarum*. Arles ne fut plus désormais qu'une simple cité de la Province viennoise; mais elle était considérable dans ce temps là, à cause des grandes richesses que lui procurait sa situation, favorable au commerce avec les autres Provinces de l'Empire romain. Cette ville fut encore distinguée des autres cités, lorsque l'Empereur Honorius, après la prise de Trèves par les Francs, transféra à Arles le siége de la préfecture du prétoire des Gaules. Le Préfet y résida avec beaucoup d'autres Officiers, qui occupaient les premières charges de l'empire, en de-çà des Alpes. Honorius voulut, par son édit, qu'on y tînt tous les ans l'assemblée des sept provinces qui, après l'invasion des Francs, étaient encore sous la domination romaine (1).

Après le règne de Constantin jusqu'à celui de Théodose, l'empire romain agité par des troubles eut tantôt un seul maître, tantôt plusieurs qui se partagèrent l'empire; mais sous les enfans de Théodose, les empires d'Orient et d'Occident furent totalement séparés d'intérêts. Honorius eut en partage l'Occident, et son frère Arcadius l'Orient. Nous ne parlerons que de l'empire d'Occident, dans lequel la Provence était comprise.

Le règne d'Honorius fut l'époque de la décadence de l'empire d'Occident. Les peuples du nord s'établirent dans les provinces de l'empire. Divers tyrans s'y élevèrent. Geronce, général des troupes d'un de ces tyrans nommé Constantin, ayant à se plaindre de son maître, l'assiégea dans Arles, où il s'était retiré avec son fils Julien. Geronce qui était également l'ennemi de l'Empereur Honorius, eut à se défendre contre l'armée romaine, aux ordres du général Constance. Dès que ce dernier approcha, les soldats de Geronce se rangèrent du côté de Constance; Constantin

---

(1) Ces sept provinces étaient la Viennoise, les Alpes-Maritimes, La seconde Narbonnaise, la première Narbonnaise, la Novempopulanie, la seconde Aquitaine et la première Aquitaine.

ne fut délivré de Geronce, que pour tomber dans un plus grand péril. Constance l'assiégea dans Arles; les habitans capitulèrent pour leur sûreté et pour celle de Constantin et de Julien son fils, qui demandèrent seulement qu'on leur sauvât la vie. On tint la capitulation à l'égard des habitans, mais elle fut violée envers Constantin et son fils, qui furent conduits et décapités en Italie, par l'ordre d'Honorius. Constantin, avant de se rendre, quitta les ornemens impériaux et se refugia dans une église, où il se fit ordonner prêtre, croyant pouvoir, par cet artifice, échapper à la peine de mort; son espérance fût vaine.

La ville d'Arles ne rentra sous la domination romaine, que pour se voir exposée aux attaques des Visigoths qui, après avoir ravagé l'Italie, passèrent les Alpes et se répandirent en Provence. Ils faisaient partie de ce peuple sorti du fond du nord, connu sous le nom de Goths, qui envahit les provinces de l'empire romain. Ceux qui restèrent en Italie, s'appelèrent Ostrogoths ou Goths orientaux, et on donna le nom de Visigoths ou de Goths occidentaux, à ceux qui passèrent les Alpes.

Les Visigoths entrèrent en Provence sous la conduite de leur roi Ataulphe. Ce prince, excité par sa femme Placidie, sœur d'Honorius, et occupé du projet de se faire un établissement solide en Espagne, fit la paix avec Honorius, sous la condition d'abandonner entièrement les Gaules aux Romains

Romains. Cet accord déplut aux Visigoths : ils conspirèrent contre leur Roi, qui fut tué à Barcelone par un de ses domestiques.

Sigéric son successeur, qui voulut aussi s'établir en Espagne, éprouva le même sort, et périt par la main d'un de ses sujets. Vallia, successeur de Sigéric, renonça à l'Espagne et se joignit aux Romains, pour en chasser les Vandales et les Suèves qui s'y étaient cantonnés. Il obtint en échange dans les Gaules, la Novempopulanie et l'Aquitaine seconde : ce qui comprenait les pays connus depuis sous les noms d'Agenois, de Bordelais, de Périgord, de Saintonge, d'Aunis, de Poitou, d'Angoumois et toute la Gascogne jusqu'aux Pyrénées. Il eut aussi Toulouse, dont il fit la capitale de ses États.

Ce grand établissement des Visigoths, dans cette partie méridionale des Gaules, fournissait à une nation guerrière, le moyen de s'étendre davantage ; d'ailleurs, c'était couper la communication de l'Italie avec l'Espagne qui appartenait aux Romains ; mais telle fut la faiblesse d'Honorius, qu'il se laissa toujours séduire et tromper. On vit sous son règne, l'empire crouler de toutes parts, parce que le chef ne sut pas le soutenir. Ce fut aussi sous ce règne, que la partie septentrionale des Gaules fut envahie par Pharamond, Roi des Francs, qui jeta les fondemens du royaume de France.

La faute d'Honorius se fit sentir davantage,

C

lorsque, sous le règne de Valentinien III, son successeur, Théodoric, Roi des Visigoths, qui succéda à Vallia, vint assiéger Arles. Aëtius, gouverneur pour les Romains dans les Gaules, fit lever le siége. Après ce succès, Aëtius fut appelé sur les bords du Rhin, pour combattre d'autres ennemis. Théodoric profita de l'absence du général romain, pour reparaître devant Arles avec une armée plus formidable que la première; mais Aëtius, revenu en toute diligence au secours de la place, défit une seconde fois les Visigoths, qui firent la paix avec les Romains.

Cette paix ne fut pas de longue durée. Théodoric, toujours plus ambitieux et entreprenant, voulant s'emparer de la partie du Languedoc, dont il n'était pas encore en possession, vint mettre le siége devant Narbonne. Il fut repoussé par le général romain Littorius, dont le bonheur ne se soutint pas. Ce général fut défait ensuite par les Visigoths, sous les murs de Toulouse, où leur Roi Théodoric s'était retiré. Aëtius n'avait pu combattre Théodoric, parce qu'il était occupé à la guerre contre les Bourguignons qui, sous la conduite de leur Roi Gundecaire, profitèrent du moment où les Romains avaient contre eux tant d'ennemis, pour s'emparer du Dauphiné, de la Savoie, et pénétrer jusqu'en Provence. Les Bourguignons étaient un peuple de la Germanie, qui s'introduisit, sous le règne d'Honorius, dans cette partie des Gaules, comprise aujourd'hui dans les départemens de la Côte-d'Or, de la Haute-Marne, du Doubs, du Jura et de la Saône : on la nomma d'abord les deux Bourgognes, du nom de ce peuple, qui, en y réunissant les autres provinces conquises par Gundecaire, en forma ce qu'on nomma depuis le royaume de Bourgogne.

Un ennemi plus terrible s'élevait contre les Romains, c'était Attila Roi des Huns, surnommé le fléau de Dieu; prince Scythe et idolâtre, dont le nom n'a laissé que l'idée d'un conquérant destructeur et redoutable. Attila ne menaçait pas seulement les Romains, il voulait subjuguer les autres nations. La nécessité de s'armer contre cet ennemi commun, réunit les Romains aux Goths, aux Francs et aux Bourguignons. Cette confédération était si nécessaire, que pour mieux la soutenir, l'Empereur Valentinien III n'hésita pas de laisser aux Bourguignons, tout le pays qu'ils avaient conquis dans le nord de la Provence, et dont les Rois de Bourgogne restèrent les maîtres pendant l'espace de quatre-vingts ans.

L'armée des puissances liguées remporta sur celle d'Attila une victoire complète, dans les plaines de Châlons-sur-Marne. C'en était fait de ce barbare, si le général romain Aëtius, qui craignait que la destruction des Huns n'augmentât trop la puissance des Visigoths, n'eût empêché Thorimond leur Roi, de forcer le camp des Huns et de les massacrer tous. Cependant Thorimond profitant de la défaite d'Attila, et de la faiblesse des Romains, voulut étendre son royaume du côté de la Provence. Il passa le Rhône et mit le siége devant Arles : la mort arrêta ses projets. Son successeur Théodoric II vécut en paix avec les Romains, jusqu'à la mort d'Aëtius, dont l'Empereur Valentinien III fut lui-même l'assassin. Cet Empereur fut assassiné à son tour. Ces deux événemens tragiques replongèrent l'empire dans de nouveaux troubles qui l'exposèrent encore aux incursions de plusieurs peuples.

Après le règne de Valentinien III, l'empire d'Occident déchut entièrement de sa splendeur. Cet empire reconnut successivement jusqu'à neuf maîtres, tant usurpateurs que légitimes, qui ne s'assirent sur un trône chancelant, que pour en descendre bientôt. Le dernier fut Romulus-Auguste, à qui presque tous les historiens ont donné le nom d'Augustule, soit par dérision, soit à cause de sa jeunesse.

Tandis qu'Euric, Roi des Visigoths, frère et successeur de Théodoric, déjà maître d'Arles et de Marseille, n'avait plus qu'à soumettre le reste de la Provence, Odoacre, Roi des Hérules, s'emparait de toute l'Italie et mettait fin à l'empire d'Occident. Il y eut une convention entre ce nouveau conquérant et le Roi des Visigoths, par laquelle ce dernier resta maître de la Provence, tandis que l'autre était reconnu souverain de l'Italie.

Telle fut la fin de la domination romaine en Provence: elle avait commencé sous la république 125 ans avant l'ère chrétienne, elle se termina l'an 475 de la même ère, sous le règne d'Augustule, dernier Empereur romain en Occident.

La partie de la Provence, qui appartenait déjà aux Rois Bourguignons, leur resta; l'autre passa sous la domination des Rois Visigoths. La Provence, ainsi partagée entre deux souverains, fut divisée en Provence occidentale et en Provence orientale. L'occidentale qui comprenait principalement le pays appelé depuis, le Comté Venaissin, les villes d'Avignon, d'Apt, de Pertuis, de Manosque et de Sisteron, obéissait aux Rois Bourguignons, et l'orientale que possédaient les Rois Visigoths, formait le reste de cette province.

CHAPITRE IV.

La Provence sous les Bourguignons et les Goths.

Gundecaire ou Gondioc, Roi de Bourgogne, maître de la partie occidentale de la Provence, qui lui avait été cédée par les Romains, eut pour successeur, son fils aîné Gonderic qui régna vingt-deux ans, et mourut l'an 473.

Gonderic laissa quatre fils, Gondebaud, Chilperic, Godomar et Gondégésile. Les quatre frères ne purent s'accorder; un esprit de jalousie et d'ambition s'empara d'eux, ils s'armèrent les uns contre les autres. Chilperic et Godomar, aidés des forces des Allemands, furent victorieux dans un combat qu'ils livrèrent auprès d'Autun, à leurs frères Gondebaud et Gondégésile. Tandis que les vainqueurs croyaient pouvoir jouir en sûreté du fruit de leur victoire, et n'avoir plus besoin des Allemands qu'ils avaient renvoyés, Gondebaud se fit des partisans, leva une armée et vint assiéger Vienne, capitale du royaume de Bourgogne. Il s'en empara et fit couper la tête à son frère Chilperic. Godomar se retira dans une tour, où il fut brulé vif. Telle était la barbarie qui avait accompagné les Bourguignons, dans leur conquête des Gaules.

Gondebaud et Gondégésile se partagèrent le royaume de Bourgogne. La partie de la Provence échut au premier; mais malgré ce partage qui semblait réunir les deux frères, ils conservèrent l'un pour l'autre une haine secrète, qui ne tarda pas d'éclater.

Chilperic avait laissé une fille nommée Clotilde, aussi distinguée par ses vertus que par sa beauté. Cette princesse, élevée à la cour de son oncle Gondebaud, fut demandée en mariage par Clovis, Roi de France. Cette alliance était d'autant plus convenable à Clotilde, qu'en quittant la cour de son oncle, elle s'éloignait du meurtrier de son père et de l'usurpateur de ses États. L'oncle fut obligé de céder à la demande du Roi de France, prince craint de tous ses voisins, et qu'un refus aurait irrité.

Ce mariage n'empêcha pas Clovis de se liguer avec Gondégésile, mécontent du partage qu'il avait fait avec son frère Gondebaud. L'armée française que Clovis envoya au secours de Gondégésile, joignit bientôt ses troupes en Bourgogne, sur les bords de la petite rivière d'Ousche. La victoire ne fut pas long-temps incertaine; Gondebaud fut poursuivi jusqu'à Avignon, où il s'enferma. Cependant, quoique vaincu, il eut l'habileté de conserver son royaume, en le rendant tributaire du vainqueur. Gondégésile resta maître de Vienne et de quelques autres places dont il s'était emparé. Telles furent les conditions du traité passé avec le Roi Clovis. Mais à peine Gondebaud se vit-il en liberté par le départ des Français, qu'il reprit les armes, alla assiéger Gondégésile dans Vienne, le prit et le fit égorger dans une église où il s'était réfugié.

Gondebaud, meurtrier de ses trois frères, resta seul possesseur du royaume de Bourgogne. Clovis vainqueur des villes Armoriques (1), maître d'employer toutes ses forces contre Gondebaud, ne tarda pas à lui déclarer la guerre, de concert avec Théodoric, Roi des Ostrogoths ou Goths orientaux. Théodoric qui avait détruit en Italie la puissance d'Odoacre, Roi des Hérules, n'avait promis son secours au Roi de France, contre le Roi de Bourgogne, qu'à condition qu'il partagerait avec le monarque français, la possession du royaume de Bourgogne, dès qu'il aurait été conquis.

Une des clauses du traité portait aussi, que si l'un des deux Rois battait les troupes bourguignones, avant que l'armée de l'autre arrivât, celui dont les soldats ne se seraient pas trouvés à l'action, payerait au vainqueur une certaine somme, moyennant laquelle il partagerait avec lui les fruits de la victoire. Théodoric ne s'étant pas trouvé présent au combat, eut sa portion du

---

(1) C'est le nom que les Anciens avaient donné à la Bretagne.

royaume de Bourgogne en payant la somme convenue. Le Roi de Bourgogne fut dépouillé de ses États, mais bientôt après Clovis les lui rendit. Ce Prince voulant éloigner de son voisinage Théodoric, le força de rendre aussi la portion qu'il avait reçue, et ce qui paraît surprenant, c'est qu'un Roi puissant tel que Théodoric pût s'y déterminer.

Sigismond, fils de Gondebaud, succéda aux États de son père, et en jouit paisiblement jusqu'à ce que Clodomir, Roi d'Orléans, fils de Clovis, lui déclara la guerre, le dépouilla de son royaume, et le fit périr avec sa femme et ses enfans. Telle fut en peu de temps la malheureuse destinée de quatre Princes de la maison de Bourgogne : Chilpéric eut la tête tranchée, Godomar fut brûlé vif dans une tour, Gondégésile égorgé dans une église, et Sigismond fut jeté dans un puits avec sa femme et ses enfans.

Godomar II reconquit le royaume de son frère Sigismond. Clodomir, Roi d'Orléans, voulant s'emparer de nouveau du royaume de Bourgogne, périt dans un combat auprès de Vienne. Ses États furent partagés entre ses deux frères, Childebert Roi de Paris, et Clotaire Roi de Soissons, et son neveu Théodebert Roi d'Austrasie. Ceux-ci vengèrent la mort de Clodomir, par la conquête du royaume de Bourgogne, qu'ils se partagèrent entre eux. Ainsi Godomar II fut le dernier Roi de Bourgogne qui régna sur cette partie de la

Provence, que les Romains avaient cédée aux Rois de Bourgogne, et dont les Princes français s'emparèrent.

Euric, Roi des Visigoths, qui avait possédé le reste de la Provence, lorsque l'empire d'Occident fut détruit, ayant établi sa résidence à Arles, en avait fait le siége de son empire. Il mourut l'an 484, après un règne de dix-huit ans, laissant à son fils Alaric un royaume qui s'étendait depuis la Loire jusqu'aux Pyrénées, et qui comprenoit aussi le Languedoc et une grande partie de la Provence. Clovis, Roi de France, que la victoire suivait partout, impatient de voir une si grande partie de la France entre les mains des Visigoths, attaqua leur Roi Alaric, le tua de sa propre main, à la bataille de Vouillé en Poitou, l'an 509. Rien ne résista plus au vainqueur : il soumit à son empire toutes les provinces situées entre la Loire et les Pyrénées. Cependant les Visigoths se maintinrent encore en Espagne, dans une partie du Languedoc, et en Provence.

Alaric laissa un fils âgé de cinq ans, nommé Amalaric, trop jeune pour gouverner les États qui lui restaient. Gésalic, fils naturel d'Alaric, gouverna au nom du jeune enfant; mais il fut si lâche et si faible, qu'il abandonna une partie du Languedoc aux armes des Français, qui étaient venus mettre le siége devant Arles. C'en était fait dans les Gaules du pouvoir des Visigoths, si Théodoric, Roi des Ostrogoths, qui régnait glorieusement en Italie, et qui avait toutes les qualités d'un grand Roi, n'eût marché à la tête d'un prompt secours, pour maintenir sur le trône son petit-fils Amalaric. La fortune de Clovis se démentit pour la première fois : son armée fut défaite devant Arles, dont il faisait le siége. Il fut poursuvri par les troupes victorieuses, abandonna le Languedoc, et se retira dans l'Aquitaine.

Théodoric garda pour lui la Provence, et gouverna, au nom de son petit-fils Amalaric, le Languedoc qu'il avait repris sur les Français, jusqu'à ce que cet enfant eût atteint l'âge de majorité. Le règne de Théodoric en Provence fut marqué par des bienfaits ; il déchargea le peuple d'une partie des impôts, et pour mieux conserver le souvenir du Gouvernement romain, que les Provençaux se rappelaient avec plaisir, il rétablit à Arles le siége de la préfecture des Gaules. Cette férocité de mœurs qui s'était établie en Provence, sous les Rois Visigoths, cessa par la la douceur et la probité des officiers qu'employa Théodoric. Les bienfaits de ce Prince s'étendaient sur l'universalité de ses sujets, lorsqu'il mourut l'an 526, laissant seulement deux filles : Théodogothe et Amalazonthe. La première, était mère d'Amalaric, Roi des Visigoths ; et la seconde, d'Athalaric, Roi des Ostrogoths.

Athalaric eut en partage l'Italie et la Provence, c'est-à-dire, cette partie de la Provence appelée orientale, distincte de l'occidentale, dont les Princes français s'étaient déjà emparés sur les Rois bourguignons. Ainsi s'établit en Provence la domination des Princes Ostrogoths, à la place de celle des Princes Visigoths.

Athalaric n'avait que huit ans, lorsqu'il régna en Provence. Sa mère, la princesse Amalazonthe, prit pendant la minorité de son fils, les rênes du gouvernement. Cette Princesse versée dans les langues latine et grecque, fit le bonheur des Provençaux, par la sagesse de son administration. Elle perdit son fils, qui mourut âgé de seize ans, dans la même année, où la domination des Bourguignons cessa dans cette partie de la Provence, dont les enfans de Clovis s'étaient emparés. Cette mort laissait vacant le trône des Princes Ostrogoths : Amalazonthe eut le crédit d'y faire placer Théodat son cousin-germain, qu'elle épousa peu de temps après la mort de son fils. Théodat, ingrat envers Amalazonthe, chassa sa bienfaitrice du palais de Ravenne, sous prétexte d'adultère, et après l'avoir détenue quelque temps en prison, il la fit étrangler dans un bain.

L'Empereur Justinien, qui régnait en Orient, indigné de la mort de cette Princesse, et de l'ingratitude de son époux, lui déclara la guerre. L'empire d'Orient, faible reste de la puissance romaine, ne faisait que languir. Justinien saisit cette occasion d'en étendre les limites. Il mit à la tête de ses troupes le célèbre Bélisaire, qui, en relevant le courage des légions, venait de conquérir l'Afrique sur les Vandales. Bélisaire entra en Italie, prit la Sicile et le royaume de Naples. Théodat, au lieu de se mettre à la tête de ses troupes, entâma d'inutiles négociations avec Théodebert Roi d'Autrasie, Childebert Roi de Paris, et Clotaire Roi de Soissons. Il promit de céder à ces Princes tout ce qui lui appartenait en Provence, et de leur donner deux mille pesant d'or, s'ils venaient à son secours.

Les troupes de Théodat voyant les progrès de Bélisaire, n'espérant rien de la faiblesse et de l'indécision de leur Prince, proclamèrent Roi, à sa place, Vitigès, l'un des principaux officiers de l'armée. Théodat fut poursuivi jusqu'à Ravenne, où il fut atteint et tué par les soldats de Vitigès.

Vitigès ne fut pas moins embarrassé que Théodat. Il avait à craindre les Princes français autant que l'armée de Bélisaire. Ces Princes, qui n'avaient encore rien arrêté avec Théodat pour la cession de la Provence, se disposaient à s'en emparer, lorsque Vitigès, pour éviter de se trouver entre deux ennemis, renoua les négociations commencées par son prédécesseur avec ces Princes, et leur céda la partie de la Provence qui dépendait de ses États. Ainsi les Français possédant l'autre partie, qui avait appartenu aux Princes Bourguignons, réunirent sous leur pouvoir cette Province toute entière.

CHAPITRE V.

La Provence sous les Rois Français de la race des Mérovingiens.

Nous avons vu que le royaume de Bourgogne, qui cessa d'exister par la défaite et la mort du Roi Godomar II, avait été partagé entre les trois vainqueurs: Théodebert, Roi d'Austrasie, Childebert, Roi de Paris, et Clotaire, Roi de Soissons. Quant à la partie de la Provence qui dépendait du royaume de Bourgogne, comme il était difficile qu'un si petit État fût partagé entre trois Souverains, cette partie fut donnée à Théodebert, Roi d'Austrasie. Childebert ne posséda en Provence, par la cession de Vitigès, que la ville d'Arles et ses dépendances, et Clotaire se contenta d'avoir la plus forte portion des sommes que Vitigès fut obligé de donner. Ainsi à l'exception d'Arles et de ses dépendances, Théodebert, Roi d'Austrasie, se trouva Souverain de toute la Provence.

Quoique cet accommodement lui fît un devoir de secourir Vitigès contre l'Empereur Justinien, Théodebert rechercha aussi l'alliance de cet Empereur. On put croire alors que le Roi d'Austrasie, content d'avoir obtenu la Provence sans avoir fait la guerre, voulait en jouir paisiblement, et rester spectateur indifférent de la querelle qui existait entre le Roi des Ostrogoths et l'Empereur Justinien; mais Théodebert avait le projet de détruire l'un et l'autre. Il commença par aider Vitigès à s'emparer de Milan. Il arriva ensuite à la tête de cent mille hommes, tailla en pièces les Ostrogoths, qui le croyaient leur allié; aussitôt après, il attaqua l'armée de Justinien, la mit en déroute, et revint dans ses États triomphant par cette double perfidie.

Justinien s'efforça de gagner Théodebert, en lui confirmant la possession de la Provence, sur laquelle cet Empereur avait des prétentions. Théodebert n'accepta cette cession que pour mieux le braver. Il se préparait à porter la guerre jusqu'à Constantinople, quand la mort le surprit avant l'âge de cinquante ans. Ses contemporains ont vanté sa valeur, sa clémence, sa générosité et sa prudence; mais comment concilier toutes ces qualités avec le peu de bonne foi qu'il mit dans l'exécution de ses traités? Son fils Théodebalde lui succéda.

La succession de Théodebalde, Roi d'Austrasie et Souverain de Provence, qui mourut sans enfans, fut un sujet de discorde entre les deux frères, Clotaire, Roi de Soissons et Childebert, Roi de Paris. Ce dernier abandonna à son frère Clotaire, tout ce qui lui revenait de cette succession. Il était malade lorsqu'il céda cet héritage: des qu'il eut recouvré la santé, il voulut le ravoir, et seconda, pour y parvenir, la révolte de Cramne, fils naturel de Clotaire. La mort arrêta ses projets.

Childebert n'ayant laissé que des filles, Clotaire, Roi de Soissons, régna seul après lui; ainsi ce prince, qui n'avait eu au commencement que le petit royaume de Soissons, devint paisible possesseur de toute la monarchie française, dont la Provence faisait partie.

Ce fut le premier exemple de l'application de cette loi fondamentale, dite la loi salique, qui n'admettait que les mâles à la couronne de France; mais il n'y avait pas de loi pour empêcher le démembrement du royaume : source de beaucoup de guerres et de malheurs.

Clotaire, après la mort de son frère Childebert, ne régna que peu d'années sur ce grand royaume, dont il avait enfin hérité.

Le démembrement du royaume de France, qui avait eu lieu après la mort de Clovis, se renouvela pour la succession de Clotaire, qui laissa quatre enfans : Caribert qui fut Roi de Paris, Gontran, Roi d'Orléans et de Bourgogne, Sigebert, Roi d'Austrasie, et Chilpéric, Roi de Soissons. La Provence tomba dans le partage de Gontran.

Une dispute s'éleva bientôt au sujet de cette province, entre Gontran et Sigebert. Ce dernier voyait avec jalousie les États de son frère s'étendre jusqu'à la Méditerranée. Il cherchait surtout à

faire

faire valoir ses droits sur la Provence, fondés sur ce que ce pays avait fait partie du royaume d'Austrasie, sous les Rois Théodebert et Théodebalde, et que Gontran n'en était devenu le maître que par un partage récent, dans lequel on n'avait pas eu égard aux droits des souverains d'Austrasie.

La querelle allait se décider par la voie des armes, lorsque les deux frères firent un arrangement qui donna les villes d'Aix, d'Avignon et leurs dépendances, au Roi d'Austrasie; et quant à la ville de Marseille, dont la possession était principalement recherchée à cause de son port et de ses richesses, elle fut partagée entre les deux frères: mesure plus propre à exciter la guerre, qu'à entretenir la paix. Peu de temps après, Sigebert, Roi d'Austrasie, ayant rassemblé une armée dans l'Auvergne, en donna le commandement à un de ses généraux, nommé Firmin, qui s'empara de la ville d'Arles. Gontran, irrité de cet acte d'hostilité, envoya pour reprendre cette ville, une armée commandée par le Patrice Celse. Le titre de Patrice venait d'être affecté aux gouverneurs des provinces. Celse s'empara de la ville d'Avignon, reprit Arles par le moyen de ses habitans et de Sapund son Archevêque, qui favorisaient le parti du Roi de Bourgogne. Cependant Gontran, pour obtenir la paix, rendit à son frère la ville d'Avignon. D'ailleurs, à cette époque, un intérêt commun réunit les deux frères. Il s'agissait de s'opposer à l'incursion des Lombards et des Saxons en Provence.

Les Lombards étaient alors maîtres de l'Italie. Après la mort de Théodebert, Roi d'Austrasie, qui avait voulu chasser de l'Italie les Ostrogoths et les troupes de l'Empereur Justinien ; cet Empereur fit tous ses efforts pour conserver ce pays. Il y parvint par l'habileté et la valeur de ses deux plus grands généraux, Belisaire et Narsès. Le premier avait commencé la conquête de l'Italie, le second l'acheva : celui-ci joignit Totila, Roi des Ostrogoths, au pied de l'Appenin, la bataille s'engagea, et Totila reçut un coup de lance dont il mourut quelques jours après. Ainsi finit le royaume des Ostrogoths en Italie ; mais ce pays ne resta pas long-temps au pouvoir des Empereurs d'Orient. Les Lombards, sous la conduite d'Alboin leur Roi, se jetèrent, quelques mois après la mort de Narsès, sur cette belle partie de l'Italie, à laquelle ils donnèrent le nom de Lombardie, l'enlevèrent rapidement à l'empire, et bien loin d'en être chassés par les orientaux, ils firent de si grands progrès, qu'ils laissèrent à peine aux Empereurs d'Orient, une très-petite partie de la basse Italie, autrement dite royaume de Naples.

Les Lombards, connus depuis le troisième siècle, habitaient la marche de Brandebourg, entre l'Elbe et l'Oder. Ces peuples s'étant prodigieusement multipliés, parcoururent l'Allemagne sous la conduite de leur Duc, s'établirent dans la Pannonie, le long du Danube, et vinrent de là dans l'Italie, dont ils se rendirent les maîtres.

Voulant étendre leurs conquêtes, les Lombards se répandirent en Provence. Ils défirent et tuèrent le patrice Amat, successeur de Celse, et repassèrent les Alpes, chargés d'un riche butin, sans renoncer à l'espoir de retourner dans cette province; et en effet, l'avidité du pillage les y ramena bientôt; ils avaient déjà passé la vallée de Suse et le mont Genèvre, lorsqu'ils furent surpris à Embrun, par le gouverneur Mummol, le plus grand homme de guerre de son temps, qui remporta sur eux une victoire complète.

L'invasion des Lombards fut suivie de celle des Saxons, qui les avaient aidés à la conquête de l'Italie. Ces Saxons, l'un des peuples de Germanie, qui s'était rendu redoutable aux autres nations par ses exploits, croyant être plus heureux que les Lombards, s'avancèrent en Provence, jusqu'auprès de Riez, dans la partie qui appartenait au Roi Gontran; mais ils furent repoussés par le même Mummol, qui avait battu les Lombards. Les Saxons, forcés de repasser en Italie, y furent à peine arrivés, que les Lombards songèrent à se défaire de ces hôtes incommodes, en les obligeant de retourner dans leur patrie. On leur donna passage par la Provence, à la recommandation de Sigebert, Roi d'Austrasie, qui tenait leur pays sous sa protection; mais quoiqu'ils ne dussent user du passage qu'en amis; pour arriver au rendez-vous général, qui était la ville d'Avignon, appartenant à Sigebert, ils ne laissèrent pas de commettre les plus grands dégats dans la partie de la Provence qui appartenait au Roi Gontran. Peu importait sans doute à Sigebert, que les États de son frère fussent dévastés, pourvu qu'on respectât les siens; et en effet, les Saxons se montrèrent plus discrets à Avignon, que dans les États de Gontran.

Les Lombards délivrés des Saxons, retournèrent une troisième fois en Provence. Mummol les en chassa de nouveau. Ainsi finit cette guerre des Lombards, qui entrèrent dans cette province, plutôt pour la dévaster, que pour en faire la conquête.

Sigebert, Roi d'Austrasie, ne laissa qu'un fils nommé Childebert. Gontran son oncle, Roi de Bourgogne, l'adopta solennellement. Après la mort du Roi de Bourgogne, Childebert, en vertu de cette adoption, se mit en possession des États de son oncle, sans que personne entreprît de s'y opposer; il se trouva ainsi le seul souverain de toute la Provence.

Maître de cette province et des deux tiers de la France, Childebert ne conserva que trois ans cette grande possession. Ce prince mourut âgé de vingt-cinq ans. Sa femme, la Reine Faileube, le suivit de près. Il en avait eu deux enfans qui lui succédèrent, sous la conduite de la Reine

Brunehault leur aïeule. Théodebert l'aîné fut couronné Roi d'Austrasie, et Thierry le cadet eut en partage le royaume de Bourgogne, auquel la Provence fut réunie. Les deux frères excités par Brunehault, se firent la guerre. Théodebert vaincu, fut massacré par les ordres de cette Reine. Il ne laissa point d'enfans, et ses États passèrent à Thierry son frère, qui mourut de la dyssenterie, au moment où il allait faire la guerre à Clotaire, Roi de Soissons.

Ce Clotaire fit mourir l'aîné et le second des fils de Thierry et fit raser le troisième. Le quatrième prit la fuite et ne reparut jamais. Ainsi Clotaire, par les plus horribles attentats, réunit dans sa personne toute la monarchie française et la Provence, comme avait fait son aïeul Clotaire premier.

Ce temps de l'histoire de France depuis Clovis, n'offre qu'un tissu d'actions cruelles entre les souverains. On y voit les Reines faire périr leurs enfans; les oncles, leurs neveux, pour avoir leur héritage. Clovis avait partagé son royaume entre ses enfans : cet exemple suivi par ses successeurs, fut une funeste source de troubles et de révolutions.

Ce fut Clotaire qui établit dans le royaume de Bourgogne, auquel la Provence était annexée, et dans ceux d'Austrasie et de Neustrie, des Maires du palais, originairement principaux Ministres, et qui dans la suite abusèrent de leur autorité, jusqu'à usurper la puissance royale.

Clotaire mourut l'an 628, et laissa deux fils, Dagobert et Charibert. Dagobert ne put se résoudre à partager la couronne avec son frère, comme il était d'usage depuis Clovis entre les enfans des Rois. Il employa l'intrigue et la force. Les grands se déclarèrent pour lui, et il fut reconnu pour unique Roi. Il accorda seulement à Charibert une partie de l'Aquitaine, plutôt comme une sorte d'apanage, que comme un démembrement du royaume. Cependant Charibert prit le titre de Roi, et fit de la ville de Toulouse sa capitale. Il mourut l'an 630, laissant trois fils, l'un, nommé Chilpéric, que son oncle Dagobert fit périr; les deux autres, Boggis et Bertrand, qui règnèrent ensemble sur le duché d'Aquitaine. Eudes, fils du premier, régna seul après lui. C'est ce même Eudes, Duc d'Aquitaine, qui s'unit avec Charles-Martel pour chasser de France les Sarrasins. Dagobert mourut l'an 638, et fut le premier Roi français enterré à l'abbaye de S.ᵗ Denis, qu'il avait fondée.

Après la mort de Dagobert, la monarchie française commença à s'affaiblir, parce que l'autorité des Maires du palais absorba la puissance royale. Dagobert laissa deux fils : Sigebert, Roi d'Austrasie, et Clovis, Roi de Bourgogne et de Neustrie. Ce dernier régna sur la Provence, ce pays étant toujours une dépendance du royaume de Bourgogne.

Clovis, Roi de Bourgogne et de Neustrie, et souverain de la Provence, mourut l'an 660. Il laissa trois enfans, Clotaire, Childeric et Thierry. Clotaire, l'ainé des trois, succéda aux royaumes de Bourgogne et de Neustrie, et comme Roi de Bourgogne, il eut la souveraineté de la Provence. Childeric, le second fils, était déjà Roi d'Austrasie, et Thierry, le troisième, n'eut aucune part dans le partage.

Clotaire mourut jeune sans enfans mâles. Son frère Thierry, qui n'avait point eu de part à la succession, succéda aux États de Clotaire, par les soins d'Ébroin, Maire du palais; mais la haine qu'on portait à ce ministre réjaillit sur le Roi Thierry, qui fut rasé et enfermé dans l'abbaye de S.t Denis. Son frère Childeric fut reconnu pour unique souverain de l'empire français, et par conséquent il régna sur la Provence.

Ce prince fit une fin malheureuse. Un seigneur de sa cour nommé Bodillon, qu'il avait fait battre de verges, s'en vengea d'une manière affreuse, en faisant assassiner le Roi, la Reine et leur fils, dans la forêt de Livry. Thierry qui avait été enfermé dans l'abbaye de S.t Denis et rasé, mais dont les cheveux avaient eu le temps de croître, remonta sur le trône. La longue chevelure était la marque distinctive des Princes; et privés de cet ornement, ils devenaient incapables de régner. Thierry régna seul l'an 673, sur les

États de son frère Childéric. Son règne fut le commencement de celui des Rois fainéans.

Confinés dans une maison de plaisance, ces Rois y avaient des gardes, qui leur étaient donnés bien moins pour les servir et les honorer, que pour les tenir en captivité. Ils ne pensaient qu'à jouir de la vie, et ne paraissaient en public qu'au printemps, sur un char attelé de quatre bœufs. Ils n'étaient regardés que comme les héritiers de la couronne, sans en avoir la principale prérogative, l'autorité. Tout était fait en leur nom, et ils ne faisaient rien par eux-mêmes : le Gouvernement n'existait réellement qu'entre les mains des Maires ou Comtes du palais.

Sous le règne de Thierry, le fameux Pepin d'Héristal, Maire du palais, était maître absolu ; mais quoique son autorité fût très-grande, il n'osa pas se hasarder à mettre la couronne sur sa tête, parce que les peuples regardaient encore comme sacré le droit de succession au trône, dans les descendans de Clovis.

Thierry mourut l'an 690, et sa mort ne fit pas plus de bruit, que celle d'un particulier. Pepin d'Héristal continua de gouverner sous le règne de Clovis, fils aîné de Thierry, qui succéda aux États de son père, sans les partager avec son frère Childebert. Le Maire du palais étendit ses conquêtes, et Clovis ne posséda sa prétendue couronne que cinq ans. Il mourut l'an 695.

Childebert succéda à son frère Clovis. Pepin d'Héristal, en sa qualité de Maire du palais, eut la même autorité que sous Clovis. Childebert mourut l'an 711, après avoir régné seize ans. Il laissa un fils qui lui succéda, nommé Dagobert. Ce Prince n'eut pas plus d'autorité que son père Childebert. Pepin resta toujours Maire du palais, avec un pouvoir absolu. Ce Maire mourut l'an 714, après avoir gouverné l'empire Français pendant vingt-sept ans.

Théodebalde, petit-fils de Pepin d'Héristal, succéda à la place et à l'autorité de Maire du palais, dont était revêtu son aïeul. Ce Théodebalde était un enfant de cinq ans, sous la tutelle de sa mère, qui exerça la même autorité. Le Roi Dagobert se trouvait ainsi, à la merci d'un enfant et d'une femme. Un gouvernement si étrange ne pouvait durer long-temps. Les peuples se révoltèrent : Théodebalde se sauva, et sa charge fut donnée à Rainfroi. Le Roi Dagobert mourut après cinq ans de règne, et quoiqu'il eût laissé un fils nommé Thierry, les troubles de ces temps malheureux empêchèrent cet enfant de succéder à son père.

On alla chercher le second fils de Childeric nommé Daniel, qui avait échappé à la vengeance de Bodillon ; il fut tiré du monastère de S.t Denis, et appelé au trône sous le nom de Chilpéric. Ce Roi ne doit pas être mis au rang des Rois fainéans. Rainfroi, Maire du palais, le mit à la tête de l'armée, pour l'opposer à Charles, fils de Pepin d'Héristal, et d'une concubine nommée Alpaïde.

Charles avait hérité de la valeur de son père; les Austrasiens le reconnurent Duc en 715; il défit Chilpéric en différens combats: Rainfroi perdit sa place, et le Roi fut forcé de reconnaître Charles pour son Maire du palais.

Chilpéric mourut à Noyon l'an 721. Il eut pour successeur Thierry de Chelles, fils de Dagobert. Il fut surnommé de Chelles, parce que au lieu de monter sur le trône, à la mort de son père Dagobert, il avait été enfermé dans le monastère de ce nom, d'où il sortit pour succéder à Chilpéric. Charles eut la même autorité sous ce Roi que sous le précédent. Thierry fut à peine connu de nom, malgré les grands évènemens de son règne, qui furent le fruit de la valeur et de la science militaire de Charles, dans les guerres contre les Saxons et les Sarrasins.

La guerre des Sarrasins désola principalement la Provence. L'histoire de leur origine est, comme celle de tous les anciens peuples, mêlée de fables et de conjectures plus ou moins vraisemblables; cependant on croit que l'Arabie était leur pays natal, et que d'autres peuples voisins se liguèrent avec eux.

Ces peuples, ayant embrassé la religion de Mahomet, s'étendirent de l'Asie jusque dans l'Afrique, où ils soumirent les habitans de la

Mauritanie, et leur firent adopter leur religion. Ce furent les Sarrasins d'Afrique, ou Maures, qui, après avoir envahi l'Espagne, poussèrent leur irruption dans le midi de la France. Ils avaient la prétention d'y recouvrer les pays qu'avaient autrefois occupés les Rois Visigoths, dont ils venaient de détruire la puissance en Espagne. Ces pays étaient l'Aquitaine, le Languedoc et la Provence.

Ils commencèrent par entrer en Languedoc, y prirent quelques villes, et vinrent mettre le siège devant Toulouse; ils furent forcés de le lever par le secours qu'amena Eudes, Duc d'Aquitaine, qui avait à se défendre lui-même contre l'invasion des Sarrasins. Le combat s'engagea entre les deux armées; Eudes fut victorieux, et Zama, chef des Sarrasins, périt dans le combat. Les infidèles, malgré cette défaite, se rendirent de jour en jour plus formidables. Eudes, pour arrêter leurs progrès, fit la paix avec Manuza leur général, et lui donna sa fille en mariage.

La guerre recommença bientôt, parce que Eudes avait favorisé le soulèvement d'une des provinces d'Abderame, Roi des Sarrasins. Ce Prince passa la Garonne pour combattre Eudes, avec une armée de quatre cents mille hommes. Le Duc d'Aquitaine pressé de tous côtés, après avoir perdu beaucoup de soldats et de places, implora le secours de Charles, qui alors était revêtu du titre de Duc des Français. Charles, intéressé à éloigner les Sarrasins, s'étant réuni au Duc d'Aquitaine, ces deux Princes remportèrent une victoire signalée entre Tours et Poitiers. S'il faut en croire quelques historiens dont le rapport est sans doute exagéré, les Sarrasins y perdirent plus de trois cents mille hommes. Charles, après sa victoire, fut surnommé Martel, parce qu'il avait, comme un marteau, écrasé les Sarrasins.

Il semble que ceux-ci après cette défaite, ne devaient plus mettre le pied en France; cependant quelques années après, par la trahison de Mauronte, Gouverneur de Marseille, ils s'emparèrent des villes d'Avignon, d'Arles et d'Aix, et ravagèrent la Provence. Le tableau que font les historiens des horreurs qu'ils y commirent est vraiment effrayant. On doit surtout regretter, pour l'éclaircissement de l'histoire, les actes publics et les monumens littéraires, qu'ils livrèrent aux flammes. Ces monumens et ces actes étaient déposés dans les archives des églises et monastères qu'ils détruisirent. Charles-Martel marcha en Provence, et avec le secours que lui amena Luitprand, Roi des Lombards, qui avait à cœur de fermer aux Sarrasins le passage de l'Italie, il contint ces barbares, qui n'osèrent tenir la campagne devant lui.

Avignon et Arles furent emportés d'assaut. Les Sarrasins, qui formoient la garnison de ces deux villes, furent passés au fil de l'épée; et enfin la Provence fut délivrée.

Charles en voulait surtout au Gouverneur Mauronte, qu'il croyait trouver encore dans la ville de Marseille ; mais ce traître avait pris la fuite, et s'était retiré avec une troupe de Sarrasins ou Maures, dans les montagnes au-dessus de Nice, où Luitprand, en retournant en Piémont, les dispersa, tandis que Charles-Martel achevait de subjuguer le reste en Languedoc.

Les Sarrasins avaient voulu s'emparer de la Provence, lorsque Charles était occupé contre les Saxons ; mais on vit ce Prince passer rapidement des anciennes Gaules, dans le fond de la Saxe, et des glaces du nord, dans les provinces méridionales de la France.

Cet illustre guerrier jouissait en paix de sa puissance et de sa gloire, lorsqu'il mourut en 741, laissant de sa première femme deux enfans, Carloman et Pepin, entre lesquels, du consentement des seigneurs, il partagea le royaume de France, pour le gouverner en qualité de Ducs ou de Maires.

Pepin le Bref, ainsi nommé à cause de sa petite taille, eut les royaumes de Neustrie, de Bourgogne avec la Provence, et Carloman, l'Austrasie. La France était sans Roi depuis la mort de Thierry de Chelles. Pepin, voulant faire cesser les murmures du peuple, toujours accoutumé à voir des Rois dans les descendans de Clovis, crut devoir faire proclamer Roi, Childeric, fils de Thierry de Chelles, dans la partie seulement du royaume qu'il gouvernait, c'est-à-dire, dans la Neustrie, la Bourgogne et la Provence; car l'Austrasie n'eut pas d'autre maître que Carloman, jusqu'à ce qu'il lui plût de quitter le Gouvernement, et d'embrasser la vie monastique au Mont-Cassin, où l'on voit son tombeau. Alors Pepin resta seul le maître, avec une entière autorité.

Cependant il était temps que ce Gouvernement extraordinaire, dans lequel un homme avait le titre de Roi, sans en avoir la puissance, fît place à un Gouvernement plus naturel; et l'on devait présumer que celui qui avait déjà le pouvoir de Roi, finirait par en avoir le titre. Childeric fut donc détrôné, rasé et enfermé dans le monastère de S.t Bertin. Il avait un fils nommé Thierry, qui fut envoyé dans le monastère de Fontenelle en Normandie, et élevé dans l'obscurité. Ainsi finit la première race des Rois de France, dite des Mérovingiens, et commença celle dite des Carlovingiens, en la personne de Pepin le Bref, fils de Charles Martel, et petit-fils de Pepin d'Héristal, qui l'un et l'autre avaient porté leur gloire au plus haut période.

CHAPITRE VI.

La Provence, sous les Rois français de la race des Carlovingiens.

Pepin régna pendant dix-huit ans. Après sa mort, ses deux fils, Charles et Carloman se partagèrent le royaume. Carloman mourut bientôt, et laissa son frère Charles, tranquille possesseur de la couronne. Charles fut appelé *Charles le Grand* ou plutôt Charlemagne. Des victoires sans nombre rendirent son nom illustre et lui soumirent plusieurs nations ; mais il ne lui suffisait pas de vaincre et d'étendre ses conquêtes : il fit le bonheur des peuples qu'il soumit à sa puissance, par les lois sages qu'il leur donna. C'est peut-être le seul grand conquérant, dont les exploits ne retracent pas l'image de la destruction.

Maître de l'Allemagne, de la France et de l'Italie, il marcha à Rome en triomphe, et se fit couronner Empereur d'Occident, l'an 800, par le Pape Léon III. Cet empire qui avait fini l'an 475, par Augustule, dernier Empereur de Rome, recommença par Charlemagne, et s'est perpétué sur la tête des Empereurs d'Allemagne. Nicéphore était alors Empereur d'Orient. Les limites des deux empires furent arrêtées entre les deux Empereurs. Par la fixation de ces limites, Charlemagne, Roi de France et Empereur d'Occident, possédait toute l'ancienne Gaule, une province d'Espagne, le continent de l'Italie, jusqu'à Bénévent, toute l'Allemagne, les Pays-Bas et une partie de la Hongrie.

A la fin de son règne, la Provence fut exposée aux incursions des Sarrasins. Ces peuples, après avoir tenté inutilement une descente dans les îles de Sardaigne et de Corse, exercèrent leur brigandage dans la ville de Nice et dans ses environs. Cette expédition paraît plus certaine que le prétendu siège qu'on dit qu'ils firent de la ville d'Arles en 793, et dont parle Honoré Bouche. Il est vrai que peu de temps auparavant, les Sarrasins avaient surpris Barcelone, forcé le passage des Pyrénées, brûlé les faubourgs de Narbonne, ravagé le Languedoc et battu le Comte de Toulouse qui avait marché contre eux; mais ils ne s'étendirent pas au delà du Rhône; et la ville d'Arles, où Charlemagne n'est jamais venu pour la défendre, ne fut pas assiégée.

Ce Prince était alors occupé à la tête de ses armées contre les Saxons. Il n'y a d'autre expédition connue de Charlemagne contre le Sarrasins, que celle où il alla lui-même combattre pour ceux d'entr'eux, qui étaient venus implorer son secours contre d'autres Sarrasins. Cette expédition fut
surtout

surtout remarquable par la défaite de l'arrière-garde de l'armée française à Roncevaux, où périt ce neveu supposé de Charlemagne, Roland, héros des fables du Boyardo, et de l'Arioste.

L'Empereur aurait désiré un seul Code dans ses États; mais il aima mieux céder aux vœux de ses sujets, qui voulurent conserver leurs usages et coutumes; en conséquence, la Provence continua à user du droit civil, comme ancienne province romaine. Ainsi fut conservée dans les provinces de France cette diversité de lois, qui s'était maintenue jusqu'à ces derniers temps. Les unes continuèrent à être régies par le droit romain, les autres par le droit coutumier; et sans changer la jurisprudence du royaume, Charlemagne se contenta de l'améliorer. Ses fameux Capitulaires ne réglèrent que les assemblées nationales, le clergé, l'administration et la police du royaume.

Charlemagne se sentant près de sa fin, ayant déjà perdu deux fils, Pepin et Charles, associa à l'empire Louis, le seul qui lui restât, et qu'il avait déjà fait Roi d'Aquitaine. Il lui donna la couronne impériale, et tous ses autres États, à l'exception de l'Italie qu'il réserva pour Bernard, fils naturel de son fils Pepin. Les fils naturels sous les Rois de la seconde race, succédaient encore à la couronne, comme ils y avaient succédé sous les Rois de la première. Charlemagne mourut en 814, âgé de 71 ans.

E.

Louis, Empereur et Roi de France, surnommé le Débonnaire, à cause de son naturel facile, partagea imprudemment ses États entre ses trois enfans. Il associa à l'empire Lothaire son fils aîné, qui eut dans son partage la Provence ; il créa Pepin, Roi d'Aquitaine ; et Louis, Roi de Bavière. Bernard, Roi d'Italie, avait des prétentions à l'empire, parce qu'il était fils de l'aîné des enfans de Charlemagne ; il leva une armée contre l'Empereur son oncle ; mais ses troupes l'abandonnèrent. Il fut jugé et condamné à mort. L'Empereur, pour toute grâce, lui fit crever les yeux. Bernard en mourut, et son royaume d'Italie se trouva réuni à la couronne impériale. L'Empereur fit ensuite une pénitence solennelle pour expier la mort de Bernard.

Veuf depuis un an, il prit pour seconde femme Judith de Bavière, dont il eut un fils nommé Charles, que le partage déjà fait entre les enfans du premier lit excluait de la couronne. Judith persuada à l'Empereur, qu'il devait assurer à son fils Charles un sort digne de sa naissance. L'Empire fut démembré en faveur du fils de Judith. Les trois Princes du premier lit, que ce partage lésait, se révoltèrent contre leur père. L'Empereur fut dépossédé et enfermé dans l'Abbaye de S.t Denis. La jalousie des trois enfans qui avaient dépouillé leur père, et la hauteur de Lothaire envers ses deux frères, opérèrent une diversion favorable à l'Empereur.

Cette division entre les trois frères, fut suscitée par l'habileté d'un moine nommé Gombaud, qui détacha du parti de Lothaire, le Roi d'Aquitaine et le Roi de Bavière. Louis le Débonnaire fut rétabli dans une diète tenue à Nimègue. Cependant les trois frères ayant éprouvé les effets de la vengeance de l'Impératrice Judith, se liguèrent de nouveau ; Louis le Débonnaire, abandonné par son armée, se livra à ses enfans. Judith fut exilée et l'Empereur dépossédé pour la seconde fois.

La mésintelligence qui s'établit encore parmi les trois frères, sauva de nouveau l'Empereur : il recouvra l'empire. Lothaire ne voulant pas consentir à ce rétablissement, se réfugia en Bourgogne, où il assembla ses troupes ; mais il fut enfin forcé de se soumettre à son père, qui lui pardonna.

Louis le Débonnaire fit un nouveau partage entre ses enfans ; il donna à Lothaire l'Italie ; à Louis, la Germanie et la Saxe ; il laissa à Pepin le royaume d'Aquitaine, et donna à Charles, fils de Judith, la France proprement dite, avec la Bourgogne et la Provence.

Pepin, Roi d'Aquitaine étant mort, laissait deux enfans. L'Empereur, pour plaire à sa femme Judith, donna à Charles, au préjudice de ces jeunes Princes, la dépouille de Pepin. Louis de Bavière, irrité de cette mesure, recommença la guerre. L'Empereur marcha contre lui et dissipa les rebelles ; mais la fatigue qu'il éprouva dans cette expédition, mit un terme à sa vie. Il mourut âgé de 61 ans, en l'année 840, après avoir désigné Lothaire pour son successeur à l'empire.

La discorde continua de régner parmi les enfans de Louis le Débonnaire. Charles surnommé le Chauve, ce fils de l'Impératrice Judith, si favorisé sous le dernier règne, à qui la Provence était échue en partage, s'unit avec Louis de Bavière, souverain de la Germanie, contre Lothaire, Empereur et Roi d'Italie, qui voulait empiéter sur leurs États. Charles le Chauve et Louis de Bavière, vainqueurs de Lothaire à la bataille de Fontenay, ne profitèrent pas de leur victoire. Les trois frères firent la paix, et convinrent d'un nouveau partage. L'Aquitaine, la Neustrie, ou la France proprement dite, restèrent à Charles. Louis eut toute la Germanie, d'où lui vint le nom de Germanique. Lothaire qui était l'aîné eut, avec le titre d'Empereur, l'Italie, et, en termes exprès, suivant le président Hénault, la ville de Rome, outre la Provence, la Franche-Comté, le Lyonnais et les autres contrées qui se trouvaient enclavées entre le Rhône, le Rhin, la Saône, la Meuse et l'Escaut.

Lothaire eut de grandes guerres à soutenir contre les Sarrasins, qui s'étaient emparés de Bénévent. La Provence même ne fut pas exempte de leurs incursions. Ils firent une descente à l'embouchure du Rhône, remontèrent jusqu'au près d'Arles, pillant et ravageant la campagne. La tempête les ayant ensuite fait échouer sur les côtes maritimes, les habitans massacrèrent tout ce qui avait échappé à la fureur des flots.

Folcrade était Duc ou plutôt Gouverneur de Provence. Les Gouverneurs avaient été premièrement revêtus du titre de Patrice, et ensuite de celui de Duc ou de Comte. Ce Folcrade voulut se soustraire à l'autorité de l'Empereur Lothaire. Il avait déjà attiré à son parti tous les petits Comtes ou Gouverneurs des villes ; mais Lothaire n'eut qu'à se montrer en Provence, pour faire rentrer tous les rebelles dans le devoir. L'Empereur établit à la place de Folcrade, pour Gouverneur général, son parent Gerard de Roussillon, Franc-comtois, qui défendit la Provence contre les entreprises de Charles le Chauve.

Lothaire, après avoir été le fléau de sa maison et de sa patrie, mourut sous un habit de moine, dans l'Abbaye de Prum, diocèse de Trèves, croyant expier ses fautes par ce travestissement. Il laissa trois fils, entre lesquels il régla sa succession. Louis eut l'Empire et l'Italie, Lothaire le royaume d'Austrasie, auquel il donna le nom de Lorraine (Lotharingia); Charles eut la Bourgogne, la Franche-Comté, le Lyonnais, le Dauphiné, la Savoie et la Provence. Il prit le titre de Roi de Provence.

Charles, qui mourut sans enfans, ne régna que quatre ans. Son oncle Charles le Chauve, Roi de France, maître du Languedoc, serait peut-être venu à bout d'y réunir la Provence, sans la résistance que lui opposa Gerard de Roussillon, qui pensait avec raison, que la succession de Charles appartenait plutôt à ses deux frères qu'à son oncle. En conséquence, Louis, Roi d'Italie, et Lothaire, Roi de Lorraine, frères de Charles, se la partagèrent ; Louis eut la Savoie, le Dauphiné et la Provence, et Lothaire le Lyonnais et la Franche-Comté.

Lothaire en mourant ne laissa qu'un fils naturel, nommé Hugues, qui n'hérita pas de son père, quoiqu'il fût déjà arrivé plusieurs fois, que les enfans des Rois, issus d'une concubine, eussent été appelés au partage de leur succession. Hugues fut exclu du trône, bien moins par le jugement du Pape, qui avait condamné sa naissance, que par les armes puissantes de Charles le Chauve et de Louis le Germanique, qui se liguèrent pour se partager la succession de leur neveu Lothaire.

Cependant, par le règlement de Mersen, qui avait été établi pour la succession des Rois français, celle de Lothaire, à défaut d'Hugues le bâtard, devait appartenir au parent le plus proche, c'est-à-dire, à l'Empereur Louis, Roi d'Italie, frère de Lothaire ; mais cet Empereur était alors trop occupé aux affaires d'Italie, et surtout à la guerre contre les Sarrasins, pour défendre ses droits par la voie des armes. Il ne put pas même garder les États qu'il avait en France. Charles le Chauve s'en empara. Gerard de Roussillon, Gouverneur de Provence, fut obligé de céder à des forces supérieures. Ainsi Charles, devenu par droit de conquête, souverain de la Provence, y mit pour Gouverneur ou Duc, Boson, frère de Richilde sa femme.

L'Empereur Louis, après avoir pacifié l'Italie, se disposait à recouvrer la Provence, lorsque la mort le surprit. Ce Prince ne laissa qu'une fille nommée Hermangarde, qui devint la femme du Duc Boson, Gouverneur de Provence. Les filles, selon la loi salique, étant exclues de la succession, Charles le Chauve passa en Italie, et s'y fit couronner Empereur.

Louis le germanique voulait disputer l'Empire à son frère Charles le Chauve; il mourut avant de l'avoir entrepris, laissant trois fils, entre lesquels il avait partagé son héritage. Charles le Chauve voulut encore, malgré le règlement de Mersen, usurper une partie de cette succession, en reprenant ce qu'il avait cédé à Louis le Germanique, dans le dernier partage du royaume de Lorraine. Après des négociations inutiles, le second fils de Louis le Germanique lui livra bataille, et mit en déroute l'armée française. Charles le Chauve survécut peu de temps à ce revers; il mourut l'an 877, empoisonné, dit-on, par un juif son médecin, nommé Sédécias.

Louis II, surnommé le Bègue, à cause de la

difficulté qu'il avait à parler, succéda à son père Charles le Chauve, au royaume de France et à la souveraineté de Provence; mais la faiblesse de son caractère l'empêcha d'y joindre le titre d'Empereur. Il ne fut pas même assez fort pour défendre son royaume, dont une partie devint la proie de plusieurs seigneurs qui s'érigèrent en Souverains. Tel fut Boson, Duc ou Gouverneur de Provence, qui aussitôt après la mort de Louis le Bègue, enleva cette province aux enfans du Roi, et établit pour son propre compte le royaume d'Arles. C'est ainsi que la Provence passa, de la domination des Princes français, sous celle des Rois d'Arles.

CHAPITRE VII.

La Provence sous les Rois d'Arles.

BOSON.

Le titre de Duc ou de Comte désignait un officier nommé par le Souverain pour gouverner une province; mais au milieu du désordre et de la foiblesse du Gouvernement français, sous le règne de Louis le Bègue, les Ducs ou Comtes se rendirent peu à peu maîtres absolus, et formèrent insensiblement des États indépendans au sein de la monarchie. Déjà l'ordonnance de Charles le Chauve, donnée à Chiersi sur Oise, la dernière année de son règne, en rendant transmissibles les grands offices des pères aux enfans, avait extrêmement accru le pouvoir des Gouverneurs. C'est à cette ordonnance, qu'on rapporte plus particulièrement le principe du démembrement de la monarchie française.

Le plus habile et le plus ambitieux de tous les Gouverneurs fut Boson, fils de Buvin, Comte d'Ardennes, et de la sœur de Theutberge, Reine de Lorraine, lequel créa pour lui-même ce royaume d'Arles, qu'on a appelé dans l'histoire, tantôt royaume d'Arles, du nom de sa capitale, tantôt royaume de Provence, comme il avait été déjà nommé, lorsque dans le partage de ses États, l'Empereur Lothaire le donna à Charles son troisième fils, avec le titre de Roi de Provence.

Boson qui était venu à bout de marier sa sœur à Charles le Chauve, et d'épouser lui-même Hermangarde, fille de l'Empereur Louis II, Roi d'Italie, aspirait depuis long-temps à une couronne. Hermangarde, fille de Souverain, qui ne pouvait se contenter d'être la femme d'un homme privé, entretenait l'ambition de son mari. Crédit, alliances, richesses, tout s'accordait à favoriser Boson, qui avait su gagner le peuple, les Seigneurs et surtout les gens d'église, en leur insinuant qu'il se croirait indigne de la couronne, s'il ne la tenait pas des Évêques. Ils s'assemblèrent en conséquence à Mantailles, près de Vienne en Dauphiné, pour l'élire et le couronner Roi d'Arles.

Cette élection fut faite par les Archevêques de Lyon, de Vienne, de Tarentaise, d'Aix, d'Arles, de Besançon, et par les Évêques de Valence, de Grenoble, de Vaison, de Die, de Saint-Jean-de-Maurienne, de Gap, de Toulon, de Châlons-sur-Saône, de Lausanne, d'Apt, de Macon, de Viviers, de Marseille, d'Avignon, d'Orange, d'Usès et de Riès. On juge par l'énumération des vingt-trois Évêques qui composèrent l'assemblée de Mantailles, que le royaume d'Arles devait comprendre les pays qui depuis ont formé la Provence, le Vivarais, le pays d'Usès en Languedoc, le Dauphiné, la Savoie, le Lyonnais, une partie du duché de Bourgogne et le pays de Vaud, dont la principale ville est Lausanne ; car tous ces Évêques ne pouvaient étendre leur droit de choisir un Souverain, au delà des limites de leurs diocèses.

Louis III et Carloman, qui s'étaient partagés le royaume de leur père Louis le bègue, ne pouvant souffrir de voir une partie de leurs États entre les mains de Boson, firent la guerre à l'usurpateur ; et comme ils avaient à se défendre en même temps de l'incursion des Normands, ces deux Princes français se sentant trop faibles, réclamèrent le secours de Louis, Roi de Germanie, qui avait commencé par leur faire la guerre.

Ce Roi de Germanie etait le second fils de Louis le germanique. La portion qu'il avait eue dans l'héritage de son père, consistait dans la Franconie, la Saxe, la Frise, la Thuringe, la basse Lorraine, Cologne et quelques autres villes sur le Rhin. Voulant profiter des factions qui désolaient le royaume de France, pour s'en rendre maître, il y avait déjà pénétré; mais il s'arrêta bientôt, en mettant pour condition à la paix qu'il fit avec les enfans de Louis le bègue, qu'ils lui céderaient la partie du royaume de Lorraine que l'Empereur Charles le chauve s'était arrogée, lorsqu'il avait partagé ce royaume avec Louis le Germanique; mais le vrai motif qui lui fit conclure la paix, fut bien moins cette cession, que le besoin qu'il eut de retourner dans ses États, pour s'opposer aux entreprises d'Arnoul, fils naturel du Roi de Bavière.

Le Roi de Bavière, atteint d'une maladie mortelle, avait perdu jusqu'à l'usage de la parole. Ce fils qu'il avait eu d'une concubine, cherchait à s'emparer d'une partie de son royaume, lorsque le Roi de Germanie accourut dans les États de son frère mourant, et y dissipa par sa seule présence, la faction d'Arnoul, qui, satisfait de la cession de quelques pays, se soumit. Son père eut le temps de confirmer par écrit, la droit du vainqueur sur sa couronne et sur le reste de ses États. Ce même Arnoul devint dans la suite paisible possesseur des États qu'il avait disputés au Roi de Germanie.

À peine Louis fut-il le maître des États de Bavière, qu'il chercha encore à tourner ses armes contre ses cousins Louis et Carloman, et s'avança jusqu'au milieu de la Champagne ; mais ayant été bientôt abandonné des seigneurs français qu'il croyait dans son parti, il se détermina à la paix, en consentant à s'unir avec les deux Rois français, pour repousser les Normands et combattre Boson, nouveau Roi d'Arles.

Louis, Roi de Germanie, pour se mieux assurer la succession de son frère, le Roi de Bavière, avait cédé à son autre frère Charles le gros, Roi de Souabe, ses prétentions sur le royaume de Lombardie et au titre d'Empereur. Charles le gros se ligua aussi avec les deux Rois français et le Roi de Germanie, contre l'usurpateur Boson. Les coalisés s'emparèrent de Macon et allèrent ensuite mettre le siége devant Vienne, qui dépendait aussi du royaume d'Arles. Ce siége fut long et opiniâtre : on n'en a pas les détails ; mais sa longueur fait présumer qu'il ne se termina pas sans de rudes combats.

Charles le gros, impatient d'aller se faire couronner Roi à Rome, n'attendit pas que la ville de Vienne fût prise, pour se mettre en marche. L'armée française fut non-seulement affaiblie par le départ d'une partie de ses troupes, elle le fut encore par l'incursion des Normands en Flandre et en Picardie. Louis III, Roi de Neustrie, obligé d'aller les combattre avec une partie de ses forces, laissa le soin du siége avec le reste de l'armée, au Roi Carloman son frère. Le Roi de Neustrie joignit l'ennemi à Sancour en Picardie, et remporta une victoire complète. Il ne jouit pas long-temps de son triomphe. Ce prince n'ayant point d'enfans, sa mort laissa son frère Carloman, seul maître du royaume de France.

Charles le Gros, qui avait reçu des mains du Pape la couronne impériale, avait pareillement succédé aux États de son frère Louis, Roi de Germanie, mort aussi sans enfans.

Carloman, obligé d'aller recevoir le serment de ses nouveaux sujets, quitta le siége de Vienne, qui fut continué par Richard, comte d'Autun; et à peine fut-il arrivé en Neustrie, qu'il apprit la réduction de cette place. Ce prince, après la mort de son frère, ne régna que deux ans.

Le royaume de France appartenait de droit à un jeune enfant, qui fut depuis élu Roi et connu dans l'histoire sous le nom de Charles le simple. Ce royaume était toujours en proie à l'ambition des seigneurs qui cherchaient à s'y établir en Souverains. Les Français avaient besoin d'un Roi puissant qui pût les défendre, soit contre les entreprises des grands du royaume, soit contre les Normands, dont les incursions ne leur laissaient aucun relâche. Ils offrirent la couronne à l'Empereur Charles le gros, qui l'accepta. Ce Prince, par la réunion de tant d'États, devint possesseur d'une souveraineté presqu'aussi grande que celle de Charlemagne.

Il semble que Boson devait succomber sous la puissance d'un tel Potentat; mais Charles le gros, trop faible pour soutenir le fardeau de sa couronne, en fut accablé lui-même; et soit qu'il fût assez embarrassé à repousser les Normands qui continuaient toujours leurs ravages en France et en Allemagne, soit qu'il se contentât de l'hommage que Boson lui avait prêté pour le royaume d'Arles, en se déclarant vassal de l'empire; Charles, dis-je, le laissa tranquille possesseur de son royaume.

Boson mourut l'an 887. Ses sujets lui furent soumis, parce qu'il les gouverna avec sagesse; ses partisans lui restèrent fidèles, parce qu'il eut l'art de manier les esprits. En un mot, s'il fût assez habile pour s'élever au trône, il ne le fut pas moins pour s'y maintenir.

LOUIS L'AVEUGLE.

Louis fils de Boson, à peine âgé de dix ans, succéda à son père, sous la tutelle d'Hermangarde sa mère. Le jeune Louis fut couronné Roi à Valence, par l'Archevêque de Vienne, autorisé par le Pape Étienne V. Eudes, Comte de Paris et Arnoul devenu Roi de Germanie, le premier, occupé contre les Normands, et le second en Italie, n'y mirent aucune opposition. Ce couronnement, en assurant la royauté au jeune Roi, lui donnait plus de moyens de défendre la Provence contre les Sarrasins, qui venaient d'y faire une nouvelle incursion. On connaît les maux que causa cette invasion; mais on ne sait rien de positif sur sa durée. Il est vraisemblable que le jeune Roi d'Arles ne prit part aux troubles d'Italie, que lorsque la Provence fut délivrée des infidèles.

Après la mort de Charles le gros, l'Italie fut en proie à des divisions qui la déchirèrent. Bérenger, Duc de Frioul, Gui, Duc de Spolette et Adelbert, marquis de Toscane, y eurent une supériorité marquée. Ces trois Princes étaient également intéressés à empêcher que leur patrie ne retournât sous l'autorité d'un descendant de Charlemagne. Pour prévenir ce retour, Bérenger, Duc de Frioul et Gui, Duc de Spolette, prirent chacun le titre d'Empereur et de Roi d'Italie. Adelbert, Marquis de Toscane, se contenta de rester paisible possesseur de ses États, laissant aux deux autres le soin de se disputer cette couronne impériale, qu'aucun des deux ne possédait encore réellement. En attendant que cette affaire fût décidée, les deux compétiteurs firent un accord, suivant lequel, le Duc de Frioul devait être créé Roi d'Italie, et le Duc de Spolette prendre possession de la couronne de France, qui lui était offerte par la faction ennemie du Comte Eudes.

Bérenger, Duc de Frioul, crut mieux s'assurer l'Italie, en offrant à Arnoul, Roi de Germanie, de lui en prêter hommage. Ce Roi y consentit. Guy, qui avait quitté ses États pour courir après une possession incertaine, ayant différé trop long-temps de se rendre en France, y trouva les dispositions changées à son égard. A son retour en Italie, il ne tarda pas de se brouiller avec Bérenger, à qui il enleva, après deux grandes victoires, la ville de Pavie. Le Duc de Spolette fut créé Roi d'Italie à la place de Bérenger, et reçut même la couronne impériale des mains du Pape Étienne V.

Bérenger réclama le secours du Roi de Germanie, dont il s'était déclaré le vassal. Ce Roi arriva d'Allemagne avec une forte armée, et s'empara de la Lombardie. Quoiqu'il ne fût venu que comme auxiliaire de Bérenger, il crut pouvoir retenir pour lui-même, un pays qu'il avait conquis par ses armes. L'Empereur Guy mourut sur ces entrefaites, laissant pour successeur son jeune fils Lambert, qui prit le titre d'Empereur. Cette mort ne changea rien aux affaires : la guerre fut continuée avec vivacité par Angeltrude, femme d'un grand courage, mère du jeune Lambert. Elle arma Rome contre le Roi de Germanie ; les Romains ne voulaient plus d'Empereur ; mais

ils

ils ne savaient pas se défendre contre ceux qui prenaient ce titre. Arnoul, Roi de Germanie, attaqua une partie de la ville de Rome, et s'en empara. L'autre partie, au delà du Tibre, se rendit d'elle-même, et le vainqueur fut reconnu Empereur, après avoir été couronné par le Pape Formose.

Cependant Angeltrude, assiégée dans la ville de Spolète, se défendait contre Arnoul; mais désespérant de résister plus long-temps, cette femme, qui s'était conduite jusqu'alors en héroïne, n'employa plus pour sa défense qu'un moyen aussi lâche qu'odieux, en faisant prendre à son ennemi un poison lent dans un breuvage préparé par un domestique d'Arnoul qu'elle avait gagné. Depuis ce moment, l'Empereur, forcé de ne s'occuper plus que de sa santé, leva le siége de Spolète, passa les Alpes, avec un corps malade, un esprit inquiet, et une armée presque détruite. Le petit nombre de troupes qu'Arnoul laissa en Italie, n'étant pas suffisant pour la défendre, ce pays rentra bientôt au pouvoir de Bérenger et de Lambert, qui terminèrent leur querelle, par un partage à peu près égal de ses plus belles provinces.

La prépondérance de ces deux princes cessa d'être indifférente à Adelbert, Marquis de Toscane, qui jusqu'alors avait paru rester spectateur tranquille de leur querelle. Il attaqua Lambert, qui le vainquit et le fit son prisonnier. Cet avantage devait rehausser le pouvoir de ce jeune prince, et inspirer de la crainte à Bérenger; lorsqu'une mort prématurée, occasionnée par une chûte de cheval, enleva Lambert, et délivra Bérenger de son rival. Redevenu maître de Pavie, le Duc de Frioul, que cet événement rendit bientôt le plus puissant prince de l'Italie, n'hésita pas à tirer Adelbert de sa prison et à le rétablir dans ses États. Il n'avait d'ailleurs plus rien à craindre de l'Empereur Arnoul, attaqué dans ses États d'Allemagne, par des peuples qui étaient les restes des anciens Saxons. Enfin, le bonheur de Bérenger voulut aussi, que la mort d'Arnoul, suivît de bien près celle du jeune Lambert. Tel était l'état des choses en Italie, lorsque le jeune Roi d'Arles fut sollicité, principalement par Adelbert, de s'opposer à la puissance de Bérenger, dont il oubliait ou voulait payer ainsi les bienfaits.

Le Roi d'Arles y fut d'autant plus porté, qu'il croyait avoir des droits légitimes sur le royaume de Lombardie qui avait appartenu à son aïeul maternel. Ce prince s'engagea trop témérairement, à l'âge de 22 ans, dans une entreprise difficile, qui causa sa perte. Bérenger l'enferma dans le passage des Alpes. La frayeur saisit Louis qui conclut un traité honteux, en renonçant au trône de Lombardie, et s'obligeant par serment à ne plus retourner en Italie; mais il ne tint pas sa parole, il y revint bientôt après, appelé de nouveau par Adelbert, Marquis de Toscane, et par les petits Princes italiens. Ceux-ci ne désiraient pas plus la domination de Louis, que celle de Bérenger; mais ils pensaient qu'il fallait toujours se ménager deux maîtres, afin de contenir l'un par l'autre, et de n'en avoir réellement aucun. Pour cette fois, le succès couronna l'entreprise de Louis. A la tête d'une puissante armée, il chassa Bérenger de la Lombardie, l'obligea de se retirer en Bavière, et marcha ensuite vers Rome, où il reçut la couronne impériale, des mains du Pape Benoît IV.

Cette couronne impériale, que les Papes distribuaient arbitrairement tantôt à l'un, tantôt à l'autre, n'était plus qu'un simple ornement pour le règne du Prince à qui elle était donnée; mais elle devenait un avantage réel pour les Pontifes romains, par la promesse que leur faisait l'Empereur, de défendre leurs droits et leurs prérogatives.

La fortune ne se montra pas long-temps favorable au nouvel Empereur. Ce Prince se croyant tranquille en Italie, en parcourut les différentes provinces. Il visita surtout la cour de Toscane. Étonné de la magnificence de cette cour, dont le Souverain ne prenait que le titre de Marquis, il lui échappa de dire : « c'est un Roi plutôt qu'un » Marquis ; car il ne me cède en rien, et je n'ai » de plus que lui, que le nom de Roi. » Ce propos rapporté au Marquis de Toscane lui fit croire, et surtout à Berthe son épouse, que l'Empereur voulait, en effet, les réduire à la seule condition qui convenait au titre de Marquis. La méfiance s'étant donc emparée d'Adelbert; on vit ce Marquis qui avait appelé Louis en Italie, s'élever contre lui, et former le projet de faire revenir Bérenger, en reveillant le zèle des partisans de ce Prince.

Bérenger, caché dans les montagnes, fut à peine averti des favorables intentions du Marquis de Toscane, qu'il leva des troupes et s'approcha de Vérone, où Louis dans une sécurité parfaite, croyait même que Bérenger n'existait plus, sur le bruit qui s'était répandu de sa mort. En conséquence, il avait déjà fait passer les monts à une partie de ses troupes; le reste était cantonné loin de Vérone. Tout contribuait à favoriser l'expédition de Bérenger, qui se glissa secrètement dans la ville pendant la nuit, et fit prisonnier l'Empereur. Bérenger lui reprocha durement d'être rentré en Italie, malgré le serment qu'il avait fait de n'y plus revenir. Il le traita bien plus durement encore, en lui faisant crever les yeux : excessive cruauté qu'inspira la vengeance. Ce fut dans cet état, que le malheureux Louis, surnommé depuis l'aveugle, repassa tristement les monts, et fixa son séjour à Vienne en Dauphiné.

Louis privé de la vue, était peu propre à gouverner ses Etats. Obligé de se reposer du soin des affaires sur un sujet digne de sa confiance, il choisit Hugues, fils de Thibaud, qui avait été Gouverneur ou Duc de Provence, sous le Roi Boson. Hugues avait été nommé régent du royaume d'Arles pendant que Louis était en Italie. Il n'eut pas de peine à obtenir la confirmation du titre dont il était revêtu. Ce Prince déjà si près du trône, y monta à la mort de Louis l'aveugle, quoique celui-ci eût un fils, nommé Charles Constantin; mais Hugues fut assez habile pour garder le sceptre qu'il tenait dans ses mains, et ne laisser à Charles Constantin, que la souveraineté du duché de Vienne, où son père avait fixé sa demeure.

HUGUES.

Hugues, pour colorer en quelque sorte son usurpation, ne voulut pas prendre la qualité de Roi; mais sans en avoir le nom, il en eut toute l'autorité; et il n'ajouta le titre de Roi à celui de Duc d'Arles, ou de Provence, que quand la couronne d'Italie lui fût librement offerte.

Pour expliquer comment il parvint à cette couronne, il faut remonter à l'origine des événemens qui en furent la cause. Après le retour de Louis l'aveugle en Provence, Bérenger son rival régna paisiblement en Italie, jusqu'à ce que la perfidie et l'ambition de deux femmes eussent préparé sa perte. L'une était Berthe, veuve alors d'Adelbert, Marquis de Toscane. Cette Princesse, n'ayant jamais pu exciter et entretenir à son gré la jalouse ambition de son mari contre Bérenger, mit tous ses soins à faire naître cette passion dans son fils Guy, pour expulser Bérenger du trône. L'autre était Hermangarde, fille de Berthe et d'Adalbert. Mariée au Marquis d'Yvrée, et non moins ambitieuse que sa mère, Hermangarde excita son mari à la révolte.

La conspiration se trama principalement en Lombardie, par les soins d'Hermangarde, qui avait pour principal complice Lambert, Archevêque de Milan, quoiqu'il fût redevable de sa place à Bérenger. Avant l'époque où le complot devait éclater, quelques-uns des coupables furent dénoncés au Roi, qui leur pardonna, par l'avis des membres de son conseil, dans lequel se trouvaient même des conjurés; mais cet acte de clémence ne put éteindre une conspiration fortifiée par l'appui de Rodolphe II, Roi de la Bourgogne transjurane.

Ce royaume était composé des pays connus depuis sous les noms de Suisse, Valais, Genevois et Chablais, et devait sa formation, postérieure à celle du royaume d'Arles, à l'autorité que la faiblesse des Rois avait laissé prendre aux Gouverneurs de leurs provinces. Rodolphe I, fils de Conrad, Comte de Paris, fut le premier Souverain de la Bourgogne transjurane, après en avoir été le Gouverneur.

Les factieux avaient traité secrètement avec

Rodolphe II son fils, pour l'engager à venir avec des troupes en Italie, s'emparer de la couronne. Bérenger mieux instruit du danger qui le menaçait, et craignant surtout l'arrivée de Rodolphe à la tête d'une armée, crut que les conspirateurs renonceraient plus facilement à leur projet, s'ils se voyaient exposés à une invasion de la part des Hongrais. En conséquence, Bérenger chercha lui-même à les attirer en Italie. Ce qui le fait présumer, c'est que les premières entreprises de ces étrangers, furent dirigées sur les terres et possessions des chefs de la conspiration. Les Hongrais n'étaient pas encore tous arrivés, lorsque par une incroyable célérité, Rodolphe se rendit en Italie suivi d'une puissante armée. Dès lors toute l'attention de Bérenger fut fixée sur ce redoutable ennemi. Il remporta la première victoire ; mais ses troupes s'étant dispersées pour se livrer au pillage, tombèrent dans une embuscade, et furent entièrement détruites.

Bérenger ne fut pas même en sûreté auprès des Véronais, qui s'étaient toujours montrés ses fidèles sujets. Ce fut dans Vérone que se trama le complot de lui ôter la vie : un des favoris du Roi nommé Flambert se chargea de cet attentat. Le projet de l'assassin ayant été découvert, le Roi généreux et confiant lui pardonna ; mais que de maux n'entraîne pas l'impunité ! Le perfide Flambert saisit une occasion plus favorable, et finit par assassiner son maître. Ainsi périt le Roi

Bérenger, qui avait été bon envers ses sujets. Son excessive clémence, qui ne s'était démentie qu'à l'égard de Louis, Roi d'Arles, bien loin de mettre un frein à l'ambition de la plupart de ses vassaux, ne servit qu'à faire réussir leurs complots.

Quoique la mort de ce Prince parût consolider la domination de Rodolphe en Italie, les factieux ne s'étaient pas défaits de leur Roi Italien pour subir aveuglément le joug du Roi de Bourgogne. Ils n'avaient eu au fond d'autre projet en recherchant un autre maître, que celui de faire naître des troubles pour se rendre plus libres. Rodolphe peu disposé à leur accorder l'indépendance, les mécontenta au contraire par sa hauteur, sa dureté et son humeur inconstante. La même Hermangarde, Marquise d'Yvrée, qui avait appelé Rodolphe, fut l'âme d'un nouveau complot, pour renverser celui à qui elle avait donné la couronne. Elle réveilla donc l'ambition et la cupidité des principaux Seigneurs d'Italie, qui depuis quelque temps semblaient se faire un jeu de ce changement de Souverains.

Cependant ces Seigneurs ne voyant encore qu'une femme à leur tête, cherchaient un autre chef qui pût les soutenir autant par son crédit que par sa puissance. Leur choix se fixa, du consentement d'Hermangarde, sur Hugues, Duc d'Arles, qui avait pour proches parens les chefs mêmes de l'entreprise; car Berthe, Marquise douairière de Toscane, qui agissait encore dans cette conjuration, était la mère de Hugues, qu'elle avait eu de son premier mari, Thibaud, Gouverneur de Provence. Hermangarde, fille de la même Berthe et d'Adelbert, Marquis de Toscane, était donc sœur utérine de Hugues. Ces deux femmes réunies résolurent de porter sur le trône d'Italie, un Prince qui leur appartenait de si près. Tout se disposa également de la part des Seigneurs italiens, à faire succéder le Prince provençal au Prince Bourguignon.

Hugues partit de Provence avec une flotte qu'il avait équipée, et débarqua sur la côte auprès de Pise, où il fut reçu avec empressement par l'Archevêque de Milan et les principaux Seigneurs. Il vint ensuite à Pavie prendre possession de la couronne. A son arrivée, Rodolphe épouvanté avait déjà quitté l'Italie. Le Pape Jean X, qui occupait alors la chaire de S.t Pierre, était empressé de s'unir au nouveau Roi, pour se délivrer de la domination d'une dame romaine appelée Marozie, veuve du marquis Alberic. Cette femme, par ses charmes et son esprit, avait su gagner les plus grands seigneurs de Rome, et s'était servie de ces mêmes Signeurs, pour faire réussir ses desseins ambitieux. Maîtresse du château S.t Ange, elle prétendait donner des lois aux Romains et au Pape lui-même, dont le malheur voulut que le secours qu'il attendait du Roi Hugues tournât contre lui.

Guy, Marquis de Toscane, pour augmenter

son pouvoir en Italie, n'avait pas craint de devenir l'époux de Marozie, mais il ne vécut pas long-temps. Marozie poussa ses prétentions jusqu'à vouloir épouser Hugues, malgré l'empêchement de proche parenté, puisque Guy, le dernier époux de Marozie, était frère utérin de Hugues. Elle lui offrit en dot la souveraineté de Rome. Les ambitieux sont rarement difficiles sur le point d'honneur. Hugues, pour avoir cette souveraineté, osa donner la main à une femme, que l'histoire représente comme aussi méchante qu'impudique, et qui fut coupable de la mort du Pape Jean X. Cet indécent mariage, loin de prospérer au Roi Hugues, fut au contraire la cause de sa perte.

Le Roi traita assez mal les enfans que Marozie avait eus de son premier mari Albéric, jusqu'à donner un soufflet à l'un d'eux, nommé aussi Albéric. Celui-ci ayant assemblé ses amis, excita une sédition dans Rome, et en chassa Hugues, qui n'eut que le temps de se retirer en Lombardie, où il eut à craindre de perdre aussi ce royaume, par l'effet du mécontentement que sa tyrannie avait excité parmi les Princes italiens, qui, pour la plupart, partagèrent le ressentiment d'Albéric. Le plus dangereux était Lambert, souverain de la Toscane, qui avait succédé à son frère Guy. Hugues résolut de se défaire du Toscan, quoiqu'il fût son frère utérin. Ayant trouvé moyen de s'emparer de sa personne, il lui fit crever les yeux: traitement atroce et digne des siècles les plus barbares, et néanmoins encore usité dans ce temps là, à l'égard des Princes qu'on voulait empêcher de régner. Il le dépouilla de ses États pour les donner à son autre frère Boson, fils, comme lui, de Thibaud, Gouverneur de Provence, mais né d'une concubine.

Cette injustice irrita tellement les Seigneurs italiens, qu'ils résolurent de remettre sur le trône Rodolphe, Roi de la Bourgogne transjurane. Hugues sut détourner l'orage, par un sacrifice grand à la vérité, mais qui lui laissa la tranquille possession de l'Italie. En effet, pour garder ce royaume, il céda à Rodolphe celui d'Arles, en se réservant dans ce dernier, sa vie durant, la souveraineté de la Provence.

Après cet arrangement, le règne d'Hugues en Italie ne fut plus qu'un enchaînement de discordes entre lui et ses sujets. Les italiens mécontens s'adressèrent au Duc de Bavière, qui se prêta volontiers au projet de supplanter Hugues. L'appas d'une si belle couronne, lui fit mettre promptement sur pied une forte armée; mais le Bavarois ne fut pas heureux; il fut battu, poursuivi et chassé. Hugues, au lieu de faire servir sa victoire au bonheur de ses sujets, ne devint que plus ardent à les tourmenter. Les Seigneurs d'Italie ne furent plus à ses yeux que des ennemis et des traîtres. Il n'y avait pas long-temps qu'il avait donné la Toscane à son frère Boson, il la lui ôta pour la donner à son bâtard Hubert. Il déplaça de même au gré de ses caprices, les Seigneurs Italiens pour donner leurs places aux Provençaux.

Vainqueur des Sarrasins en Provence, Hugues aurait pu exterminer ces brigands, qui infestaient depuis si long-temps les côtes de Provence et d'Italie ; mais par une politique barbare, voulant s'en servir, au besoin, contre ses peuples d'Italie, il leur assigna des quartiers dans les Alpes, et leur permit encore le vol et le brigandage. C'en fut assez pour mettre le comble à la haine de ses sujets : ils le chassèrent de ses États d'Italie, et le forcèrent de se retirer en Provence, dont il semblait s'être réservé la souveraineté, comme un port assuré après le naufrage. Les Italiens gardèrent son fils Lothaire, qui avait été déjà associé au règne de son père ; mais ce jeune Prince n'eut qu'une ombre d'autorité, sous Bérenger, Marquis d'Yvrée, qui régna en son nom, et auquel Lothaire laissa bientôt par sa mort, la pleine et entière possession du royaume d'Italie.

Hugues refusant même les secours que lui promettait Raymond, Duc de Gothie et Prince de Guienne, ne songea plus à recouvrer ses États d'Italie. Il alla finir ses jours sous l'habit de Moine, dans le monastère de S.t Pierre de Vienne qu'il avait fondé.

Quoique ce Prince par les engagemens qu'il avait pris avec Rodolphe II, en lui cédant le royaume d'Arles, n'eût conservé la souveraineté de la Provence, que pour en jouir pendant sa vie, il ne laissa pas de la transférer de son vivant au comte Boson, Gouverneur de Provence, et mari de la Princesse Berthe sa nièce. Si Conrad qui régnait alors à Arles, ne s'éleva pas contre cette entreprise, c'est parce qu'il était un Prince faible, ne respirant que la paix, et plus jaloux de fonder des monastères, que d'aggrandir ses États: aussi fut-il surnommé le Pacifique. Il consentit à ce que la Provence restât à Boson, à titre de souveraineté et de Comté; mais comme un fief dépendant du royaume d'Arles; et en effet, les actes ou documens prouvent que le Comte de Provence devint feudataire du Roi d'Arles: C'est donc à cette concession qu'il faut rapporter l'origine des Comtes souverains de Provence; puisque cette portion du royaume d'Arles n'en fut détachée et ne forma une souveraineté particulière que sous ce Boson; et si d'autres, avant ce Prince, eurent quelque pouvoir sur la Provence, ils n'étaient que des Gouverneurs qui prenaient le titre de Ducs ou de Comtes, sous l'autorité des Souverains dont ils étaient les représentans.

Rodolphe III, fils de Conrad, fut le dernier de sa maison Roi d'Arles et de la Bourgogne transjurane. Ce Prince surnommé le fainéant, qui ne fut que trop digne de ce nom, s'étant laissé enlever la plus grande partie de ses provinces, ne laissa qu'un faible héritage avec le titre de Roi d'Arles, à son neveu l'Empereur Conrad, dit le Salique. En vertu de ce titre de Roi d'Arles, transmis aux Empereurs d'Allemagne, ceux-ci ont pendant long-temps prétendu à la suzeraineté du comté de Provence. Quoique l'éloignement, et souvent aussi la faiblesse des Empereurs, pussent laisser aux Comtes de Provence, la facilité de se soustraire à l'hommage; les Comtes de la première race n'en furent pas dispensés. Quelques-uns de la maison de Barcelone parurent moins soumis à l'Empire. Ceux de la première maison d'Anjou, aspirèrent à une plus grande indépendance, et sous le règne des Comtes de la seconde maison d'Anjou, la couronne d'Arles ne fut plus qu'un titre chimérique et oublié. Cependant l'Empereur Charle-Quint qui remplissait l'Europe du bruit de ses armes, ayant fait une irruption en Provence en 1536, sous le règne de François premier, se fit couronner Roi d'Arles dans l'église métropolitaine d'Aix par l'Évêque de Nice, qu'il y fit venir exprès; mais Charles n'usa que momentanément d'un droit que la victoire lui avait donné, et que sa retraite précipitée lui fit bientôt perdre.

Tel est l'exposé sommaire des différentes dominations, auxquelles la Provence a été soumise dans les temps anciens, antérieurs à l'époque du règne de ses Comtes, ou Souverains particuliers.

Fin de l'Introduction.

ESSAI
SUR
L'HISTOIRE
DES
COMTES DE PROVENCE.

LIVRE PREMIER.

DES PREMIERS COMTES SOUVERAINS DE PROVENCE, DE LA MAISON DE BOSON.

CHAPITRE PREMIER.

BOSON.

Les historiens provençaux qui se sont occupés à rechercher l'origine de Boson, premier Comte de Provence (1), n'ont pu en parler que d'une

---

(1) J'ai suivi la filiation des premiers Comtes de Provence, telle qu'elle a été donnée par Louis-Antoine de Ruffi, dans

manière vague, parce qu'il n'existe aucun monument certain de son origine. Antoine de Ruffi, dans son histoire des Comtes de Provence, ne cite qu'une seule charte, déposée dans l'abbaye de S.t-Victor-les-Marseille, où Boson se dit fils de Rotbold, sans désigner la qualité de son père; mais le rang que tenait Boson par sa place de Gouverneur de Provence, et par son mariage avec la nièce du Roi Hugues, prouve qu'il devait être un grand personnage.

Lorsque cette souveraineté lui fut cédée, elle comprenait la Provence actuelle, la ville d'Avignon, le comté Venaissin, le comté de Nice, et s'étendait même jusque dans le Gapençois et l'Embrunois. Le comté d'Orange (depuis principauté) qui avait fait auparavant partie de la

---

sa *Dissertation historique et critique sur l'origine DES COMTES* de Provence, de Venaissin, etc. Cet auteur jette quelque lumière sur un sujet, où les autres n'ont laissé que de l'obscurité. Cependant, lorsqu'il avance que le Roi Hugues fut le premier Comte de Provence, on peut sur ce point différer de son opinion; parce qu'on ne doit pas considérer ce Roi comme ayant possédé la Provence à titre de souveraineté particulière; mais bien comme le seul reste du royaume d'Arles, qui lui avait appartenu et dont il fut dépossédé. La Provence, comme on l'a vu ci-dessus, ne devint une souveraineté particulière avec le titre de Comté, que lorsqu'elle fut donnée à Boson avec le consentement de Conrad, Roi d'Arles, qui conserva sur se pays le droit de suzeraineté.

Provence, mait déjà un État particulier, dont Guillaume, au Cornet, fut le premier Souverain.

Si l'origine de Boson est inconnue, les actions de son règne ne le sont pas moins. On ignore même l'époque de sa mort. On doit cependant la placer avant l'année 968, puisque Guillaume son fils régnait déjà à cette époque, ainsi qu'il paraît par la date d'une charte de l'abbaye de St-Victor, rapportée par Ruffi le fils, où il est fait mention d'une célèbre assemblée que ce même Guillaume tint à Arles, composée d'un grand nombre de seigneurs et de juges.

Boson avant d'être marié à Berthe, dont il n'eut point d'enfans, avait eu de sa première femme Constance, deux fils, l'un nommé Guillaume qui lui succéda, et l'autre, Rotbold qui fut Souverain de cette partie de la Provence, connue depuis sous le nom de marquisat de Provence, ou autrement de comté Venaissin. Ce marquisat de Provence passa ensuite dans la maison des Comtes de Toulouse.

GUILLAUME I.

Guillaume fut un prince religieux et vaillant. Sa valeur éclata dans la guerre qu'il eut à soutenir contre les Sarrasins. La Provence n'était pas encore délivrée de ces dangereux ennemis, qui s'étaient cantonnés le long de la mer, à l'abri d'une forteresse appelée le Fraxinet, construite dans l'endroit qu'on appelle aujourd'hui la Garde-Frainet, qui a tiré son nom de cette forteresse. Le Fraxinet était pour les Sarrasins une retraite assurée, qui leur permettait de s'étendre dans le pays et d'y exercer impunément leurs brigandages. La ville de Fréjus souffrait principalement de leurs incursions. Guillaume accourut avec une armée, défit les Sarrasins et s'empara de leur forteresse. Il fut secondé dans cette importante expédition par Gibalin de Grimaldi, qui obtint en récompense de ses services, des terres situées le long du Golfe, dit alors le Golfe de Sambracie, et dans la suite Golfe de Grimaud : nom qu'il porte encore aujourd'hui. On regarde Gibalin comme la souche des Grimaldi de Gênes et de Provence. St-Bobon, seigneur de Noyers dans la haute Provence, fit également des prodiges de valeur dans cette guerre contre les Sarrasins.

Guillaume fonda des monastères. Ce n'était pas seulement un motif de piété qui excitait les Princes de ce temps, à faire ces fondations. Il était de leur intérêt de donner des terres incultes à défricher aux Moines, que leur rassemblement dans un domicile fixe, rendait plus propres aux grandes opérations de l'agriculture, que les cultivateurs isolés et errans. Les Moines méritèrent sans doute de jouir paisiblement du sol qu'ils avaient défriché, comme d'une propriété légitime, due à leurs pénibles travaux.

Les soins de l'agriculture ne les empêchèrent

pas de se livrer dans la suite aux occupations littéraires et aux recherches historiques. Sans eux nous aurions peut-être perdu les trésors de l'antiquité. Tel fut l'ordre de S.t Benoit, pour lequel Guillaume eut une affection particulière; aussi prit-il, peu de temps avant de mourir, l'habit de cet ordre, dont il fut revêtu par S.t Mayeul, abbé de Cluni, qui exhorta ce Prince à la mort. S.t Mayeul était né à Valensole dans la haute Provence. Il n'était pas rare à cette époque, de voir les Princes se vêtir d'un habit de Moine, lorsqu'ils étaient en danger de mort. Ils croyaient être plus sûrs d'obtenir sous cet habillement, le pardon de leurs péchés.

Guillaume, en se faisant admirer par ses vertus, ne pouvait manquer de faire en même temps, le bonheur de ses sujets. Aussi sa conduite lui mérita-t-elle le nom glorieux de père de la patrie. Ce prince mourut à Avignon l'an 992, et fut enterré à Sarrian dans le comté Venaissin. Il laissa de son mariage avec Adèle, fille de Geoffroi, Comte d'Anjou, Guillaume II, qui lui succéda, et une fille nommée Constance qui fut mariée à Robert, Roi de France. D'autres disent que cette Reine était fille de Guillaume-Taillefer, Comte de Toulouse.

GUILLAUME II.

L'histoire ne nous à rien transmis d'intéressant du règne de Guillaume II, qui dura vingt-six ans. On n'y voit que des donations et des restitutions de biens faites à l'église, constatées par les titres et les chartes de ce temps-là, qui étaient déposées dans les archives des monastères de Provence. Guillaume mourut l'an 1018 et fut enterré à l'abbaye de Montmajor. Il laissa de Gerberge sa femme, fille du Duc de Normandie, quatre fils qui furent Guillaume, Fulque, Geoffroi et Bertrand, et une fille nommée Blanche, mariée à Othon, Duc de Lorraine.

CHAPITRE II.

GEOFFROI.

Les enfans de Guillaume étant en bas âge quand leur père mourut, restèrent sous la tutelle d'Adèle leur aïeule et de Gerberge leur mère, qui veillèrent d'un commun accord à l'éducation de ces jeunes Princes, et se chargèrent du gouvernement, jusqu'à ce que parvenus à l'âge de majorité, ils se partagèrent entre eux les États de leur père. Fulque le puîné n'y eut aucune part. Il est vraisemblable qu'il mourut jeune, puisqu'on ne le voit pas figurer dans cette histoire. Guillaume l'aîné eut la partie de la Provence qu'on nomma dans la suite comté de Forcalquier, du nom de la ville qui en devint la capitale, et où les Comtes firent leur séjour ordinaire. Cette ville n'avait été dans son origine qu'un four à chaux, dont le nom latin *Furnus Calcarius* est l'étymologie de celui de Forcalquier.

Ce comté renfermait les Diocèses d'Apt, de Riès, de Sisteron, le Gapençois et une grande partie de l'Embrunois. Guillaume fut la tige de ces Comtes de la haute Provence ou de Forcalquier, qui régnèrent pendant cent soixante-trois ans sur ce pays, jusqu'à ce qu'il fut de nouveau réuni au comté de Provence, par le mariage de Garsende de Sabran avec Alphonse II, Comte de Provence. Geoffroi et Bertrand possédèrent par indivis, le reste de la Provence, qui conserva le titre de comté. La portion qui échut à l'aîné pouvait être préférable à celle de ses deux frères, parce qu'il la possédait seul; mais l'union fut si parfaite entre Geoffroi et Bertrand, que jamais l'un ne troubla l'autre. Bertrand mourut sans postérité en 1050. Geoffroi resta par cette mort, Souverain de tout le pays appelé le comté de Provence.

Les Archevêques d'Arles, à cause de l'ancienneté de leur siége, avaient été long-temps primats des Gaules. Ce droit s'éteignit dans la suite par les différentes concessions que firent les Papes à plusieurs églises, et surtout à celle de Vienne en Dauphiné, d'où résultèrent des prétentions réciproques entre les églises d'Arles et de Vienne; cependant les Archevêques d'Arles conservèrent encore une prééminence sur les églises de Provence; puisque sous le règne de Geoffroi, l'Archevêque d'Aix, les Evêques de Riez et d'Avignon, prêtèrent serment d'obéissance à Rambaud de Reillane, Archevêque d'Arles. Les Évêques de Vence, de Carpentras, de Grasse et d'Orange, avaient prêté le même serment aux deux Archevêques, prédécesseurs de Rambaud.

On se plaignait alors de la vente qui se faisait des bénéfices, et de la dépravation des mœurs du Clergé. Le même Rambaud, Archevêque d'Arles, et Ponce Archevêque d'Aix, tous les deux Légats du S.t Siége, assemblèrent à Toulouse, pendant le règne de Geoffroi, un concile composé de dix-huit Évêques; on y rendit des décisions contre la simonie. Dans un second concile qui se tint à Avignon, d'autres disent à Vienne en Dauphiné, on s'occupa du dérèglement des Ecclésiastiques. Le désordre était alors parvenu au point, que sous prétexte que l'église était servie par des gens sans mœurs et des simoniaques, les Laïques s'emparèrent des biens ecclésiastiques, et refusèrent de les rendre.

Ceux de l'évêché de Sisteron furent si dévastés, que Gerard de Capreriis nommé à cet évêché, mécontent d'une demeure qui ne lui présentait que des ruines, préféra de se retirer à Forcalquier, où il fut mieux reçu qu'à Sisteron. C'est depuis ce temps que l'église collégiale de Forcalquier a porté le titre de con-cathédrale. L'histoire de Provence à cette époque est si stérile, qu'on ne connaît pas d'autres événemens remarquables du règne de Geoffroi.

Ce prince mourut en 1063, ne laissant de sa femme Estiennette, surnommée Douce, qu'un fils nommé Bertrand qui lui succéda, et une fille nommée Gerberge, épouse de Gilbert, Vicomte de Milhaud en Rouergue.

BERTRAND.

Ce fut pendant le règne de Bertrand, qu'éclata la querelle des investitures entre l'Empereur Henri IV, et le Pape Gregoire VII, plus connu sous le nom d'Hildebrand. Les abus qui résultaient du droit des investitures étaient si grands, qu'ils devaient forcer le Pape à prendre un parti; il voyait avec douleur que l'intrigue et la cupidité faisaient mettre les évêchés aux enchères, et que l'élection la plus canonique devenait inutile sans le consentement du Prince. Animé par ces motifs, Gregoire alla plus loin qu'il ne devait. Peu content de s'opposer aux investitures, il défendit aux Evêques d'Allemagne de prêter foi et hommage à leur Prince; comme si l'origine de ces investitures ecclésiastiques, n'avait pas été la même que celle des fiefs laïcs; et en effet, le revenu des évêchés ne provenant que du bienfait des Empereurs; et ce revenu ayant été érigé par eux en fief, dans la personne des Évêques, ceux-ci comme tous les autres vassaux devaient être soumis au devoir de vassal envers le souverain.

Si cette investiture s'était réduite à une pure cérémonie, qui marquât la soumission et la fidélité, que les Évêques, en tant que Seigneurs temporels, devaient à leur Prince, le Pape n'aurait pas dû s'en plaindre; mais il pouvait avec plus de raison se formaliser de l'usage de donner l'investiture par la crosse et l'anneau : ce qu'il regardait comme une usurpation de la puissance temporelle sur la puissance spirituelle; tandis que le Prince pouvait la donner, suivant l'ancien usage, ou par écrit, ou verbalement, ou par un simple signe.

Enfin, une dispute qui pouvait finir amiablement, et qu'il n'est pas de mon sujet de discuter plus au long, mais que l'animosité de part et d'autre rendit plus sérieuse, alluma dans la chrétienté un incendie qui ne s'éteignit que long-temps après, sous le pontificat du Pape Calixte II, et sous le règne de l'Empereur Henri V.

Henri IV assembla une diète à Worms en 1076, composée des Princes ecclésiastiques et d'autres prélats, et y fit déposer le Pape Gregoire VII. Celui-ci lança alors contre Henri l'anathème dont il l'avait si souvent menacé. L'autorité d'Henri déclinait si visiblement par les intrigues du Pape, qu'il ne fut pas difficile à Bertrand, Comte de Provence, de se délier du devoir de vassal envers l'Empereur; et comme la puissance des Papes agissait fortement dans ce temps là sur l'esprit des princes et des peuples, Bertrand imagina de faire hommage de ses États au S.t Siège, et en reconnaissant par cette offrande faite au chef de l'église, l'autorité immédiate de Dieu sur sa couronne, il crut pouvoir se qualifier de Comte souverain de Provence, par la grâce de Dieu, et s'affranchir ainsi de l'autorité impériale.

Mais si le Comte de Provence voulut se rendre indépendant, ses grands vassaux s'érigeant en petits souverains, aspirèrent également à l'indépendance. Cependant Aicard, Archevêque d'Arles et son clergé n'entrèrent point dans cette querelle, et restèrent fidèles à l'Empereur. Il ne paraît pas même que Bertrand eût acquis son indépendance, d'une manière assez certaine, pour pouvoir la transmettre à ses successeurs, ni que les grands vassaux de Provence se fussent pour toujours soustraits à l'autorité des Comtes. Bertrand régna vingt-sept ans, et mourut l'an 1090, sans avoir eu d'enfans de son mariage avec la Princesse Mathilde, qui n'est connue que sous ce nom.

GERBERGE ET GILBERT.

Après la mort de Bertrand, Étienete sa mère gouverna la Provence. On ignore en quel temps cette Princesse mourut; mais après elle, Ger-

Berga sa fille et sœur de Bertrand, fut Comtesse de Provence, et transporta ce comté à Gilbert son époux, Vicomte de Milhaud et de Gevaudan. Il fut surnommé le bon: titre heureux pour les peuples, quand il ne dérive pas de la faiblesse et de la pusillanimité.

Ce fut sous son règne que l'on vit éclore parmi les Princes chrétiens, l'entreprise la plus remarquable que l'histoire nous offre. Je veux parler des croisades, qui durent leur origine aux pélérinages dans la Palestine, devenus fréquens depuis le règne de Constantin, après que la vraie croix fut retrouvée, et les saints lieux rétablis. Pierre dit l'Ermite, gentilhomme picard, qui prêcha la première croisade, quitta la profession des armes pour embrasser la vie érémitique, et ensuite celle-ci pour la vie de pélérin. Il fit un voyage dans la terre sainte, vers l'an 1093. Pierre, au retour de Jérusalem, peignit si éloquemment au Pape Urbain II, la profanation des saints lieux par les Musulmans, et les rigueurs qu'ils exerçaient sur les Chrétiens, que le Pape l'envoya auprès des Princes, pour les exciter à délivrer les fidèles de l'oppression. L'ardent missionnaire parvint à gagner les Rois et les peuples qui furent si persuadés de la volonté de Dieu, en faveur de cette entreprise, qu'ils en firent ce cri de guerre, *Dieu le veut. Dieu le veut*, s'écria-t-on de toutes parts. Les croisés accoururent en foule; on leur donna ce nom, parce qu'ils placèrent une croix sur leur bras droit, comme le signe de leur dévouement. C'est ainsi que les croisades tournèrent, contre les infidèles, les forces que les chrétiens employaient auparavant, à se détruire eux-mêmes.

Les Comtes de Provence n'ayant pas jugé à propos d'abandonner le soin de leurs affaires, pour s'engager dans les premières croisades, ceux de leurs sujets qui se croisèrent s'attachèrent au service d'autres Princes, qui combattirent contre les infidèles.

L'action généreuse de Guillaume des Porcellets, gentilhomme provençal, qui se dévoua dans la troisième croisade pour Richard, Roi d'Angleterre, surnommé Cœur de lion, doit trouver place dans cette histoire.

Richard étant tombé dans une embuscade de Sarrasins, des Porcellets qui l'accompagnait avec quelques autres, s'écria aussitôt en langue arabe : » je suis le Roi, épargnez ma vie, » et il prit la fuite, pour donner le change aux Sarrasins. Ceux-ci, en effet, poursuivirent tous celui qu'ils croyaient être le Roi, et qu'ils se faisaient une gloire de mener prisonnier. Pendant ce temps, Richard put s'échapper et arriver à la ville de Joppé. Le brave Provençal fut pris et conduit devant le Sultan Saladin, qui, loin de le maltraiter, loua sa générosité, et croyant devoir lui-même mettre un grand prix à la rançon de ce serviteur fidèle, il ne consentit à l'échanger, que pour les dix plus puissans Satrapes que les chrétiens avaient parmi leurs prisonniers. Lorsque le Sultan conclut une trève avec Richard, il crut aussi rendre le traité plus solide en exigeant qu'il fut signé par Guillaume des Porcellets, qui était encore son prisonnier, et ajoutant qu'il avait autant de confiance dans la signature de ce gentilhomme, que dans celle de tous les Rois de l'Europe.

Gilbert, Comte de Provence, ne s'étant pas mis au rang des Princes qui se croisèrent, les Provençaux qui suivirent la première croisade, parmi lesquels étaient Guillaume de Sabran, Bertrand des Porcellets, et Pierre de Castellane, se rangèrent sous les bannières de Raymond de Saint-Gilles, Comte de Toulouse, et Marquis de Provence. Raymond prenait le titre de Marquis de Provence, parce qu'il possédait cette partie du pays qu'on a appelée ensuite le comté Venaissin, échue à Rotbold, second fils de Boson, premier Comte de Provence. Rotbold n'eut qu'une fille nommée Emme, mariée à Guillaume Taillefer, Comte de Toulouse, à qui elle apporta en dot les États de son père, sous le titre de marquisat de Provence. Ce Guillaume laissa deux fils Ponce et Bertrand, qui se partagèrent ce marquisat. Ponce eut un fils qui fut ce Raymond de Saint-Gilles dont il est question. Bertrand n'eut qu'une fille ; elle épousa son cousin, fils de Ponce, qui par ce mariage réunit tout le marquisat, dont il possédait déjà la partie obvenue à son père. C'est ainsi que les Comtes de Toulouse devinrent Marquis de Provence.

Raimond de Saint-Gilles ayant pris la croix par esprit de pénitence, avait fait vœu de ne plus retourner dans sa patrie, et d'employer le reste de ses jours à combattre les infidèles. Il finit sa vie au château de Montpelerin près de Tripoly, en Syrie, à l'âge de 64 ans.

Le règne de Gilbert ne produisit pas de grands événemens. On place sa mort dans l'année 1112. Ce Prince ne laissa que deux filles. Le comté de Provence passa alors sur la tête de Raymond-Bérenger, Comte de Barcelone, par son mariage avec Douce de Provence, fille cadette de Gilbert. Le contrat de mariage fait mention de la donation du comté de Provence, des comtés de Rhodès et de Gevaudan, faite à Douce, fille de Gilbert et de Gerberge. L'autre fille nommée Étiennette, moins favorisée que sa sœur cadette, apporta en dot à Raymond, seigneur des Baux, plusieurs terres que celui-ci tint sous l'hommage des Comtes de Provence. Ces terres réunies à celles que possédait déjà la maison des Baux, s'appellèrent *Baussenques*; et leurs habitans *furent exempts entre eux de toute prestation de péages, leydes et autres tributs*, comme le dit Bomy dans son livre des coutumes du pays de Provence. Ce fut sans doute pour que la principale partie de l'héritage ne fût pas morcelée, que Douce eut la Provence en partage. On ignore par quelle raison la cadette fut préférée à l'aînée (1).

---

(1) Catel, dans son histoire des Comtes de Toulouse, a prétendu que Faidide, épouse d'Alfonse Jourdain, Comte de Toulouse, fils de Raymond de Saint-Gilles, était aussi fille de Gilbert et de Gerberge; mais les deux savans Bénédictins qui ont écrit l'histoire de Languedoc, en discutant plus profondément la véritable origine de Faidide, épouse d'Alfonse Jourdain, disent qu'elle était de l'ancienne maison d'Uzès, fille de Raymond de Can, seigneur d'Uzès, de Posquiere et de Lunel, et sœur de Raymond d'Uzès, Évêque de Viviers; et en effet, dans les actes de partage des biens des deux filles de Gilbert et de Gerberge, on n'en voit pas figurer une troisième nommée Faidide.

LIVRE II.

DES COMTES DE PROVENCE
DE LA MAISON DE BARCELONE.

CHAPITRE PREMIER.

RAIMOND-BÉRENGER PREMIER.

Le comté de Catalogne ou de Barcelone, qui faisait partie du grand empire de Charlemagne, était régi par des Gouverneurs avec le titre de Comte. Ces Gouverneurs, à l'exemple de tant d'autres, finirent par se rendre indépendans. Vilfred dit le Velu, fut le premier Comte souverain de Barcelone, sous l'Empereur Charles le Gros en 884. C'est de lui que descendait Raymond-Bérenger, Comte de Barcelone, qui épousa la Princesse Douce de Provence.

Ce Prince commença par vaincre les Maures ou Sarrasins d'Espagne, qui s'étaient emparés des îles Baléares, d'où ils ruinaient le commerce de la Méditerranée; mais Bérenger ne serait pas venu à bout de vaincre seul ces pirates, s'il n'eût été aidé par les Pisans et les Génois qui faisaient un commerce considérable, et dont la marine militaire était en bon état. Les villes de Provence secondèrent aussi le zèle de leur Souverain, en fournissant plusieurs vaisseaux, dont sept firent voile sous les ordres de Raymond des Baux.

Bérenger eut d'ailleurs à combattre un voisin puissant et dangereux; ce fut Aphonse Jourdain, Comte de Toulouse, fils de Raymond de Saint-Gilles et d'Elvire de Castille sa troisième femme. Cette Princesse avait accompagné son mari dans la Palestine, où Alphonse était né et fut surnommé Jourdain, parce qu'on le baptisa dans le fleuve de ce nom. Alphonse était en possession du marquisat de Provence. Soit que les limites de ce marquisat ne fussent pas encore bien fixées, soit que la longue absence de son père Raymond de Saint-Gilles, pendant son expédition de la Terre Sainte, lui eût fait négliger ses droits, Jourdain voulut les faire valoir les armes à la main. Il entra dans les terres du Comte de Provence avec une armée. Cette guerre dont les détails sont peu connus, se termina en 1125, par un traité de partage, où les limites des deux États furent définitivement fixées. Il fut surtout réglé que le Comte de Provence aurait sur la moitié de la ville d'Avignon et de son territoire, le même droit de souveraineté qui serait accordé au Comte de Toulouse sur l'autre moitié. Ces deux Princes se substituèrent en même

même temps l'un à l'autre, à défaut de postérité, les mêmes États dont ils avaient fixé les limites. Ce traité de partage était déposé dans les archives de l'église métropolitaine d'Arles; Catel l'a inséré tout entier dans son histoire des Comtes de Toulouse. On le trouve aussi dans l'histoire de Provence, par Honoré Bouche.

Ce fut dans ce temps, que Pierre de Bruys, fameux hérésiarque, après avoir prêché ses erreurs dans le Dauphiné sa patrie, vint les répandre dans le Languedoc et en Provence. Les erreurs de Pierre de Bruys, qui dérivaient de celles des Manichéens, furent le prélude de l'hérésie de tous les sectaires connus depuis sous le nom général d'Albigeois, qui leur fut donné, parce que la ville d'Albi était au centre des provinces qu'ils infectèrent de leurs opinions. Nous aurons occasion dans la suite de cette histoire, de rendre compte des événemens de la guerre dite des Albigeois, sous le règne du dernier Comte de Provence de la maison de Barcelone.

Raymond-Bérenger, qui avait tenu souvent sa cour à Barcelone, mourut l'année 1131, dans l'Ordre des Templiers, dont il avait embrassé l'institut un an avant sa mort. La sagesse de son gouvernement rendit long-temps sa mémoire chère aux Provençaux. Il laissa deux fils (1): l'aîné,

---

(1) Le testament de Raymond-Bérenger, par lequel il dispose de ses biens, est rapporté en entier par Fray Diago,

nommé comme lui Raymond-Bérenger, succéda au comté de Barcelone et à ses dépendances, et le cadet, nommé Bérenger-Raymond, eut en partage le Comté de Provence, ainsi que les comtés de Rhodès et de Gévaudan. C'étaient les mêmes États que la Princesse Douce de Provence avait apportés à Raymond-Bérenger son mari.

BÉRENGER-RAYMOND.

Bérenger-Raymond épousa Béatrix, Comtesse de Melgueil, fille unique et héritière de Bernard, Comte de Melgueil et de Guillaumette de Montpellier. Ce mariage eut lieu en dépit d'Alphonse Jourdain, qui voyait avec peine cette union, à

---

dans son histoire des Comtes de Barcelone, liv. 2, chap. 117. Il n'est fait mention dans ce testament, que des deux Princes, Raymond-Bérenger et Bérenger-Raymond. S'il était vrai, d'après le témoignage des historiens provençaux, Clapiers et Nostradamus, que Raymond-Bérenger eût laissé un troisième fils, nommé Gilbert, qui lui aurait survécu, on doit croire que son père n'aurait pas manqué d'en faire mention dans le partage qu'il fit de ses États, par le testament déjà cité, entre ses deux enfans Raymond-Bérenger et Bérenger-Raymond. Cette considération seule rendrait bien incertaine l'existence de ce prétendu Gilbert, si elle n'était d'ailleurs détruite par les preuves qu'en donnent les autres historiens provençaux, Honoré Bouche et Antoine de Ruffi, desquelles il résulte, que ce Gilbert et sa fille Étiennette, à laquelle Clapiers et Nostradamus donnent pour mari Raymond, Baron des Baux, sont des personnages supposés.

cause du pouvoir qu'elle donnait en Languedoc au Comte de Provence, par la possession du comté de Melgueil.

La tranquillité de la Provence fut troublée à cette époque, par deux partis également puissans, qui se firent la guerre. Raymond des Baux la suscita contre Bérenger-Raymond ; et voici quels en furent les motifs. Le père de ce dernier était parvenu pendant son règne, à comprimer le mécontentement de Raymond des Baux son beau-frère, qui avait été lésé dans le partage de la succession de Gilbert et de Gerberge ; mais dès qu'il eut cessé de vivre, Raymond des Baux ne tarda pas d'élever des prétentions sur la moitié du Comté de Provence ; et pour les soutenir, de déclarer la guerre à son neveu.

Le seigneur des Baux n'aurait pas fait cette levée de Bouclier, sans le secours d'Alphonse Jourdain, Comte de Toulouse, de Bertrand, Comte de Forcalquier, et surtout de plusieurs seigneurs provençaux qui croyaient devenir plus libres sous un nouveau maître, dont ils se proposaient de limiter le pouvoir. Cette guerre fut d'autant plus déplorable, qu'on vit dans les deux partis des gentilshommes de la même famille, et du même nom.

Bérenger-Raymond fut promptement secouru par son frère le Comte de Barcelone, qui accourut en Provence avec une armée. Ce secours était d'autant plus nécessaire, que les Génois, qui voulaient s'élever sur les ruines de leur voisin, venaient de se déclarer contre le Comte de Provence. Ce dernier se préparait à faire une expédition contre eux : une galère génoise alla l'attaquer dans le port de Melgueil. Durant le combat, un arbalétrier génois visa si juste sur ce Prince, qu'il l'étendit mort sur la place.

Ainsi périt en 1145 Bérenger-Raymond, dont le règne avait duré quatorze ans, laissant pour successeur au Comté de Provence et aux comtés de Rhodès et de Gévaudan, un seul fils, jeune encore, nommé Raymond-Bérenger. Cet enfant fut mis sous la tutelle de son oncle le Comte de Barcelone, par la raison que sa mère Béatrix de Melgueil se remaria, peu de temps après la mort de son mari, avec Bernard Pelet, seigneur d'Alais, des Ducs de Narbonne, qui se mit en possession du comté de Melgueil. Bérenger-Raymond fut enterré dans l'église de la Commanderie de Trinquetaille près d'Arles.

RAYMOND-BÉRENGER II.

Le Comte de Barcelone, tuteur de son neveu, continua avec avantage la guerre contre la maison des Baux. Il obligea les principaux seigneurs qui tenaient pour le Prince des Baux, de reconnaître le jeune Comte de Provence, dans une assemblée des trois États qu'il tint à Tarascon, au mois de février 1146; mais ce tuteur, en prenant les intérêts de son pupille, n'oublia pas les siens. La mort de ce jeune enfant était un événement qu'on pouvait prévoir, et dans cette supposition, le Comte de Barcelone, son héritier présomptif, était bien aise d'établir d'avance son autorité dans ses États à venir; c'est à cet effet qu'il se fit donner dans la même assemblée, le titre de Marquis de Provence: titre qu'il conserva toute sa vie et qui lui laissa sur la Provence le même pouvoir que s'il en eût été le Souverain.

Raymond des Baux ayant été abandonné de ses partisans, et à peine soutenu par l'Empereur Conrad III, obtint la paix en renouvelant au Comte de Provence l'hommage de ses terres, et en particulier, celui de la forteresse de Trinquetaille, qui était le refuge des mécontens.

L'Empereur Conrad, livré aux grandes entreprises, avait abandonné le soin de son empire pour une expédition dans la Terre Sainte. Le Comte de Toulouse, ce même Alphonse Jourdain, ennemi du Comte de Provence, quitta aussi ses États pour la même expédition. Alphonse se croisa dans cette fameuse assemblée de Vézelay, convoquée par le Roi de France, Louis le jeune, où les Princes et les Évêques se rendirent en foule, entraînés par l'éloquence de S.t Bernard, abbé de Clairvaux. Ainsi, Raymond des Baux ne dut plus compter sur le secours de l'Empereur, ni sur celui du Comte de Toulouse.

L'histoire nous a appris que ces grandes entretreprises des croisades ne furent ni bien concertées, ni bien conduites. L'intempérance fit périr la plus grande partie de l'armée de l'Empereur, et le Comte de Toulouse, à peine arrivé à Césarée, mourut du poison qui lui fut administré.

Raymond des Baux survécut peu de temps au Comte de Toulouse. Les quatre fils qu'il laissa, Hugues, Guillaume, Bertrand et Gilbert cherchèrent encore à se soulever. Plusieurs amis communs les reconcilièrent avec le Comte de Barcelone, tuteur du jeune Comte de Provence. Le fruit de cette réconciliation fut la prestation d'un nouvel hommage, et le renouvellement du traité que leur père avait conclu avec le Comte de Barcelone. Ce dernier, après avoir rétabli la tranquillité en Provence, retourna dans ses États de Catalogne; mais cette tranquillité ne fut pas de longue durée. Hugues des Baux, celui des quatre frères qui était plus ambitieux et plus courageux que les autres, recommença la guerre. Trop faible pour la faire seul, il eut recours à l'Empereur Frédéric I.

Cet Empereur croyant recouvrer, en se donnant des vassaux plus soumis, le lustre et la dignité que l'empire avait perdu, s'empressa d'inféoder en qualité de Roi d'Arles, le Comté de Provence à Hugues des Baux; mais Hugues se fiant trop à Frédéric, ne retirait aucun avantage solide de son insurrection; son château venait d'être détruit et ses terres dévastées. Peut-être n'était-il que l'instrument de la politique artificieuse de Frédéric, qui ne cherchait qu'à tenir la balance entre le Comte de Barcelone et les principaux Seigneurs provençaux, afin de pouvoir mieux décider en maître de leur différens, et établir ainsi sa domination en Provence.

Pour remédier à tant de maux, le Comte de Barcelone crut devoir proposer à l'Empereur Frédéric le mariage du jeune Comte de Provence, avec la Princesse Richilde, nièce de Frédéric, et fille d'Uladislas II, Roi de Pologne. La principale condition était que le Comte de Provence recevrait, des mains de l'Empereur, l'investiture de son Comté, et confirmerait ainsi la suzeraineté des Empereurs sur la Provence, dont les Comtes avaient paru vouloir s'affranchir. Quoique Frédéric dût s'attendre à une plus grande soumission, de la part de Hugues des Baux, cet Empereur, qui avait toujours montré de l'inégalité dans sa conduite, ne fit pas difficulté de révoquer l'inféodation qu'il avait donnée à Hugues, et d'en investir Raymond-Berenger, sous la redevance annuelle de quinze marcs d'or. Il l'investit aussi de la moitié de la ville d'Avignon et de tout le Comté de Forcalquier, dont le Souverain avait négligé de lui prêter hommage; mais bientôt après, Frédéric restitua ce Comté à son légitime possesseur, aussi facilement qu'il l'en avait dépouillé.

Tout se disposait à l'accomplissement du mariage de Richilde. Une dernière entrevue avait été arrêtée à Turin, où l'Empereur attendait le Comte de Provence et le Comte de Barcelone, lorsque ce dernier mourut au Bourg de Saint-Dalmas, près de Gênes. Cette mort imprévue n'empêcha pas le Comte de Provence de se rendre aussitôt à Turin, où son mariage fut célébré.

Les Troubadours ou poëtes provençaux, se faisaient déjà remarquer à la Cour des Princes, puisque plusieurs d'entre eux accompagnèrent Raymond-Berenger à Turin. L'Empereur Frédéric fut si charmé de leur poésie, qu'il voulut apprendre la langue provençale. Il y réussit au point de pouvoir décrire en vers provençaux les divers objets qui l'avaient frappé dans ses voyages.

Le Comte de Provence, qui jusqu'alors avait été sous la tutelle du Comte de Barcelone, prit seul les rênes du gouvernement. Le Comte de Barcelone, qui venait de mourir, avait eu le royaume d'Aragon par son mariage avec Pétronille, fille unique et héritière de Ramire, Roi d'Aragon, surnommé le Moine. Les enfans qu'il laissa étant encore jeunes, leur cousin, le Comte de Provence, fut chargé pendant leur minorité, de l'administration des Etats d'Aragon et de Catalogne. Il paraît cependant qu'il partagea cette administration avec la Reine Pétronille, mère des jeunes Princes; mais soit qu'il jugeât sa présence nécessaire en Provence, soit qu'il éprouvât des désagrémens dans le gouvernement des États de Catalogne et d'Aragon, il y renonça bientôt, pour porter toute son attention vers le pays dont il était le vrai Souverain.

Raymond-Berenger, voulant donner plus de poids à son autorité affaiblie par la guerre des Baux, et par l'indépendance à laquelle avaient aspiré plusieurs Seigneurs, assembla dans la ville d'Aix, les trois États de Provence, composés du Clergé, de la Noblesse et du Tiers-État. A cette époque la servitude, moins générale en Provence que partout ailleurs, avait déjà cessé. Des habitans furent appelés dans les fiefs des Seigneurs, pour y demeurer libres, et y posséder des terres sous une redevance, qui était le prix de la concession. Les terres étant ainsi cultivées, la population augmenta ; les villes, les bourgs s'établirent en corps de communauté, et jouirent d'une administration municipale, capable d'assurer, avec la liberté des habitans, les progrès des arts et de l'industrie. Les députés de ces administrations municipales, composèrent le troisième Ordre aux États de Provence. Il s'agissait dans ces assemblées d'accorder, sur la demande du Souverain, les impositions du pays. Les Comtes ont toujours maintenu avec honneur les États de Provence, qu'ils ont regardés comme leur conseil et leur appui, et dont l'existence a fait une partie essentielle de la constitution provençale,

Dans cette assemblée des États, que le Souverain convoqua pour consolider son autorité, les Prélats, les Barons, les Seigneurs de fief et les Députés des communautés, prêtèrent à Raymond-Berenger serment de fidélité. Il n'y eut que la ville de Nice qui refusa d'envoyer des députés, sous le prétexte d'une indépendance qu'elle croyait s'être procurée, en contractant une alliance avec quelques républiques d'Italie. Le Comte de Provence, justement irrité, envoya des troupes pour soumettre la ville, et voulut être lui-même de cette expédition ; mais elle lui fut fatale ; il périt en 1166, percé d'une flèche qu'on lui décocha de la ville, laissant, à l'âge de trente ans, après de grandes espérances, de justes regrets que le temps eut peine à modérer.

CHAPITRE II.

ALFONSE I.er — RAYMOND-BERENGER III. — SANCE D'ARAGON.

Raymond-Berenger n'avait laissé qu'une fille, jeune encore, nommée Douce, fiancée avec le fils de Raymond V, Comte de Toulouse. Raymond voulut assurer à son fils, par l'accomplissement de ce mariage, la possession du Comté de Provence ; mais il trouva un concurrent redoutable dans Alfonse, Roi d'Aragon qui, prétendant, en qualité de plus proche parent de la jeune princesse, avoir le droit de régler son sort, voulait empêcher le Comte de Toulouse de s'emparer de ses États, sous prétexte d'une promesse de mariage.

La guerre éclata bientôt entre ces deux Princes. Si on a peu de détail sur cette guerre, on sait au moins qu'elle fut avantageuse au Roi d'Aragon, puisqu'il resta le maître de tout ce qui formait la succession de Raymond-Berenger : savoir, du Comté de Provence, et des Comtés de Rhodès et de Gévaudan; mais cette succession ne lui fut transmise légitimement que par le décès de la Princesse Douce, qui n'avait point effectué son mariage avec le fils du Comte de Toulouse. Ce Prince, pendant qu'elle vivait encore, avait même épousé Ermensinde, fille de Bernard Pelet, Seigneur d'Alais, et de Béatrix de Melgueil, aïeule de Douce.

Alfonse d'Aragon, tranquille possesseur du Comté de Provence, après avoir fait rentrer la ville de Nice dans le devoir, exigea impérieusement l'hommage du Comte de Forcalquier, qui fut obligé de s'y soumettre, malgré qu'Alfonse n'eût aucun droit de l'exiger, puisque le Comte de Forcalquier était Vassal de l'Empereur. Il fallut céder à la force : le Comte de Provence étant déjà avec une armée aux portes de Forcalquier. Alfonse exigea également l'hommage du Baron des Baux; mais ce ne fut que le renouvellement des anciens hommages, auxquels la maison des Baux était soumise envers les Comtes de Provence. Cette maison venait alors de recevoir un nouveau lustre en acquérant la souveraineté d'Orange, qui passa sur la tête d'un Seigneur des Baux, nommé Bertrand, par son mariage avec Tiburge, fille unique et héritière de Rambaud, Comte d'Orange, des Princes d'Adhémar. L'Empereur concéda à Bertrand le droit de se faire appeler Prince d'Orange et d'avoir la couronne fermée. Jusqu'alors, le souverain d'Orange n'avait eu que le titre de Comte.

Alfonse, plus occupé de gouverner ses États d'Espagne, que son Comté de Provence, le donna à son frère, qui prit le nom de Raymond-Berenger III, pour le posséder sa vie durant. Les réserves qu'il se fit, et le pouvoir qu'il conserva dans ce pays, prouvent qu'il en céda plutôt l'administration que la souveraineté, puisque, indépendamment des devoirs de vassal qu'il exigea de son frère, il garda encore la ville de Tarascon, le Château d'Albaron et la moitié du droit sur la fabrication des monnaies, appelé *Monetagium*; c'était le droit que les vassaux payaient au Seigneur pour qu'il ne changeât pas la monnaie.

La souveraineté de Provence étant ainsi acquise à Raymond-Berenger III, il reçut l'hommage des Vicomtes de Marseille. Ce Prince ne régna que trois ans. La guerre qui se renouvela entre le Roi d'Aragon son frère et le Comte de Toulouse, lui devint funeste. Ayant pris parti dans cette querelle en faveur de son frère, il perdit la vie en 1181, dans une embuscade où il tomba auprès de Montpellier.

Le Comté de Provence fut donné par Alfonse à son autre frère Sance d'Aragon, aux mêmes conditions qu'il l'avait été à Raymond-Berenger III. Quoique ces deux frères n'aient possédé la Provence qu'à titre d'usufruit, ils ont cependant été mis au rang des Comtes Souverains de Provence.

Alfonse voulant venger la mort de son frère, courut assiéger le Château de Murviel, situé dans le diocèse de Beziers, le surprit, le rasa, et s'avança ensuite dans le Toulousain à la tête de ses troupes; il prit divers Châteaux, vint camper sous les murs de Toulouse, sans que le Comte de Toulouse osât se montrer; de là il passa en Aquitaine pour aller conférer avec Henri II, Roi d'Angleterre, son allié; cependant le Comte de Toulouse et Alfonse se disposaient à la paix, au moment même où on les croyait le plus irréconciliables.

On attribua cette réconciliation à la vision que prétendit avoir eue un charpentier de la ville du Puy-en-Velai. Ce charpentier, nommé Durand, alla trouver l'Evêque de cette ville, et l'assura qu'il avait une mission de Dieu pour rétablir la paix entre le Roi d'Aragon et le Comte de Toulouse. Il présenta à l'Evêque un papier qu'il prétendait avoir reçu du Ciel, sur lequel était peinte l'image de la Vierge, tenant entre ses bras l'Enfant-Jésus, avec cette inscription autour : *Agnus Dei qui tollis peccata mundi, dona nobis pacem.* L'Evêque ne s'occupa guère de cette révélation, sur laquelle on eut ensuite des éclaircissemens plus certains. C'était l'ouvrage d'un Chanoine du Puy, qui voulait profiter de la paix pour rétablir un pélérinage à une Chapelle dédiée à la Vierge, interrompu par les courses des gens de guerre. Il imagina d'apposter un jeune homme qui, déguisé sous le costume qu'on prête à la Sainte Vierge, persuada au charpentier, homme simple et crédule, tout ce qu'il voulut.

Quoi qu'il en soit, cette prétendue apparition donna lieu à l'établissement d'une association ou confrairie, destinée à travailler non-seulement à rétablir la paix entre les Princes, mais encore à ramener le repos dans les familles, en réconciliant les particuliers divisés par des procès. Cependant, ces amis de la paix ne poussèrent pas leurs prétentions, jusqu'à vouloir s'immiscer eux-mêmes dans les affaires de l'État, pour décider des intérêts des Princes. Ce n'était que par leurs ferventes prières adressées au Ciel, qu'ils cherchaient à obtenir de Dieu la paix entre les Souverains. Cette association produisit un si heureux effet, que bientôt les animosités et les haines cessèrent parmi les particuliers. Cet exemple, si digne d'être imité par les Souverains, aurait peut-être suffi pour déterminer le Comte de Toulouse et le Roi d'Aragon à faire la paix, si plusieurs motifs politiques ne les y eût d'ailleurs engagés.

Le Roi d'Aragon était appelé en Provence; plusieurs grands vassaux s'y étaient soulevés, et il était nécessaire de les soumettre. Parmi eux se trouvait Boniface, Baron de Castellane, qui refusait l'hommage au Comte de Provence. De son côté, le Prince Toulousain avait encore pour ennemi le Roi d'Angleterre, qui se maintenait dans l'Aquitaine, et dont les troupes s'étaient montrées dans le bas Languedoc; il se voyait contraint de réunir ses forces contre ce seul ennemi. Les deux Princes s'étant ménagé une entrevue au Puy en Velai, où était le centre de l'association dont nous venons de parler, conclurent un traité de paix. Après cet accord, Alfonse espérant faire rentrer plus facilement dans le devoir, les principaux seigneurs provençaux soulevés, retira la Provence des mains de son frère Sance, à qui il donna en échange les comtés de Roussillon et de Cerdagne, reçut l'hommage de ses vassaux, et soumit Boniface de Castellane, dont la puissance était supérieure à celle des autres.

Un événement heureux pour le Roi d'Aragon fut le mariage de son second fils Alfonse, avec

Garsende de Sabran, petite fille et héritière de Guillaume IV, dernier Comte de Forcalquier. On peut se rappeler que les enfans de Guillaume II, Comte de Provence, s'étant partagé la succession de leur père, le pays qui fut appelé ensuite Comté de Forcalquier, détaché du Comté de Provence, échut en partage au fils aîné de Guillaume II, qui fit la tige des Comtes de Forcalquier. Ces Comtes se perpétuèrent jusqu'à Guillaume IV, pendant l'espace de cent soixante-trois ans. Renfermés dans leurs petits États, ils cherchèrent à vivre en paix avec leurs voisins et leurs vassaux, et enrichirent les églises. Les Hospitaliers de S.t Jean de Jérusalem eurent sur tout beaucoup de part à leur libéralité. Bertrand II, Comte de Forcalquier, enrichit cet Ordre de tout ce qu'il possédait dans la ville de Manosque et de plusieurs de ses terres.

Guillaume IV n'eut qu'une fille qui épousa Raynier de Sabran, Seigneur de Castellar. De ce mariage naquirent deux filles, Garsende et Béatrix. Guillaume ne voulant pas que son héritage fût partagé, maria Garsende de Sabran sa petite-fille aînée, avec le second fils du Comte de Provence, en lui assurant après lui dans le contrat de mariage, le Comté de Forcalquier, qui depuis resta réuni au domaine des Comtes de Provence, et fit ajouter à leurs titres celui de Comtes de Forcalquier.

Alfonse, Roi d'Aragon et Comte de Provence,

ne jouit pas long-temps du fruit de l'union de son fils avec l'héritière de Forcalquier. Ce Prince mourut à Perpignan le 25 août 1196, laissant de Sance de Castille, sa femme, trois fils. Pierre l'aîné succéda au royaume d'Aragon, aux comtés de Barcelone, de Rhodès et de Gévaudan ; le second, Alfonse reçut en partage le comté de Provence, et le troisième, Ferdinand fut religieux de Citeaux.

Ce premier Alfonse, qui réunissait le courage au talent de plaire et à l'art de gouverner, avait toujours inspiré de la crainte à ses ennemis : principalement au Comte de Toulouse, qui avait voulu lui enlever le comté de Provence.

ALFONSE II.

Alfonse II eut bientôt pour ennemi le Comte de Forcalquier, quoiqu'il eut épousé Garsende sa petite-fille et son héritière ; mais il s'attira son inimitié par l'empressement qu'il montra de jouir du comté de Forcalquier, avant la mort de celui qui en était le possesseur. Le Comte justement irrité, voulut rompre tous les engagemens qu'il avait contractés avec Alfonse ; il appela à son secours non-seulement tous ses vassaux, mais encore tous les Princes ses voisins. Le Vicomte de Marseille, le Prince d'Orange se déclarèrent pour lui : le Comte de Toulouse Raymond VI ne tarda point aussi à prendre sa défense ; d'ailleurs Raymond croyait pouvoir s'armer légitimement contre le Comte de Provence, en faisant valoir des droits qu'il prétendait avoir sur le comté de Forcalquier. Ces droits dérivaient d'une donation mutuelle que son père Raymond V et Guillaume IV, grand père de Garsende, s'étaient faite du marquisat de Provence et du comté de Forcalquier, à défaut de postérité masculine. Cependant cette donation avait été révoquée avant que Guillaume assurât son comté à sa petite-fille Garsende de Sabran ; mais il fallait au Comte de Toulouse des prétextes pour rompre avec le Comte de Provence.

Le Comte de Forcalquier rechercha encore l'alliance d'André de Bourgogne, Dauphin de Viennois, en lui promettant avec des avantages considérables, la main de son autre petite-fille Béatrix de Sabran, sœur de Garsende (1). Ses États s'étendaient dans le Gapençois et l'Embrunois. Cette portion de son héritage convenait au Dauphin de Viennois : le mariage se fit aux conditions proposées par le Comte de Forcalquier.

Alfonse II ne pouvant résister seul à tant d'ennemis, eut recours à son frère Pierre, Roi d'Aragon, qui arriva bientôt avec une armée. Ses forces jointes à celles du Comte de Provence,

---

(1). C'est à tort qu'André Duchesne a dit que Béatrix était la cousine germaine de Garsende. Il conste que ces Princesses étaient sœurs.

inspirèrent de la crainte au Comte de Forcalquier et à ses alliés. De son côté, Alfonse, qui avait provoqué la guerre, était disposé à donner satisfaction à son ennemi: tout se prépara donc pour la paix. On négocia de part et d'autre, et l'on convint des conditions: la donation stipulée dans le contrat de mariage de Garsende fut maintenue; on excepta les Etats du Dauphiné pour les donner à Béatrix, épouse du Dauphin de Viennois, qui reçut aussi en argent le reste de ses droits. On confia au Roi d'Aragon la garde de la ville et de la forteresse de Sisteron, dont l'occupation par les troupes du Comte de Provence avait donné lieu à la guerre. Cette ville et sa forteresse devaient être rendues au Comte de Forcalquier, si Alfonse et sa femme Garsende venaient à mourir sans enfans.

Bientôt après la paix, le Roi d'Aragon se rendit à Rome, pour se faire couronner par le Pape Innocent III. Il promit au Pape, en cette occasion, d'employer ses armes contre les hérétiques, connus sous le nom d'Albigeois, qui s'étaient répandus dans une partie du Languedoc. Le Roi d'Aragon fut à peine parti, que la guerre recommença entre le Comte de Forcalquier et le Comte de Provence. Il n'y eut que la mort de ces deux Souverains, qui pût terminer la querelle. Alfonse avait conduit en Italie sa sœur Constance, qui allait épouser Frédéric II, Roi de Sicile. Ce fut dans ce voyage qu'il mourut à Palerme en 1209, avec la réputation d'un Prince bienfaisant et valeureux, qui emporta les regrets de ses sujets. Le Comte de Forcalquier mourut bientôt après. Le corps d'Alfonse fut apporté de Sicile à Aix, et enterré dans l'église des Hospitaliers de S.ᵗ Jean de Jérusalem.

Ce Prince, protecteur des Troubadours et Troubadour lui-même, chanta ses amours, et encouragea la poésie provençale, pour laquelle sa femme Garsende de Sabran eut aussi beaucoup de goût. Il laissa un fils nommé Raymond-Bérenger, âgé de neuf ans, qui lui succéda, et une fille nommée Garsende, mariée avec Guillaume de Moncade, Vicomte et Souverain de Béarn.

CHAPITRE III.

RAYMOND-BÉRENGER IV.

Pierre, Roi d'Aragon, ayant pris la tutelle du jeune Souverain de Provence, l'emmena dans ses États, pour le faire élever, malgré les droits qu'avait Garsende de Sabran, sur la personne et la garde de son fils. Pierre donna en même temps le gouvernement de la Provence à son oncle Don Sance.

La minorité et l'éloignement du jeune Prince

ne pouvaient manquer de donner naissance à des troubles. Guillaume de Sabran saisit cette occasion pour faire valoir sur le Comté de Forcalquier, les droits qu'il prétendait avoir du chef de sa mère Alix de Forcalquier. Il disputait aussi aux Moines de Montmajour, la partie de la Seigneurie de Pertuis, que ses aïeux maternels leur avaient donnée. L'Empereur et le Pape réglèrent, comme arbitres, les prétentions de Guillaume, qui n'avait fait de nouvelles demandes, que pour tirer parti d'une mauvaise affaire, dans laquelle il fut bien heureux d'obtenir des terres en indemnité, et de conserver le titre de Comte de Forcalquier, qu'il transmit à ses descendans.

On n'avait vu jusqu'alors que les principaux Seigneurs aspirer à l'indépendance. Bientôt les grandes villes voulurent jouir du même avantage. La forme de gouvernement que la ville d'Arles venait d'obtenir, fut le principe de cette prétention. Cette ville, autrefois chef-lieu des provinces romaines, et dans le moyen âge, capitale d'un royaume auquel elle donna son nom, reconnaissait moins la puissance et la juridiction des Comtes de Provence, que celle des Empereurs, qui avaient transmis aux Archevêques d'Arles le pouvoir dont ils jouissaient dans la ville; mais ce pouvoir même ne résida que faiblement entre les mains des Archevêques; en sorte qu'il avait été facile à la ville d'Arles, de se constituer en république, gouvernée par un chef qui avait le titre de Podestat, par des Consuls et par un Juge ou Viguier. Le Podestat prêtait serment de fidélité à l'Empereur, entre les mains de l'Archevêque. Il avait la direction des principales affaires; il était souverain dans ses jugemens; on datait les contrats de l'année de son gouvernement et de celle du règne de l'Empereur. La place de Podestat fut donnée aux plus anciennes familles de la ville. Fouquet de Renaud, dont les descendans possédèrent la seigneurie d'Allein, était Podestat dès l'année 1212, et Rolland de l'Estang fut élu l'an 1238 et possédait encore cette charge en 1243. Le Viguier prêtait aussi serment entre les mains de l'Archevêque; il avait l'administration de la justice, et les Consuls, celle de la police. En un mot, la ville d'Arles était une véritable république sous la protection de l'Empereur.

La ville de Marseille, qui dans son origine, avait formé une république, aspirait encore à la même indépendance. Après avoir été soumise aux Romains et passé successivement, ainsi que la Provence, sous la domination des Goths, des Rois français et des Rois d'Arles, elle eut aussi des Seigneurs ou Souverains particuliers, sous le titre de Vicomtes. Guillaume qu'on ne connaît que sous ce nom, d'un autre origine que celle des premiers Comtes de Provence, fut le premier Vicomte de Marseille. Conrad, Roi d'Arles l'investit de cette vicomté, à peu près dans le même temps qu'il investit Boson du comté de Provence. Quoique les Vicomtes de Marseille, par leur titre même, ne fussent regardés que comme les Lieutenans des Comtes, cependant ils possédaient avec des marques de souveraineté, la ville de Marseille, sur laquelle les Comtes de Provence exercèrent dans la suite un plus grand pouvoir; puisque Raymond-Bérenger III reçut l'hommage et le serment de fidélité des Vicomtes de Marseille.

Par l'effet des successions, cette souveraineté des Vicomtes ne resta pas toujours sur la tête d'un seul. Le siége de Marseille ayant été occupé successivement par trois Évêques, Honoré II, Pons I.er et Pons II, qui, l'un et l'autre, étaient issus des Vicomtes de Marseille, les Évêques restèrent pendant long-temps Souverains d'un quartier de la ville, jusqu'à l'époque où ils transmirent leur droit à Charles d'Anjou, Comte de Provence.

Au moment où la ville de Marseille voulut se rendre indépendante, on y comptait, outre l'Évêque, cinq Seigneurs ou Souverains particuliers, parmi lesquels Ronçelin et Raymond-Geoffroi descendaient du premier Vicomte de Marseille : les trois autres, Raymond des Baux, Adhémar de Monteil et Hugues des Baux, avaient obtenu la Souveraineté, par des mariages avec les filles des Vicomtes. L'occasion était favorable pour détruire cette Souveraineté placée sur plusieurs têtes. La ville délibéra de l'acheter. Le premier qui vendit sa portion de souveraineté aux Marseillais, fut Roncelin, qui avait pris l'habit de Moine, le quitta pour se marier et le reprit ensuite, lorsqu'il eut reçu du Pape, avec l'absolution de son péché, la permission de garder ses biens, pour payer ses dettes. Il se dépouilla ensuite du reste de ses propriétés, en faveur de l'abbaye de S.t-Victor, où il était religieux.

Hugues des Baux et Adhémar de Monteil firent plus de difficultés ; mais le premier, qui aimait la dépense, emprunta de si grosses sommes des Marseillais, qu'il fut forcé de se libérer par la vente de sa souveraineté. Ceux-ci, pour venir à bout d'Adhémar de Monteil, lui suscitèrent tant de contestations sur des revenus qu'il possédait à Marseille, qu'il ne put les terminer qu'en consentant à la vente qu'on lui demandait. Enfin, Raymond Geoffroi et Raymond des Baux, qui restaient seuls, se déterminèrent également à vendre leur portion de souveraineté. Aussitôt que ces ventes furent faites, les Marseillais se donnèrent un gouvernement républicain. Cependant pour conserver encore une ombre du gouvernement monarchique, ils élurent un Podestat, qu'ils firent chef de la république.

Quoique depuis le traité fait en 1125, entre Raymond-Bérenger, Comte de Provence et Alphonse-Jourdain, Comte de Toulouse, la ville d'Avignon et son territoire eussent été partagés entre ces deux Princes, qui y avaient chacun leurs juges et leurs officiers, cette ville voulut aussi se gouverner comme les villes d'Arles et de Marseille. Les Avignonais cherchèrent donc des prétextes pour s'affranchir de cette souveraineté. Ils en trouvèrent à l'égard du Comte de Toulouse, en prétendant qu'ils ne pouvaient continuer d'appartenir à un Souverain qui favorisait la secte des Albigeois, et dont ils auraient à craindre d'être forcés ou tentés de partager l'hérésie. A l'égard du Comte de Provence, ils alléguèrent l'éloignement de ce jeune Prince, que son oncle le Roi d'Aragon détenait dans ses États. Ainsi, pensant avoir le droit de se soustraire à la domination d'un Souverain qu'ils regardaient comme prisonnier, ils crurent pouvoir se choisir une autre forme de gouvernement. Ils firent valoir aussi l'abandon que le dernier Comte de Forcalquier leur avait fait de ses droits sur la souveraineté de leur ville. En conséquence, les Avignonais commencèrent par remettre le soin des affaires entre les mains des Consuls, et élurent ensuite un Podestat, à l'exemple des villes d'Arles et de Marseille. Quoiqu'on eût attaché un grand pouvoir à la place de Podestat, il était tempéré par des lois sages, qui mettaient les citoyens à l'abri des abus qu'aurait pu entraîner cette suprême Magistrature.

Lorsque ces trois villes se constituèrent en république, celle de Nice voulut jouir du même avantage; elle était séparée de la Provence par le Var. Ce n'était que par la force qu'elle avait été soumise aux deux Comtes de Provence qui en avaient fait le siége; aussi les Niçards, saisissant une occasion favorable, ne tardèrent-ils pas à se donner un gouvernement républicain, sous la protection des Génois, qui furent bien aise d'avoir un allié contre les Pisans. Ces quatre villes, Arles, Marseille, Avignon et Nice, qui changèrent ainsi la forme de leur gouvernement, y furent excitées par l'exemple des républiques de Gênes et de Pise, qui alors étaient florissantes et couvraient la mer de leurs vaisseaux.

Telle était la situation de la Provence, lorsque Raymond-Bérenger se délivra de la tutelle de son oncle le Roi d'Aragon, pour retourner dans ses États. Il trouva non-seulement les nouvelles républiques prêtes à s'armer contre lui, mais encore un autre ennemi dans Guillaume des Baux, Prince d'Orange, qui élevait d'injustes prétentions sur le Comté de Provence, en se prévalant du vain titre de Roi d'Arles, que l'Empereur Frédéric II lui avait cédé.

Lorsque les Empereurs avaient de la peine à maintenir leur autorité en Provence, ils cherchaient à la relever par les priviléges, qu'ils accordaient, soit aux villes, soit aux Seigneurs ou aux Évêques. Ce fut dans le temps qu'Othon IV disputait encore l'empire à Frédéric II, que celui-ci, qui n'en eut la possession que par la mort de son rival, céda son titre de Roi d'Arles au Prince d'Orange, et confirma les priviléges de la ville d'Arles et la forme de gouvernement que cette ville s'était donnée.

Le Comte de Provence, obligé de se défendre contre tant d'ennemis, jugea convenable à ses intérêts, d'épouser Béatrix, fille de Thomas, Comte de Savoie : les armes et l'expérience de ce Prince pouvaient lui être d'un grand secours. Ce mariage fut célébré en 1219. Raymond-Bérenger en eut un fils qui mourut en bas âge et quatre filles, renommées dans l'histoire, par les charmes que leur avait prodigués la nature, et par les grandes alliances qu'elles contractèrent.

La force des nouvelles républiques de Provence, consistait dans leur union. Raymond-Bérenger chercha à les diviser, en proposant à la république de Marseille de s'unir avec lui. Il espérait en se rapprochant des Marseillais, mettre la division dans leur ville et y établir son autorité, à la place du gouvernement républicain; mais les Marseillais pénétrant son dessein, s'unirent à un autre Prince, qui dépouillé en partie de ses États, n'avait que plus d'empressement à profiter du secours de la république de Marseille, pour parvenir à les recouvrer tout entiers. C'était Raymond VII, Comte de Toulouse, qu'on surnommait le jeune, pour le distinguer de son père Raymond VI, dit le vieux.

Il est nécessaire de connaître les événemens qui causèrent les malheurs de Raymond VII, Comte de Toulouse, et amenèrent une guerre, dans laquelle le Comte de Provence prit parti.

Raymond le vieux avait toléré dans ses États la secte des Albigeois. Ce ménagement déplut au Légat du Pape: Il excommunia le Comte de Toulouse. Bientôt après, le Légat ayant été assassiné, le Comte fut accusé de ce meurtre. Le Pape Innocent III prêcha une croisade contre ce Prince et contre les Albigeois ; le fameux Simon, Comte de Montfort, fut mis à la tête des croisés. Raymond le vieux se montra ferme et intrépide; mais lorsqu'il vit se former contre lui une ligue générale, dans laquelle Philippe Auguste, Roi de France, était entré, Raymond, pour éviter sa ruine, se réconcilia avec l'Eglise. Quoique pénitent, et absous à Rome, il n'en fut pas moins privé de ses États. Il ne faut cependant pas accuser le Pape de cette injustice.

Ce Pape dont Baluze a recueilli les lettres, qui sont intéressantes pour la morale et pour la discipline ecclésiastique, écrivait à ses Légats, qu'il ne comprenait pas pour quelle raison on pourrait donner à d'autres les États du Comte de Toulouse, qui n'en avait pas été légitimement dépouillé; que si on avait rendu quelque sentence sur cet article, sans égard pour la forme qu'il avait prescrite, elle était nulle de plein droit; c'est pourquoi il leur ordonnait de conduire cette affaire, avec autant de soin que d'impartialité. Le Pape ne fut pas obéi.

Simon de Montfort ambitionnait la possession des États du Comte de Toulouse : le Comte prit les armes pour se défendre; il eut pour alliés les Comtes de Foix, de Comminges, les Vicomtes de Beziers et de Béarn, et surtout Pierre, Roi d'Aragon. Cette guerre fut cruelle. Simon de Montfort parvint à conquérir les États du Comte de Toulouse, qui fut obligé de se sauver en Espagne, après avoir perdu la bataille de Muret, où le Roi d'Aragon fut tué, en 1213.

Pendant que Raymond le vieux languissait en Espagne, son fils Raymond le jeune, maître encore du marquisat de Provence, aidé des Avignonais qui conservaient toujours un fond d'attachement pour les Comtes de Toulouse leurs anciens maîtres : soutenu aussi par les habitans de Tarascon, et surtout par les Marseillais, reprit les villes de Saint-Gilles, de Beaucaire, et fit soulever la ville de Toulouse, qui rappela Raymond le vieux. La guerre continua : Montfort assiégea de nouveau Toulouse, et fut tué à ce siége. Raymond le vieux mourut bientôt après, en l'an 1225, ne laissant à son fils pour tout héritage que sa mauvaise fortune.

Amauri de Montfort, fils de Simon, céda à Louis VIII, Roi de France, les conquêtes de son père. Le Monarque français voulant faire valoir cette cession, se mit en marche, traversa le Nivernais, arriva à Lyon, fit embarquer les vivres et les munitions de guerre sur le Rhône, et continua sa route le long de ce fleuve jusqu'à Avignon. A son approche, tout tremblait déjà dans le Languedoc. Plusieurs vassaux du Comte de Toulouse s'empressèrent de faire leur soumission au Roi de France, qui était aux portes d'Avignon. Les Avignonais s'étant déclarés pour le Comte de Toulouse, leur ville fut investie.

Le Comte de Provence s'était uni au Roi de France pour faire la guerre au Comte de Toulouse et assiéger Avignon. Ses motifs pour attaquer Raymond le jeune, qui avait cherché à mettre le trouble dans ses Etats, étaient assurément plus légitimes que ceux du Monarque français. Il existait entre les Comtes de Toulouse et ceux de Provence, une ancienne rivalité que le temps n'avait pas effacée. D'ailleurs Raymond-Bérenger faisait valoir ses droits sur la ville d'Avignon, qui s'était soustraite à son autorité, en s'érigeant en république. Le Roi de France, après avoir été arrêté plus de trois mois devant cette place, la prit et pénétra ensuite dans le Languedoc. Rien ne lui résista jusqu'aux environs de Toulouse. La saison ne lui permettait pas d'en faire le siége: il mourut, en retournant à Paris, en 1226.

La prise d'Avignon ne profita guères au Comte de Provence. Le Pape y envoya un Légat qui commandait en souverain et qui garda le ville, sous prétexte d'extirper l'hérésie qui s'y était introduite ; mais le pouvoir du Pape ne dura pas long-temps : la ville d'Avignon redevint libre, et en même temps tous les Officiers que le Comte de Provence voulut y tenir, ne furent nullement respectés.

Raymond-Bérenger fut plus heureux en entreprenant seul le siége de Nice. Malgré les secours que les Génois donnèrent à cette ville, il la remit sous son obéissance, et en nomma Gouverneur Romée de Villeneuve, qui s'était distingué pendant le siége. Cette récompense ne fut pas la seule que cet illustre Provençal mérita. Il s'acquitta si bien de toutes les affaires dont le chargea son maître, que ce prince lui donna sa confiance toute entière, le fit seigneur et Baron de Vence, grand Sénéchal, et principal Ministre.

Après la réduction de Nice, Raymond-Bérenger voulut avoir la ville de Marseille. Il négocia par le moyen de l'Évêque qui lui était dévoué, menaça même les Marseillais de faire marcher des troupes contr'eux ; mais il ne réussit ni à les gagner par ses négociations, ni à les intimider par ses menaces : les Marseillais rejettèrent ses propositions.

Le Languedoc éprouvait toujours les fureurs du fanatisme. La mort ayant empêché Louis VIII de terminer la guerre des Albigeois, par la prise de Toulouse, Raymond le jeune profita des troubles qui regnèrent en France pendant une minorité orageuse, pour se remettre en campagne. Il avait repris quelques-unes de ses places, et s'était défendu avec avantage contre Imbert de Beaujeu, qui commandait les troupes du Roi de France. Les Albigeois poussés à bout n'épargnaient pas les Catholiques, et ceux-ci renouvelaient chaque jour leurs cruautés envers les Albigeois. Jamais il ne s'était fait de guerre plus affreuse par des motifs de religion. Le Cardinal de S.t Ange, Légat du Pape, avait prêché contre les Albigeois une nouvelle croisade. Blanche de Castille, Régente de France, soutint la croisade en envoyant de nouveaux secours. Le Légat alla lui-même en Languedoc joindre Imbert de Beaujeu, et pressa plus vivement la guerre. Enfin, le Comte de Toulouse fatigué de vingt années de combats, se remit entre les mains du Roi de France, et finit par faire une paix humiliante.

La dépouille d'un prince qui n'avait qu'une fille fut l'objet principal dont s'occupa la Cour de France. Le Pape lui-même eut des projets sur le marquisat de Provence, où il possédait déjà plusieurs châteaux, qu'il s'était fait donner par le Comte de Toulouse. On laissa par le traité de paix, à Raymond de Toulouse une petite partie de ses États, dont il pourrait disposer s'il avait d'autres enfans. Le reste devait servir pour la dot de la jeune Princesse Jeanne sa fille unique, qui devait épouser Alfonse,

Comte

Comte de Poitiers, frère du Roi de France : sans que les enfans qui pourraient naître au Comte de Toulouse par la suite, ou à la Princesse sa fille par une autre alliance, y pussent jamais rien prétendre ; et à défaut d'enfans issus du mariage de la Princesse avec Alfonse, on convint que toute cette portion d'États serait réunie à la France. Ce traité fut conclu à Paris en 1229.

Les futurs époux n'étant alors que dans la neuvième année de leur âge, la célébration de leurs nôces fut différée jusqu'à ce qu'ils fussent parvenus à un âge compétent. Les historiens ne sont pas d'accord sur l'époque fixe où s'accomplit ce mariage, dont il ne provint point d'enfans.

Alfonse de Poitiers mourut en 1271, et sa femme le suivit de près.

Le Pape Grégoire IX n'avait pas été oublié dans le traité de 1229. Sous prétexte d'être indemnisé de toutes les dépenses que le S.ᵗ Siége avait faites dans la guerre contre les Albigeois, il reçut du Comte de Toulouse le marquisat de Provence, ou Comté Venaissin ; mais il le lui restitua bientôt après ; nous verrons ce même Comté Venaissin, retourner encore sous la domination du Pape.

Si le Comte de Provence n'eut aucune part dans la dépouille du Comte de Toulouse, quoiqu'il se fût ligué contre lui avec le Roi de France ; au moins éprouva-t-il une satisfaction plus grande en mariant sa fille aînée, Marguerite de Provence, avec le Monarque français. Raymond-Bérenger n'avait que des filles. Toute son ambition devait être de leur procurer des établissemens avantageux. Cette haute alliance était d'un heureux augure, et ne pouvait manquer d'influer d'une manière utile sur l'établissement de ses autres filles ; en effet, deux ans après, la seconde nommée Éléonore, fut mariée à Henri III, Roi d'Angleterre.

Gauthier, Archevêque de Sens, et le seigneur de Nesle, furent nommés Ambassadeurs du Roi de France, pour aller faire la demande de la Princesse Marguerite, à son père le Comte Raymond-Bérenger, qui accueillit la proposition, avec autant d'empressement que de respect.

Marguerite était l'idole des Provençaux. Les Troubadours, en chantant leur Princesse, trouvaient tous les jours un nouveau sujet de louange. Plusieurs d'entr'eux l'accompagnèrent à Paris. Un de ces poëtes, osa lui dédier une pièce de galanterie, Marguerite aussi belle que sage, le fit exiler aux îles d'Hyères. Cette punition prouve moins la dureté de la Princesse, que la sévérité des mœurs de ces temps-là.

Raymond-Bérenger s'occupait toujours du projet de s'emparer de Marseille, comme d'une possession nécessaire pour compléter ses États ; mais les Marseillais étaient si éloignés de vouloir le reconnaître pour Souverain, qu'ils aimèrent mieux se donner au Comte de Toulouse, quelqu'abandonné que parût être ce Prince depuis son traité avec le Roi de France. Cependant il venait de trouver un appui dans l'Empereur Frédéric II, qui avait déclaré le Comte de Provence déchu du Comté de Forcalquier, et de la seigneurie de Sisteron, pour en investir le Comte de Toulouse. Frédéric était irrité contre Raymond-Bérenger, de ce que lui ayant ordonné d'attaquer le Comte de Savoie, allié du Comte de Flandre, dont il était mécontent, non-seulement il ne fut pas obéi, mais Raymond-Berenger osa encore aider la ville d'Arles dans sa rébellion contre l'autorité impériale. L'Empereur ordonna à Raymond de Toulouse de prendre les armes, et d'attaquer le Comte de Provence.

Le Comte de Toulouse se rendit maître du pont de Bompas sur la Durance, où il établit une garnison pour s'assurer du passage. Ensuite il entra dans le Comté de Provence qu'il dévasta, et poussa vivement le Comte Raymond-Bérenger. Celui-ci se voyant extrêmement pressé eut recours aux Français, qui s'étaient établis aux environs du Rhône depuis la paix de 1229, et à la Noblesse du pays, qui avait prêté serment de fidélité au Roi de France. Les uns et les autres ayant formé un corps d'armée, marchèrent au secours du Comte de Provence; mais Raymond de Toulouse leur dressa une embuscade, les surprit au passage, et les défit entièrement. Il soumit ensuite une vingtaine de places, tant en deçà qu'en delà du Rhône, dont une partie appartenait au Roi de France, et l'autre au Comte de Provence. Il se saisit entr'autres du château de Trinquetaille, situé dans l'isle de Camargue, et séparé seulement par le Rhône de la ville d'Arles, dont il entreprit le siége à l'aide des Marseillais ses alliés.

La république d'Arles s'était affranchie de la suzeraineté de l'Empereur par le secours du Comte de Provence; mais elle s'était mise en même temps à la discrétion de celui qui l'aida à se rendre libre. Au reste, les habitans d'Arles ne pouvant éviter de se donner un nouveau souverain, aimèrent mieux le choisir dans leur propre pays. Un Prince peut se rendre vraiment maître de ses sujets en se faisant aimer: ce fut le moyen qu'employa Raymond-Bérenger, pour s'attirer la confiance des habitans d'Arles. Loin de profiter de sa supériorité sur eux, et de leur faire regretter l'autorité impériale qui pesait peu sur la ville, il n'abusa pas des circonstances, et accepta de bon cœur les conditions qu'on lui offrit. Ces conditions furent, qu'il gouvernerait la ville selon ses priviléges, et pendant sa vie seulement. L'autorité qu'on lui accorda ne fut guère plus étendue que celle des magistrats municipaux; mais cependant son rang seul rendit son pouvoir supérieur à celui de ces magistrats; les factions cessèrent; le Gouvernement de la ville fut exposé à moins de vicissitudes.

Le sort des habitans d'Arles fut désormais lié à celui de Raymond-Bérenger, qui employa tous ses soins pour empêcher le Comte de Toulouse de s'emparer de leur ville.

Le Roi d'Angleterre, l'un des gendres de Raymond-Bérenger, informé de ce qui se passait en Provence, crut devoir interposer en faveur de son beau-père ses bons offices auprès de Frédéric II, au nom duquel la ville d'Arles était assiégée par le Comte de Toulouse; mais les lettres que Louis IX, Roi de France, autre gendre du Comte de Provence, adressa à l'Empereur sur le même sujet, et surtout ses préparatifs pour faire lever le siége eurent beaucoup plus d'effet. On convint de restituer ce qu'on avait pris de part et d'autre. Le Comte de Toulouse écrivit lui-même au Roi de France pour se justifier; il leva le siége d'Arles, abandonna Trinquetaille, et se retira content du dégât qu'il avait fait dans la Camargue.

Le Prince Toulousain s'appercevant enfin que ses liaisons avec l'Empereur, ennemi de la Cour de Rome, pouvaient lui attirer un sort pareil à celui de son père, se détermina à rompre avec Frédéric: il traita même contre lui avec le Légat du Pape. La soumission de Raymond à l'Eglise fut bientôt suivie de son accommodement avec le Comte de Provence. La paix fut conclue entre ces deux Princes par la médiation des Rois de France et d'Angleterre. Le principal motif qui décida le Comte de Toulouse à terminer avec le Comte de Provence, fut le désir d'épouser sa troisième fille, dans l'espérance d'en avoir des enfans mâles qui pussent lui succéder, et d'exclure ainsi de la plus grande partie de sa succession Jeanne sa fille, femme d'Alfonse de Poitiers, frère du Roi de France.

Mais avant tout, il fallait qu'il fît déclarer nul son mariage avec Sancie d'Aragon, de laquelle il était séparé depuis long-temps, et dont il n'avait eu que sa fille Jeanne. Raymond étant réconcilié avec la Cour de Rome, le Pape nomma des Commissaires qui cassèrent son mariage, par la raison que Sancie d'Aragon sa femme avait été tenue sur les fonds par le père de Raymond. Cette affinité ou alliance spirituelle contractée à l'occasion du baptême était alors un lien de parenté, dont le Concile de Trente restreignit dans la suite l'étendue et les effets.

La Comtesse de Toulouse, accompagnée de ses deux neveux, le Roi d'Aragon et le Comte de Provence, n'opposa qu'un profond silence au jugement des Commissaires. Ainsi ces deux Princes présens au jugement, consentirent pour des intérêts politiques à l'humiliation de leur tante.

Le but que se proposait le Comte de Toulouse, en faisant casser son mariage, étant de priver la France d'une partie de son héritage, on ne pouvait supposer dans la conduite de Jacques, Roi d'Aragon, ennemi déclaré du Roi de France, que le désir de seconder ce dessein; mais Raymond-Bérenger devait s'apercevoir qu'il achèterait cher son alliance avec le Comte de Toulouse, surtout si ce dernier se montrait toujours avec l'intention de recouvrer sur le Roi de France, une partie des États qu'il avait perdus, et attirait ainsi au Comte de Provence, une guerre avec un ennemi puissant, qui s'opposait au mariage du Comte de Toulouse avec la Princesse provençale, et qui parvint à l'empêcher.

Sancie de Provence, promise à Raymond de Toulouse, épousa Richard, frère du Roi d'Angleterre, qui fut élu ensuite Roi des Romains; et Raymond contracta une autre alliance, en épousant la fille du Comte de la Marche.

Raymond et le Comte de la Marche formèrent une ligue avec le Roi d'Angleterre, contre le Roi de France, qui triompha de cette ligue, et obligea le Comte de Toulouse de se soumettre sans réserve à ses volontés. En même temps, le Comte de Provence n'éprouva plus d'obstacle pour enlever au Comte de Toulouse, la souveraineté de Marseille, et s'emparer de cette ville qu'il laissa se gouverner en république, sous sa protection, en la comprenant néanmoins comme partie intégrante de ses États.

Raymond-Bérenger, craignant que sa succession n'amenât des troubles, s'il ne prenait pas des précautions pour éviter le partage de ses États entre ses quatre filles, fit son testament à Sisteron et nomma héritière sa quatrième fille nommée Béatrix, qui n'était pas encore mariée. Ses autres filles eurent leur dot en argent. L'espérance de cette succession fit rechercher Béatrix par plusieurs Princes. L'Empereur Frédéric la désirait pour son fils; le Roi d'Aragon la voulait aussi pour le sien. Ce dernier avait intérêt de conserver dans sa famille une souveraineté qui y était depuis plus d'un siècle. Ce qui est étonnant, c'est que le Comte de Toulouse, qui n'avait pu obtenir la troisième fille du Comte de Provence, se mit aussi sur les rangs pour épouser la quatrième, quoiqu'il fût marié avec la fille du Comte de la Marche; mais il ne se faisait aucun scrupule de solliciter encore le divorce avec celle-ci pour raison de parenté, dont il n'avait pas été dispensé, comme il avait fait à l'égard de la Princesse d'Aragon, pour raison d'affinité spirituelle dont il n'avait pas été relevé.

Lorsque le Comte de Toulouse se jouait ainsi de la foi du mariage, il paraissait bien difficile que sa proposition d'épouser Béatrix, fût écoutée; d'ailleurs, la Cour de France ménageait le mariage de cette Princesse avec Charles d'Anjou, frère du Roi. Cependant Raymond-Bérenger, qu'une fausse politique éloignait alors de l'alliance de la France, s'occupait sérieusement du mariage de sa fille Béatrix avec le Comte de Toulouse, dont il avait eu tant à se plaindre. Pouvait-il se flatter que ce Prince recouvrerait tous les

États qu'il avait perdus, et que le Languedoc serait un jour réuni à la Provence! Enfin, cet étrange mariage occupait la pensée du Comte de Provence, lorsqu'il mourut en 1245, dans la quarante-cinquième année de son âge, après un règne de trente-six ans, qu'il avait employé tout entier au bonheur de ses sujets. Peu de mois avant sa mort, se trouvant à Lyon, il y reçut des mains du Pape Innocent IV, la rose d'or que les Souverains Pontifes étaient en usage de bénir, le quatrième dimanche de carême, et d'envoyer en présent aux Souverains catholiques.

Sa veuve Béatrix de Savoie, loin d'acquiescer au mariage de sa fille avec le Comte de Toulouse, le rejeta, autant par la répugnance qu'elle y eut elle-même, que par le conseil de Romée de Villeneuve et d'Albert de Tarascon, que Raymond-Bérenger avait nommés pour gouverner l'État, jusqu'au mariage de sa fille Béatrix. Ces sages Ministres pensèrent à un établissement plus solide, en choisissant Charles d'Anjou, frère du Roi de France, qu'ils firent demander par la Noblesse de Provence. Charles lui-même s'avança avec une armée pour écarter tous les concurrens et épouser librement Béatrix. Ce fut ainsi par un mariage avec l'héritière du dernier Comte de Provence de la maison de Barcelone, que les Comtés de Provence et de Forcalquier passèrent à un Prince de la maison de France.

Raymond-Bérenger aima ses sujets, protégea

les lettres et les cultiva lui-même; sa Cour fut brillante. Les guerres qu'il eut à soutenir avaient épuisé ses finances; mais elles furent rétablies par les soins de Romée de Villeneuve, en qui il avait placé toute sa confiance. On a voulu représenter ce Ministre comme un personnage romanesque, en le supposant un pélerin venu de Saint-Jacques-de-Compostelle, qui s'était présenté à la cour du Comte de Provence, et dont il avait gouverné l'État et rétabli les affaires; mais les historiens les mieux instruits n'ont pas imaginé d'attribuer à un aventurier, ce qui a été exécuté par un des plus grands hommes et des plus grands seigneurs de Provence, dont la famille, originaire d'Aragon, avait suivi les Princes de la maison de Barcelone.

Raymond-Bérenger fut enterré à Aix, auprès du tombeau de son père, dans l'église des Hospitaliers de S.ᵗ-Jean-de-Jérusalem, auxquels il avait donné la terre de Vinon. La statue en pierre de ce Prince, qui se trouvait dans cette église à côté de son tombeau, le représentait tenant la rose d'or dans sa main droite.

LIVRE III.

DES COMTES DE PROVENCE
DE LA PREMIÈRE MAISON D'ANJOU.

CHAPITRE PREMIER.

CHARLES I.er

CHARLES, qui épousa la quatrième fille du Comte de Provence, était Comte d'Anjou et du Maine. Le Roi S.t Louis son frère lui avait assigné pour son apanage, ces deux provinces reversibles à la couronne, faute d'enfans mâles: S.t Louis étant dangereusement malade, s'était engagé par un vœu à faire la guerre aux infidèles. Si ce saint Roi fut entraîné par un zèle religieux dans cette expédition, le Comte de Provence qui en partagea les dangers, y fut poussé par son caractère vif et bouillant, qui l'empêchait de trouver dans le gouvernement d'un petit État, assez d'aliment pour satisfaire son ardente activité.

Le Roi de France avait préparé pendant quatre ans cette expédition aussi célèbre que malheureuse (1). Après avoir vaincu les Sarrasins et s'être rendu maître de Damiette, il fut vaincu lui-même au combat de Massoure, et fait prisonnier avec l'élite de son armée. Le Comte de Provence qui avait fait des prodiges de valeur à Massoure, fut aussi fait prisonnier. Le Roi paya quatre cents mille livres pour la liberté de son frère et de ses sujets, rendit Damiette pour obtenir la sienne; et se retira ensuite dans la Palestine, qui était au pouvoir des Chrétiens; Charles retourna en Provence. S.t Louis ne revint en France que lorsque la mort de sa mère, à laquelle il avait confié le royaume, le rappela au sein de sa patrie, qui ne pouvait plus se passer de lui.

A la mort de Raymond-Bérenger, les habitans d'Arles avaient repris leurs droits, qu'ils avaient cédés à ce Prince pour sa vie seulement. Ces républicains ne recouvrèrent leur indépendance que pour en abuser. Ils commirent des actes d'hostilité sur le territoire du Comte de Pro-

---

(1) Nom de plusieurs Gentilhommes provençaux, qui accompagnèrent en 1248 S.t Louis à l'expédition d'Egypte, et dont les familles existent encore.

Blacas, Barras, Castellane, Glandevès, Grimaldi, Laincel, Montolieu, Pontevès, Sabran, Villeneuve.

Voyez les Tables de Pierre d'Hozier, contenant les noms des Provençaux illustres par leurs actions, etc., etc., imprimées à Aix en 1677, petit in-f.°, et dont un exemplaire se trouve à la Bibliothèque publique d'Aix,

vence ; les Ministres de ce Prince, pendant qu'il était absent, ne réprimèrent faiblement les entreprises des Arlésiens, que pour fournir à Charles, à son retour de la Palestine, un prétexte plus plausible de s'emparer de leur ville ; et en effet, ce Prince redevenu libre, s'occupa aussitôt après son retour en Provence, de leur demander raison des entreprises qu'ils avaient faites sur ses États. Son ambition embrassait également les républiques d'Avignon et de Marseille ; mais ce fut sur celle d'Arles, que les circonstances le décidèrent à porter ses premiers coups.

Charles était favorisé par l'Archevêque d'Arles, Jean Baussan, qui promettait de faire rendre la ville, à condition que le Comte de Provence protégerait sa personne, défendrait ses biens, les droits de son église, et surtout lui donnerait de l'argent pour payer ses dettes. Barral des Baux, Podestat d'Arles, pareillement endetté, se laissa gagner par l'appât de l'or. La trahison ne coûte guère à ceux qui sont excités par la cupidité. Cependant les habitans d'Arles opposèrent de la résistance ; ils espérèrent au moins, en entrant en négociation, trainer l'affaire en longueur et obtenir de meilleures conditions. Sur ces entrefaites, Alfonse de Poitiers, maître du Comté de Toulouse par la mort de Raymond VII son beau-père, parut avec une armée, pour aider son frère à conquérir la ville. Charles parla alors en maître aux habitans, auxquels il ne fut plus permis de différer. Cette ville qui aurait conservé une partie de ses priviléges, si elle se fût soumise plutôt, se dépouilla de sa souveraineté en faveur du Comte de Provence : heureuse encore d'avoir pu acheter par ce sacrifice un repos, qu'elle n'avait jamais su trouver lorsqu'elle était indépendante.

Bientôt après, la ville d'Avignon se rangea sous l'obéissance de Charles, Comte de Provence, et d'Alfonse de Poitiers, Comte de Toulouse. Ces deux Princes s'en partagèrent la souveraineté, ainsi qu'il avait été réglé cent vingt-six ans auparavant, par le traité fait en 1125, entre Raymond-Bérenger, Comte de Provence, et Alfonse-Jourdain, Comte de Toulouse.

La ville de Marseille, en opposant plus de résistance, obtint une capitulation plus avantageuse, qui lui laissa encore de grands priviléges; cependant elle se reconnut soumise au domaine et à la juridiction des Comtes de Provence.

Charles avait pris parti dans la guerre de Flandre et de Hainault en faveur de Marguerite, Comtesse de Flandre, afin d'obtenir de la part de cette Princesse la cession du Hainault; mais le Roi de France qui arriva d'Orient, força son frère de renoncer à cette donation injuste. Empressé de rétablir la paix entre les Princes ses voisins, bien loin de profiter de leurs dissensions pour s'emparer de leurs États, le S.t Roi aimait trop la justice pour permettre que le Hainault restât à son frère.

D'un autre côté, Charles éprouva les bons offices du Roi de France, dans ses démêlés avec Béatrix de Savoie, Comtesse douairière de Provence. Cette Princesse, outre les droits fixés par le testament de Raymond-Bérenger son mari, éleva d'autres prétentions, qui allèrent même jusqu'à une rupture entre elle et son gendre. Cette dissension favorisée par plusieurs Seigneurs provençaux, qui prirent le parti de Béatrix, aurait eu des suites fâcheuses, si S.t Louis n'en eût arrêté le cours, en obligeant cette Princesse sa belle-mère, de se soumettre à son arbitrage, et d'accepter les conditions qui lui furent garanties par le Monarque français.

Charles ne pouvant souffrir que plusieurs Seigneurs provençaux exerçassent dans leurs fiefs, l'autorité souveraine, résolut de les soumettre. Le plus puissant était Boniface de Castellane. Ce Seigneur, plein de valeur, et l'un des aimables Troubadours de son temps, possédait en souveraineté la ville de Castellane dans la haute Provence, sous le titre de Baronie, avec plus de trente terres qui en dépendaient. On sait que la maison de Castellane, qui existe encore aujourd'hui en plusieurs branches, est une des plus anciennes et des plus illustres de Provence. Les Sarrasins s'étant établis dans cette partie du pays, où était située la ville de Castellane, en furent chassés sous le règne de Guillaume I.er, par un chef provençal, renommé par ses exploits,

Ce guerrier, de qui l'on croit que la maison de Castellane tire son origine, ne voulut obtenir la souveraineté de la ville dont il s'était emparé, que du consentement de l'Empereur Othon III, qui érigea pour lui en Baronie la ville de Castellane et son petit État ; lui inféoda toutes les terres qu'il avait conquises sur les Sarrasins, et lui donna tous les droits de souverain, en se réservant seulement la suzeraineté, comme Roi d'Arles.

Cependant Boson qui fut le premier Comte de Provence, avait été déjà investi par Conrad, Roi d'Arles, de tout le Comté de Provence, dont la Seigneurie de Castellane faisait partie ; mais cette souveraineté générale, déjà accordée à Boson, n'empêcha pas plusieurs Seigneurs provençaux de s'adresser ensuite aux Empereurs, pour obtenir des souverainetés particulières, et s'exempter ainsi du serment de fidélité envers les Comtes. De son côté, le chef de l'empire n'usait de son pouvoir, en créant ainsi de petits Souverains, que pour les opposer aux Comtes de Provence, qu'il voyait toujours prêts à se soulever contre sa suzeraineté. En effet, ces petits Souverains, le Baron des Baux, les Comtes d'Orange, de Sault, de Grignan et le Baron de Castellane se prévalurent souvent de la protection de l'Empereur contre le Comte de Provence.

Charles eut donc à combattre Boniface de Castellane qui se souleva contre lui ; quoique le père

père de Boniface sous le règne d'Alfonse I, eût déjà reconnu la souveraineté des Comtes de Provence sur son petit État; mais le fils, plus entreprenant que le père, ne craignit pas de s'insurger. Les Marseillais, qui ne pouvaient souffrir le joug de Charles, favorisèrent la rébellion du Baron de Castellane, en faisant cause commune avec lui, et en l'appelant dans le sein de leur ville pour aider à la défendre; mais tout plia bientôt sous les armes victorieuses de Charles. Marseille fut soumise; les principaux coupables furent condamnés à mort. Boniface se sauva et se retira dans sa ville de Castellane, défendue par un château fort, qui fut assiégé par le Comte de Provence. La victoire suivit Charles à Castellane; le Baron prit la fuite, sa Baronie fut confisquée et réunie pour toujours au domaine des Comtes de Provence.

Ainsi finit cette guerre à l'avantage de Charles, qui se contenta de la confiscation des biens de son ennemi. On ne sait sur quel fondement, l'historien Honoré Bouche a avancé, que le Baron de Castellane fut décapité; tandis que Guillaume de Nangis, historien presque contemporain, assure au contraire, que le Comte de Provence se borna à le renvoyer de ses États, et à confisquer ses biens.

L'Évêque de Marseille possédait encore la souveraineté de la partie supérieure de la ville. Il convenait au Comte de Provence de rester seul Souverain de Marseille ; Charles y parvint en donnant des terres à l'Évêque, en échange de sa portion de souveraineté.

Les Marseillais, dans la guerre de Boniface de Castellane, avaient conservé une partie de leurs priviléges, et surtout la nomination d'un Podestat, dont le pouvoir balançait celui du Prince. Cinq ans après ils se soulevèrent encore, et furent de nouveau soumis par Barral des Baux, qui commandait l'armée du Comte de Provence. Ce fut alors que cette ville resta irrévocablement sous la domination des Comtes de Provence, qui la gouvernèrent avec une autorité absolue.

La terreur que Charles inspirait par ses armes, lui soumit les petits souverains de Provence dont nous avons déjà parlé. Adhémar, Comte de Grignan, lui fit hommage de son Comté. Le Dauphin de Viennois en fit autant pour les terres qu'il possédait dans le Gapençois, et qui dépendaient autrefois du Comté de Forcalquier. Le Comte de Vintimille lui céda sa ville de Vintimille et la vallée de l'Entousque dans le Comté de Nice, pour des terres qu'il obtint en échange en Provence. Plusieurs villes de Piémont recherchèrent la protection de Charles, et finirent par rester sous sa domination.

L'Abbé de l'Isle-Barbe près de Lyon, lui fit hommage pour les terres qu'il possédait dans le Comté de Sault. Enfin, le Prince d'Orange, dont les prédécesseurs s'étaient parés du vain titre de

Rois d'Arles, par la libéralité de l'Empereur Frédéric II, lui céda ce titre, qui ne formait plus que l'ombre d'une monarchie expirante, et dont les dépendances étaient possédées par des vassaux peu fidèles à leur Prince suzerain. Le Comte de Provence ne fit pas difficulté de l'accepter, pour donner le nom de Reine à sa femme Béatrix, depuis long-temps jalouse d'avoir le même titre que ses trois sœurs, la Reine de France, la Reine d'Angleterre et la Reine des Romains ; mais une couronne plus importante s'offrit à l'ambition de Charles et de Béatrix. Ce fut celle des Deux-Siciles; et la Provence s'épuisa d'hommes et d'argent, pour placer son Souverain sur un trône étranger.

Conrad, Roi des Deux-Siciles avait laissé en mourant la régence de son royaume, et la tutelle de son fils Conradin, âgé seulement d'un an, à son frère naturel Mainfroi. Ce tuteur infidèle enleva à son pupille le royaume des Deux-Siciles, se brouilla avec le Pape Innocent IV, porta la guerre dans ses États et battit les troupes du S.t Père. Le vainqueur enleva à l'Église le Comté de Fondi. Alexandre IV, successeur d'Innocent, n'usa que d'un faible moyen de défense, en donnant la couronne des Deux-Siciles à Edmond, second fils du Roi d'Angleterre, qui ne fut pas soutenu par son père, trop occupé par les dissentions intestines que lui suscitaient les Barons anglais.

Enfin, le successeur d'Alexandre, Urbain IV, né français, crut trouver un défenseur plus puissant, en donnant l'investiture du royaume des deux Siciles à Charles d'Anjou, Comte de Provence, et en opposant ainsi à Mainfroi, un Prince plus en état que tout autre, de soutenir l'entreprise dans laquelle Rome l'engageait. Les Papes qui avaient aidé les Princes normands à conquérir le royaume des deux Siciles sur les Sarrasins, s'en étaient réservé la suzeraineté, du consentement de ces mêmes Princes; et cette suzeraineté avait toujours été reconnue depuis par les Souverains de Naples et de Sicile.

S.t Louis avait refusé pour un de ses enfans ce royaume, que le Comte de Provence moins délicat, crut pouvoir accepter pour lui-même, à des conditions peu honorables à la vérité, puisqu'il s'obligeait à faire hommage au S.t Siége d'une haquenée blanche et de six mille ducats, le jour de S.t Pierre de chaque année, sous peine d'être excommunié et privé de son royaume, s'il n'observait pas les conditions prescrites. Il s'obligea aussi à ne jamais posséder la couronne impériale, ni celle de Lombardie, à moins qu'il ne renonçât au royaume des deux Siciles. Le Pape se réserva expressément le Duché de Bénévent que les Souverains Pontifes ont toujours possédé depuis. Charles ne se mit peut-être au-dessus de ces difficultés, que dans l'espoir de secouer un jour le joug qui lui était imposé. Si l'ambition fut le motif qui le détermina, S.t Louis de son côté se montra plus juste en refusant une couronne, qui n'appartenait qu'au Prince Conradin, à qui elle avait été injustement enlevée.

Cependant tout n'était pas définitivement terminé entre le Comte de Provence et le Pape Urbain IV. Ce Pape exigeait formellement que le Comte renonçât au sénatoriat de Rome, auquel il avait été nommé. La dignité de Sénateur de Rome avait été créée, pour balancer l'autorité papale; mais la puissance qu'elle donnait, ne tenait qu'à l'habileté de celui qui la possédait. Le plus souvent les Papes trouvaient le moyen de s'en rendre indépendans. Les Romains peu contens des choix faits jusqu'alors parmi leurs compatriotes, désirèrent trouver parmi les étrangers, un Prince assez puissant pour maintenir entre eux l'ordre et la justice, et surtout pour les garantir des abus du pouvoir du Pape, lorsque le S.t Père l'étendait au delà des bornes qui lui étaient prescrites.

Une faction forma le projet d'élire Mainfroi. Urbain n'oublia rien pour écarter cet ennemi déclaré du S.t Siége, et faire donner la préférence au Comte de Provence. Ce n'est pas que le choix de ce dernier lui fût agréable; mais il convenait du moins à Sa Sainteté, de le diriger sur celui des concurrens, qui paraissait le mieux intentionné pour le S.t Siége. Charles dont l'ambition se prêtait à tout, content d'acquérir un pouvoir dans la Capitale du monde chrétien, de quelque manière qu'il fût établi, accepta la place de Sénateur pour la garder toute sa vie; et quoiqu'il eût promis de se rendre à Rome dans le plus court délai, il y envoya Gosselin, gentilhomme provençal, qu'il nomma son Lieutenant, pour prendre possession en son nom de sa nouvelle dignité. Urbain, qui se repentait d'avoir fait élire le Comte de Provence, insista sur la condition que Charles, avant d'accepter la couronne des Deux-Siciles, renoncerait au sénatoriat, et qu'il engagerait les Romains à le remettre entre les mains du Pape. Tout se disposait à la conclusion du traité, lorsque la mort d'Urbain IV, en 1264, laissa cette affaire en suspens. Son successeur Clement IV y mit aussitôt la dernière main.

Le premier acte qu'il fit, fut de publier deux bulles. Dans l'une, il révoquait la donation qu'Alexandre IV avait faite du royaume des Deux-Siciles, au Prince Edmond d'Angleterre, et dans l'autre, il concédait ce royaume à Charles d'Anjou, Comte de Provence. Il fut d'autant moins difficile au Pape de révoquer la donation faite à Edmond, qu'elle était devenue nulle, par la raison que ce Prince n'avait rempli aucune des conditions du traité auquel il s'était soumis.

Charles s'embarqua à Marseille (1), et arriva

---

(1) Noms de ceux des Gentilshommes provençaux qui

heureusement à Rome, malgré toutes les mesures qu'avait prises Mainfroi pour lui fermer l'entrée du Tibre, et malgré les dangers d'une horrible tempête, dans laquelle Charles se montrant seul inaccessible à la crainte, ranima les équipages effrayés. Les troupes qu'il avait embarquées sur sa flotte, n'étant pas suffisantes pour commencer la campagne, il attendit celles que Béatrix sa femme lui amenait, par la voie de la Lombardie. Boniface de Castellane, le même qui avait été dépossédé de sa baronie par Charles, s'étant réconcilié avec ce Prince, le suivit dans cette guerre. Son armée, où se trouvait l'élite des Barons provençaux, était aussi renforcée par un grand nombre de Français, guidés par le désir de s'illustrer dans cette guerre, et sans doute aussi par l'espoir de faire leur fortune sous les drapeaux de Charles, dont ils attendaient des récompenses, en partageant ses périls.

Le Comte de Provence fut reçu à Rome, avec toute la magnificence possible, et se fit installer dans sa dignité de Sénateur, qu'il jugea à propos de garder, jusqu'à l'époque où il serait paisible possesseur du royaume des deux Siciles, que Mainfroi se disposait à lui disputer.

---

accompagnèrent en 1266, Charles I.*er*, à la conquête du royaume de Naples, dont les familles existent encore : Barras, Castellane, Pontevés, Porcellets, Sabran, Vento. Voyez les tables de P. d'Hozier.

Une division de l'armée provençale éprouva de la résistance dans la Lombardie, de la part du parti des Gibelins, qui ayant toujours favorisé l'Empereur Frédéric II contre les Papes, favorisait encore son fils Mainfroi contre Clément IV; cependant cette partie de l'armée vint à bout de se joindre aux autres troupes de Charles.

Ce Prince et sa femme Béatrix, reçurent à Rome la couronne des deux Siciles, des mains du Cardinal de Chevriers, né français, Evêque d'Albanie, que le Pape commit exprès pour faire cette cérémonie, ne croyant pas, pour l'honneur de la Tiare, devoir s'en charger lui-même. Le Pape s'était retiré à Pérouse, parce qu'il avait craint d'être surpris par Mainfroi, avant l'arrivée de Charles. La présence de ce Prince dans cette ville, qui l'avait reçu si magnifiquement, fut aussi un sujet de crainte pour la Cour de Rome, dont la méfiance était extrême, et retint le Pape dans sa retraite.

Le nouveau Roi des deux Siciles ne fit pas difficulté d'aller en arrivant, se loger au Vatican, d'où il écrivit au S.t Père pour lui en donner avis. Cependant cet acte de fierté de sa part produisit peu d'effet. Le Pape lui répondit, que le Vatican, demeure ordinaire des Souverains Pontifes, n'était pas celle d'un Sénateur, et qu'il lui ferait plaisir d'en choisir une autre. Charles n'attendit pas un ordre exprès pour en sortir.

A peine fut-il rétabli d'une indiposition assez

grave, pendant laquelle il n'avait cependant pas cessé de donner ses ordres, qu'il se disposa à entrer en campagne, malgré la rigueur de la saison, et sans songer qu'il manquait de subsistances; mais il pensa que la victoire lui en procurerait. Il marcha droit à l'ennemi, après avoir rejeté ses propositions d'accommodement. « Dites au » Sultan de Lucere », répondit Charles aux ambassadeurs de Mainfroi, « que je ne veux avec » lui ni paix ni trève, et qu'il faut que dans » peu de jours je l'envoie dans l'enfer ou qu'il » m'envoie en paradis ». Mainfroi avait dans son armée un grand nombre de Sarrasins, sur lesquels sa confiance était fondée. Frédéric II leur avait donné la petite ville de Lucère, dans la Capitanate, pour la tenir sous sa souveraineté. C'est pourquoi Charles appelait Mainfroi le Sultan de Lucere.

Le Prince français, emporté par cette ardeur qui semble annoncer la victoire, continua sa route et arriva au pont de Cépérano, sur le Garillano qui sépare les terres de l'Église du royaume de Naples; il se rendit maître de ce poste important, que le Comte de Caserte, beau-frère de Mainfroi, n'osa pas défendre. Aussitôt le vainqueur s'empara de la Roche d'Arci, forteresse située entre des montagnes qui paraissent inaccessibles; mais l'infanterie de Charles, sans s'étonner, gagna les hauteurs et se fit voir sous les murs de la place dans un état si menaçant, que le gouverneur crut avoir beaucoup gagné de se rendre par une capitulation, que lui seul croyait honorable.

Cette conquête ouvrit aux soldats de Charles, un grand et fertile pays, dont la vue seule les remplit de joie. La prise de Saint-Germain suivit celle de la Roche d'Arci; c'était une place défendue par trois mille hommes de garnison. Charles s'en empara plutôt qu'il n'aurait cru, par la téméraire aggression des assiégés, qui le forcèrent à devancer le jour qu'il avait indiqué pour une attaque générale. Tant de succès enflammèrent le courage des Français et des Provençaux. On comptait déjà trente-deux châteaux qui s'étaient soumis à la domination de Charles. Tous ces châteaux appartenaient aux Religieux du monastère du Mont-Cassin. Mainfroi les en avait chassés : le conquérant ordonna qu'on les leur restituât : conduite adroite, qui lui gagna tous les Moines, dont on pouvait par des ménagemens tirer alors un grand parti.

Pendant ce temps, Mainfroi s'était tenu à Capoue, où, couvert du Volturne, fleuve très-profond dans cet endroit, il se proposait de se défendre, en attendant des renforts de troupes auxquelles il avait promis une paye considérable. Charles, après quatre jours de repos, reprit sa marche pour se porter sur Capoue; mais pour éviter de passer le Volturne, il quitta le grand chemin, prit à gauche et faisant un grand circuit par la terre de labour, il passa le Volturne à peu près à sa source, et se rabattit ensuite brusquement vers la place. Mainfroi, déconcerté par ce mouvement inattendu, abandonna son camp de Capoue et se retira avec précipitation sous les murs de Bénévent, pour s'y préparer à la bataille.

Charles le suivit et arriva sur la montagne de Capraria, d'où il aperçut dans une grande plaine l'armée de Mainfroi. On délibéra dans l'armée provençale, fatiguée d'une marche précipitée, si on lui laisserait prendre du repos; mais les officiers et les soldats de Charles se montrèrent si empressés de combattre, que ce Prince, profitant de leur ardeur, mit aussitôt son armée en bataille et la partagea en trois corps. Philippe, Comte de Montfort et le Maréchal de Mirepoix commandaient l'aile droite, composée de Provençaux et de Romains. Charles avec Guy de Montfort se chargea du centre, où étaient les Angevins, les Manceaux, les Vendomois, les Chartrains et d'autres Français. Le Connétable de Flandre et Gilles le brun, Connétable de France, avaient le commandement de l'aile gauche, composée de Picards et de Bourguignons. On fit un corps de réserve de quatre cents cavaliers du parti des Guelfes, commandés par Quido-Guerra, tous gens braves et bien équipés, qui étaient venus s'offrir à Charles. L'Évêque d'Auxerre, muni d'un pouvoir exprès du Pape, donna aux troupes une absolution générale de leurs péchés, leur enjoignant pour pénitence de frapper l'ennemi à coups redoublés.

Mainfroi délibérait encore s'il commettrait toute sa fortune au sort d'une bataille, ou s'il l'éviterait en se mettant à couvert derrière la ville de Bénévent. Ce dernier parti ne lui présentait pas un grand avantage, parce que la ville était mal fortifiée; d'ailleurs, fuir devant l'ennemi qui ne songeait qu'à l'atteindre, c'etait anéantir le courage des siens et donner de l'ardeur aux autres. Aussi cédant aux instances des Allemands et à ses vrais amis, qui tous protestèrent qu'ils ne voulaient d'autre fortune que la sienne, il se prépara au combat, et régla ses dispositions sur celles de son adversaire. Il opposa à l'aile droite de Charles, un corps composé de Toscans, de Lombards et d'Allemands, commandés par le Comte d'Agnagne ; au centre où était Charles, un corps sous les ordres du Comte Galvan, et tout composé d'Allemands, auxquels fut ainsi déféré l'honneur de combattre Charles d'Anjou. Mainfroi se chargea de commander le troisième corps, qu'il composa des Sarrasins de Lucere et des Apuliens ou naturels du pays, pour l'opposer à l'aile gauche de son ennemi.

Le combat s'engagea le 28 février 1266, vers le milieu du jour. L'aile droite de Charles qui se battit la première, commandée par Philippe de Montfort et le Maréchal de Mirepoix, commençait à plier, lorsqu'à l'aide d'autres troupes, qui survinrent, elle rengagea l'action avec plus de vivacité contre le corps qui lui était opposé, auprès duquel accoururent aussi de nouvelles troupes. Tout se portait sur ce point où étaient les principales forces des deux armées. Déjà les Allemands étaient victorieux, lorsque Charles accourut avec son corps de réserve au secours des siens. Alors l'aile droite de Charles encouragée par la présence de son chef, quittant la lance et le trait pour prendre la masse et l'épée, eut un grand avantage par son agilité à détourner les coups, et son adresse à choisir le défaut des armes. Après un long et rude combat, le corps Allemand fut enfoncé de toutes parts. En même temps les centres des deux armées se choquèrent vivement ; mais l'avantage étant du côté de Charles, Mainfroi qui se tenait à la tête de son troisième corps se hâta de le faire avancer pour soutenir ses troupes. Un aigle d'argent qu'il avait à son casque vint à tomber ; ce Prince prenant cet accident pour un funeste présage, s'écria que c'était un avertissement du ciel. Cependant il continua de se battre avec un grand courage ; mais n'ayant pas été servi par les Apuliens comme il l'avait été par les Allemands et les Sarrasins, l'infortuné Mainfroi, accablé de la lâcheté ou plutôt de la trahison de ses propres sujets, baissa sa visière, poussa son cheval à travers les bataillons ennemis, et tomba enfin percé de coups.

Cette mort rendit complète la victoire du Comte

de Provence. Le corps de Mainfroi ne fut trouvé que trois jours après la bataille, et comme il était mort excommunié, Charles ordonna qu'il fût enterré près du pont de Bénévent, dans une fosse creusée à la hâte, sur laquelle les soldats par pitié, et en mémoire de sa valeur, jetèrent chacun une pierre.

Telle fut la fin de ce Prince cruellement puni de l'usurpation d'un trône, qu'il défendit vaillamment, et sur lequel son compétiteur Charles d'Anjou n'avait pas plus de droit que lui.

La femme et le fils de Mainfroi furent livrés au vainqueur, qui les fit périr en prison. La ville de Bénévent fut saccagée et pillée, quoiqu'elle fît partie du domaine de l'Église.

La victoire de Charles, le rendit maître des trésors de Mainfroi, et lui soumit entièrement le royaume des Deux-Siciles. Il fit une entrée triomphante dans Naples avec sa femme Béatrix, et après les fêtes qui lui furent données en cette occasion, il s'occupa du soin de rétablir l'ordre dans le Royaume, d'en connaître les droits et les revenus, et d'en distribuer à ses Barons, qui l'avaient bien servi dans cette guerre, les charges et les emplois.

Les suites de cette victoire ne se bornèrent pas à la revolution qu'essuya le royaume des Deux-Siciles : toute l'Italie s'en ressentit. Les Guelfes triomphèrent des Gibelins : les querelles des Papes avec les Empereurs avaient donné naissance à ces deux factions. Les Guelfes combattaient sous les étendarts des Papes contre les Empereurs qui voulaient s'emparer de l'Italie. Les Gibelins suivaient l'aigle impérial, faisant consister la gloire de leur patrie à être le siège de l'empire. Quoique Charles après s'être rendu maître du royaume auquel il aspirait, eût renoncé au sénatoriat de Rome, il était encore si puissant dans cette ville, que le Pape, déjà mécontent du pillage de Bénévent, craignit avec raison que ce vainqueur indiscret, dont il avait établi la puissance, n'en abusât contre lui.

L'excès de joie que tant de prospérité avait fait ressentir à Charles, fut troublé par un malheur domestique, dont il fut vivement affligé. Il perdit sa femme Béatrix, qui eut à peine le temps de jouir d'une couronne qu'elle avait tant désirée. Cette Princesse mourut à Nocere dans la Terre de Labour. Son corps fut porté à Aix en Provence et enseveli dans l'église des Hospitaliers de S.t-Jean-de-Jérusalem, auprès de celui de Raymond-Bérenger son père, ainsi qu'elle l'avait ordonné.

Charles ne sut pas régner, comme il avait su vaincre. La violence de son caractère le porta à user durement de sa puissance. Il traita ses nouveaux sujets comme des esclaves ; et bientôt il se vit obligé de disputer encore la couronne qu'il avait acquise avec tant de bonheur. Outre les amis particuliers de Mainfroi et un nombre prodigieux de Gibelins, anciens partisans de la maison de Souabe, Charles eut encore pour ennemis les naturels du pays, qui, après avoir favorisé son élévation, ne s'attendaient pas à être traités avec tant de rigueur, et surtout à être chargés d'impositions plus exhorbitantes qu'elles ne l'avaient jamais été.

De tous les ennemis de Charles, le plus dangereux fut le Prince Henri, frère d'Alfonse, Roi de Castille, qui ne cherchait partout où il se trouvait, qu'à tramer des complots. Le premier de ses crimes avait été une rebellion ouverte contre le Roi son frère. Obligé de quitter l'Espagne, il s'était retiré à Tunis, où ayant porté cet esprit d'intrigue et de cabale, qui l'avait fait chasser d'Espagne, il n'eut bientôt d'autre ressource que de passer en Sicile, où Charles l'accueillit, moins pour donner asyle à un homme que sa mauvaise conduite avait fait expulser de plusieurs pays, que pour s'en servir, comme d'un agent capable de tout, qu'il pourrait employer facilement à l'exécution de ses projets. Mais bientôt Henri de Castille peu reconnaissant des procédés de Charles, et plus touché des récompenses que lui offraient les Gibelins, se tourna contre son bienfaiteur, et se joignit aux mécontens, dont le nombre augmentait chaque jour.

Les conjurés ne s'occupèrent plus que des moyens de faire réussir leur projet. Ils s'attachèrent

rent d'abord à faire valoir les droits du jeune Conradin, fils de Conrad, sur la couronne des deux Siciles, dont il avait été dépouillé par Mainfroi. En conséquence, ils lui envoyèrent des députés pour l'inviter à venir prendre possession de l'héritage de ses pères, lui promettant toute sorte de secours, s'il se rendait à leurs désirs.

Conradin, âgé de seize ans, était retiré en Allemagne. Unique héritier de la maison de Souabe, il accepta avec empressement la proposition des mécontens de Naples et de Sicile. Ni la crainte des dangers qu'il avait à courir, ni les sages avis de sa mère Elisabeth de Bavière, qui ne prévoyait pour son fils que des malheurs dans cette entreprise, ne purent l'en détourner. Ce Prince, n'écoutant que son courage, prit le titre de Roi des deux Siciles, envoya en Italie quelques officiers chargés de ses ordres, et se prépara à la guerre.

Il partit d'Allemagne, suivi de Frédéric d'Autriche son cousin, prit la route de Trente, avec un corps d'armée composé de quatre mille cavaliers et de quelques compagnies d'infanterie. Il s'avança jusqu'à Vérone, où l'argent lui ayant manqué, il se vit abandonné d'une partie de ses troupes, et par conséquent dans l'impuissance de continuer sa route; ainsi ses projets dès leur naissance allaient s'évanouir, si les Gibelins n'eussent offert une contribution pour faire revenir

M

des troupes fugitives, et lui composer une armée.

Tous les cœurs étaient à Conradin : dès qu'il eut reçu des renforts d'Allemagne, il se rendit à Savone, où il s'embarqua sur une flotte de vingt-cinq galères génoises pour Pise, qui était le lieu du rendez-vous général, où l'on devait délibérer sur la conduite de l'entreprise. Il y fut résolu que quarante galères partiraient de Pise avec des troupes, pour cotoyer les deux royaumes de Naples et de Sicile, et les faire déclarer en faveur de Conradin. La rébellion contre Charles y aurait été plus générale, si elle n'eût été arrêtée par les garnisons françaises et provençales, qui occupaient les principales places de l'État.

De son côté, Henri de Castille ayant réussi par ses intrigues, à se faire nommer Sénateur de Rome, déploya tant d'adresse et de ruse, qu'il gagna dans cette ville beaucoup plus de partisans à Conradin, que Charles ne s'y serait attendu. En même temps le Roi de Tunis ayant prêté à Conradin de l'argent et des galères, et les Sarrasins du royaume de Naples ayant aussi pris les armes en sa faveur, on vit en dépit du Pape, les Chrétiens et les Musulmans se réunir sous les drapeaux du Prince de Souabe, à qui il ne manquait plus que d'obtenir la victoire.

A ces nouvelles, Charles d'Anjou, qui était à Florence, loin de s'effrayer, s'arma de son courage ordinaire. Ayant laissé des troupes pour empêcher l'occupation de la Toscane, il se porta à grandes journées dans la ville de Naples, tant pour prévenir une révolte prête à éclater en Sicile, que pour s'occuper de la défense du royaume de Naples, où il rassembla promptement une armée.

Conradin avait remporté des avantages auprès d'Arezzo en Toscane, et avait poussé jusqu'à Sienne, où le Pape, en le menaçant de ses armes ordinaires, les censures de l'Eglise, lui fit défendre par son Nonce de passer outre. Mais Conradin était trop bien pénétré de la légitimité de ses droits pour avoir égard à l'ordre du Pape, et craindre les censures dont il le menaçait. Il arriva donc à Viterbe, sans se porter à aucune démarche hostile, évitant ainsi par respect pour le Pape, de maltraiter une ville, où le Souverain Pontife s'était renfermé depuis la révolte des Romains. On assure que le Pape le voyant passer du haut des remparts, déplora le sort de ce jeune Prince, dont il croyait la perte assurée; cependant, de pareils commencemens n'annonçaient pas la perte de Conradin. Il fut reçu dans Rome au Capitole comme un Empereur. Impatient enfin de savoir ce que le ciel lui destinait, il partit de Rome avec Henri de Castille à la tête de toute son armée, et rencontra celle de Charles, dans la plaine de S.ᵗ Valentin ou de Taglia Cozzo. Charles étonné du nombre des ennemis, ne savait trop comment disposer son ordre de bataille, lorsqu'un vieux Capitaine français qui revenait de la Terre sainte, nommé Erard de Valberi, lui conseilla d'avoir recours à la ruse. Le Roi qui connaissait son habileté, lui confia la conduite de cette journée. En conséquence, Valberi se plaça avec Charles et huit cents cavaliers, derrière une colline hors de la vue des ennemis, pour pouvoir, dans l'occasion, se porter partout où le besoin l'appelerait.

Henri de Castille s'ébranla le premier, et renversa le corps d'armée du Maréchal de Cousance, où étaient les Italiens et les Provençaux ; tous les autres corps de l'armée de Charles furent rompus et mis en fuite. Le Roi voyant d'un lieu élevé la défaite de ses troupes, voulut accourir pour les soutenir et les rallier. Valberi le retint en lui représentant, qu'il serait imprudent de donner sur cette multitude d'Allemands encore en ordre de bataille ; qu'il fallait attendre que l'avidité du butin les dispersât, et qu'alors on en viendrait plus facilement à bout. En effet, les vainqueurs ne trouvant plus de résistance, se débandèrent bientôt pour courir au pillage. » Voici le moment, s'écria Valberi, où la vic» toire est à nous ». Aussitôt Charles fond à bride abattue avec ses cavaliers sur les ennemis dispersés, et les taille en pièces. Henri de Castille, après avoir fait des prodiges de valeur, obligé de prendre la fuite, tomba entre les mains de l'abbé du Mont Cassin, qui le livra au Roi

Charles, à condition cependant qu'on ne lui ôterait pas la vie : ce que Charles promit solennellement, quoiqu'il fût le plus coupable de ses ennemis. Henri resta renfermé dans un château fort, situé dans la Pouille.

Le jeune Conradin et Frédéric d'Autriche, errèrent trois jours sur des montagnes déguisés en paysans. Ayant ensuite gagné la côte, ils se proposaient de s'embarquer pour la Sicile, dont une partie tenait encore pour eux. Une bague de grand prix, qu'ils offrirent à un pêcheur pour leur passage, à défaut d'argent dont ils manquaient, les fit découvrir. Cette bague fut apportée au seigneur d'un château voisin. Ce seigneur nommé Frangipani, noble romain, était du parti de Charles : jugeant qu'un bijou si précieux ne pouvait appartenir qu'aux deux Princes que l'on cherchait de tous côtés, il les fit arrêter sur l'indication du pêcheur, et les envoya au Roi des Deux-Siciles.

Au bruit de la victoire que Charles venait de remporter, tout se soumit dans le royaume de Naples. Il ne restait plus à réduire que la Sicile, où le Prince Conrad d'Antioche, fils naturel de l'Empereur Frédéric II, avait soulevé les peuples. Charles envoya contre Conrad une nombreuse armée, sous la conduite de Thomas de Couci, des deux Montfort, de Guillaume de Beaumont et de Guillaume de l'Étendart : c'était l'élite des Chevaliers français qui se trouvaient au service du Monarque napolitain. Ils débarquèrent au port de Messine, reprirent les villes rebelles et battirent les ennemis dans toutes les rencontres. Conrad demeura prisonnier; et comme aucun acte de cruauté ne coûtait au Roi Charles, pour se défaire de ses ennemis, le malheureux Conrad eut les yeux crevés, et fut ensuite pendu. La mort du chef, traité plutôt comme un malfaiteur, que comme un prisonnier de guerre, détruisit tout le parti.

Les Français commencèrent alors à exercer dans la Sicile, ces actes de cruauté dont ils finirent par être les victimes. Tout ayant fléchi sous l'autorité de Charles, ce Prince voulut se montrer dans la capitale du monde chrétien, où naguères son rival avait été reçu si magnifiquement. Les mêmes Romains, qui n'avaient rien négligé pour appeler Conradin au trône, reçurent son vainqueur en triomphe, le proclamèrent Sénateur à la place du Prince Henri: tant est grand le pouvoir que donne la victoire ! De là le Monarque se rendit à Naples, résolu d'immoler ses deux prisonniers, Conradin et Frédéric, plutôt à sa vengeance qu'à sa sûreté ; mais auparavant, il voulut se montrer aussi généreux envers les braves qui l'avaient bien servi, que terrible envers ceux qui avaient combattu contre lui. Il combla de bienfaits plusieurs chevaliers de son armée, en faisant les uns Gouverneurs de Province, et en donnant aux autres les terres de ses ennemis, après en avoir érigé quelques-unes en comté.

Un emportement précipité après la victoire aurait pu excuser Charles du supplice de Conradin et du Duc d'Autriche; mais il y avait plus d'un an que ces deux malheureuses victimes étaient détenues dans une prison d'État, lorsqu'on commença à instruire leur procès; ainsi Charles eut tout le temps de la réflexion, pour commettre une action tyrannique qui déshonora son règne, et offensa en même temps la justice et l'humanité; car Conradin n'était coupable que d'avoir voulu recouvrer un royaume qui lui appartenait. Le Duc d'Autriche, comme Prince étranger, n'était pas plus coupable que Conradin, pour avoir voulu aider son cousin dans cette malheureuse expédition.

La sentence qui condamna ces deux Princes à avoir la tête tranchée, reçut son exécution sur la place publique de Naples, le 28 octobre 1269. Le Prince Frédéric fut exécuté le premier, et ensuite Conradin étant amené sur le même échafaud, ramassa la tête de son généreux ami, la baisa tendrement, lui demanda pardon de lui avoir procuré, pour tant de services, une fin si tragique; puis jetant son gant de l'échafaud, dans la place publique, pour marque de l'investiture qu'il donnait à celui de ses parens qui voudrait le venger: il adressa à Dieu un courte prière, et reçut le coup fatal, toujours en baisant la tête de Frédéric.

On raconte qu'un chevalier nommé Henri de Pietro, ramassa le gant, et le porta sans délai au Roi d'Aragon, qui avait épousé la fille de Mainfroi. Ce Roi le récompensa, en lui permettant de porter les armes de la maison de Souabe : maison illustre, qui avait donné des Empereurs à l'Allemagne et des Rois au royaume des Deux-Siciles, et qui finissait en la personne du malheureux Conradin.

Les Comtes de Galvano père et fils et plusieurs autres Seigneurs du parti de Conradin, furent décapités. Ces exécutions assurèrent au Roi Charles une couronne qui devint aussi funeste à la maison d'Anjou, qu'elle l'avait été à celle de Souabe. Charles, né cruel et vindicatif, porta lui seul tout l'odieux de la mort de Conradin, sans qu'on pût en accuser la mémoire du Pape Clément IV, incapable d'une cruauté si contraire à la douceur de ses mœurs. Ce Pape mourut peu de temps avant Conradin, avec le regret d'avoir favorisé l'élévation d'un Roi, qui, par son ambition et sa férocité, se montrait si redoutable au St Siége et à ses propres sujets.

Après avoir terminé cette seconde guerre avec autant de bonheur que la première, Charles pensait à devenir le maître de l'Italie entière, lorsqu'entraîné par une nouvelle expédition dans la

Terre-Sainte, que méditait St Louis, il suspendit ses projets, pour tourner ses vues du côté de la nouvelle croisade, avec le dessein d'en tirer parti pour lui-même. Le rendez-vous des Croisés était Aigues-Mortes, ville du bas Languedoc, qui se trouva bientôt trop petite pour contenir une si grande multitude, dont une partie se rendit à Marseille. Les Croisés attendaient le moment du départ, tandis qu'on délibérait encore sur les premières entreprises que devait faire la croisade.

Les uns voulaient aller à Saint-Jean-d'Acre, la seule place forte qui restait aux Chrétiens dans la Palestine. Les autres jugeaient plus à propos d'aller à la source du mal, en voguant droit en Égypte et en tachant de se rendre maîtres d'Alexandrie. Un troisième avis était celui de marcher à Tunis, royaume mahométan, sur les côtes d'Afrique. Cette dernière résolution prévalut, par l'ambition de Charles et la trop grande crédulité de St Louis. Charles voulait forcer les Sarrasins de Tunis, à lui payer un ancien tribut. Il pensait aussi à mettre son royaume à l'abri de leurs pirateries. St Louis, de son côté, se flattait trop de pouvoir convertir le Roi de Tunis, qui avait témoigné quelque penchant pour le Christianisme. « Quel bonheur », disait le St Roi, » si je puis devenir parrain d'un Roi mahométan ! »: et en cas que cette espérance fût trompée, il regardait la conquête du royaume de Tunis comme importante pour faciliter les autres.

L'armée des Croisés débarqua en Afrique, et le Prince mahométan, loin de penser au baptême, menaça de massacrer tous les chrétiens captifs dans ses États et de venir fondre en même temps sur les Français, à la tête de cent mille hommes. Il n'eut pas besoin de combattre : on attendait le Roi Charles qui n'arrivait pas. Pendant ce temps, les Français se consumaient en Afrique, et S.ᵗ Louis mourut de la maladie contagieuse qui ravagea son armée. Tout était perdu pour les Français, si le Roi des Deux-Siciles ne se fût pas montré à la tête d'une puissante armée (1), pour faire changer l'état des choses, et obliger le Roi de Tunis d'acheter la paix, en lui payant un tribut annuel de vingt mille doubles. Le fils de S.ᵗ Louis, Philippe le hardi, avait suivi son père dans la croisade. Son oncle le Roi Charles le proclama Roi de France, et repassa la mer avec lui.

A son retour de Tunis, le Roi des Deux-Siciles s'empressa de revenir à ses projets sur l'Italie; mais il en fut détourné par l'habileté du Pape

---

(1) Noms de plusieurs gentilshommes provençaux qui accompagnèrent en 1270 Charles I.ᵉʳ, à l'expédition d'Afrique, dont les familles existent encore :

Blacas, Candolle, Castellane, Demandols, Glandèves, Grasse, Grimaldi, l'Estang, Pontevés, Porcellets, Puget, Sabran, Villeneuve.

Voyez les tables de P. d'Hosier.

Grégoire X, qui chercha à lui opposer un adversaire dans la personne d'un nouvel Empereur.

Le trône impérial était regardé comme vacant depuis la nomination d'Alfonse de Castille, qui n'avait été qu'imparfaite. A peine était-elle reconnue d'un petit nombre de Barons; Alfonse lui-même ne s'était guère disposé à se mettre en possession de sa dignité impériale et à se faire reconnaître en Italie. Le Pape pressa donc les Princes germaniques, de procéder à l'élection d'un nouvel Empereur. On élut Rodolphe, Comte de Habsbourg qui, s'étant emparé de l'Autriche, la transmit à ses descendans, et fut la tige de l'illustre Maison de ce nom, qui a donné tant d'Empereurs à l'Allemagne.

L'élection de ce nouvel Empereur déplut au Roi des Deux-Siciles, qui craignait que Rodolphe ne renversât ses projets de souveraineté sur la Lombardie, la Toscane et la Romagne, dont il s'occupait avec tant d'ardeur. Le nom seul d'un Roi germanique ranima le courage des Gibelins, que le Pape, par amour pour la paix, cherchait à réconcilier avec les Guelfes; tandis que Charles de son côté s'efforçait de conserver aux Guelfes la supériorité, comme étant les seuls qui pouvaient le servir dans ses projets.

Cependant Charles eut plus à redouter les villes italiennes qui ne se plièrent pas à sa volonté, que l'Empereur Rodolphe qui refusa d'aller se faire couronner en Italie, « parce que », disait

cet Empereur, « aucun de ses prédécesseurs n'en
» était revenu, sans avoir perdu ou de ses droits
» ou de son autorité. »

La ville d'Asti, celle de Pavie et le Marquis de Montferrat, se soulevèrent contre Charles, qui d'ailleurs fut humilié par les Génois. Ceux-ci battirent ses flottes en différens parages de la Méditerranée. Ces républicains ne pouvaient oublier l'injure qu'ils en avaient reçue, lorsqu'au retour de la croisade de Tunis, la flotte génoise qui avait transporté les Croisés en Afrique, fit naufrage sur les côtes de Sicile. Charles s'autorisant d'une loi barbare de Guillaume I.er, Roi de Sicile, par laquelle les effets naufragés appartenaient au fisc, s'empara de tout ce qui put être sauvé du naufrage. En vain les Génois alléguèrent qu'ils n'étaient en mer que pour le service de la croisade; en vain ils produisirent l'acte par lequel Charles leur promettait sûreté pour leurs personnes et leurs effets, même en cas de naufrage : tout fut inutile.

L'ambition du Roi des Deux-Siciles était sans bornes ; il venait d'acheter, moyennant une pension de quatre mille livres, les droits de Marie d'Antioche, sur le royaume de Jérusalem. C'est depuis cette chétive acquisition, que les Rois de Naples ont pris le titre de Rois de Jérusalem, sans rien posséder de plus, d'un pays tombé depuis long-temps au pouvoir des Musulmans.

Charles méditait encore de s'emparer de la

couronne impériale de Constantinople, que possédait alors l'Empereur Michel Paléologue, après l'avoir enlevée à Baudoin II. Celui-ci avait remis la défense de ses droits entre les mains de Charles.

Le Pape ayant reçu dans le concile de Lyon l'abjuration de Paléologue et réuni solennellement les deux Églises grecque et latine, cette réunion qui déplut aux Grecs et intéressa peu les Latins, ôta à Charles le pretexte qu'il avait d'attaquer les Grecs comme ennemis de l'Église romaine; mais d'un autre côté, en défendant les droits de l'Empereur Baudoin, il ne se proposait pas moins de faire valoir pour lui-même la conquête d'une couronne, que le faible Baudoin n'était pas en état de recouvrer seul. En conséquence, il tenta une expédition en Grèce, dont il ne voulut pas se charger lui-même, pour ne pas laisser trop de prise pendant son absence, aux ennemis qu'il avait en Italie; mais ses troupes furent défaites dans des combats particuliers, avant d'en venir à une affaire générale. C'est tout ce qu'on sait de cette expédition, qui laissa peu d'espoir à Charles, de conquérir le trône d'Orient, auquel d'autres événemens le forcèrent de renoncer.

Le Pape Grégoire X obtint de Philippe III, Roi de France, la cession du Comté Venaissin, connu plus anciennement sous le nom de Marquisat de Provence. Ce ne fut pas sans regret, que Charles vit passer sous la domination des Papes, ce beau pays si voisin de la Provence, et sur lequel il avait des droits à faire valoir, fondés sur le testament de la Princesse Jeanne de Toulouse, qui venait tout récemment de le lui léguer. Jeanne pouvait disposer d'autant plus librement du Comté Venaissin, que ce pays ne faisait pas partie des biens de la maison de Toulouse, qui devaient être réunis au royaume de France, par le traité de 1229, si Jeanne venait à mourir sans enfans. Cependant lorsque cette Princesse, dernier rejeton des Souverains de Toulouse, eut cessé de vivre, le Roi de France s'empara du Comté Venaissin, et le donna par pure libéralité, au Pape Grégoire X; mais il se réserva la moitié de la ville d'Avignon qui, dans la suite, passa toute entière sous la domination des Comtes de Provence, auxquels appartenait déjà l'autre moitié.

Si Charles ne réclama pas contre la cession du Comté Venaissin, ce fut par un sentiment de reconnaissance qu'il conservait encore pour la cour de Rome, à laquelle il était redevable de la couronne des Deux-Siciles. Grégoire mourut bientôt après; les Papes Innocent V, Adrien V et Jean XXI, qui lui succédèrent, se montrèrent à peine sur la chaire de S.t Pierre : ils moururent presque dans la même année. Le Pape Nicolas III, successeur de Jean XXI, fut l'ennemi déclaré du Roi des Deux-Siciles. Ce Pape, nommé Jean-Gaëtan, de l'illustre famille des Ursins, obtint la Tiare, malgré les efforts de Charles pour faire élire un Cardinal français. Nicolas formait des projets ambitieux pour l'élévation de sa famille; il poussa ses prétentions jusqu'à vouloir marier un de ses neveux, avec une des petites-filles de Charles, qui lui répondit que quoiqu'un Pape eût la chaussure rouge, son sang n'était pas devenu plus digne d'être mêlé avec celui de la royale maison de France.

L'orgueilleux Gaëtan ne put lui pardonner cet affront. Dès ce moment le Pape se montra ouvertement contre Charles, et mettant plus d'activité que n'avait fait Grégoire X, à entretenir la jalousie entre l'Empereur Rodolphe et le Roi des Deux-Siciles, il somma l'Empereur de venir en Italie, pour s'y faire reconnaître Roi, ainsi qu'il l'avait promis au concile de Lyon. Rodolphe répondit qu'il ne pouvait y venir tant que Charles, comme Sénateur, serait le maître dans Rome et Vicaire impérial en Toscane. Cet Empereur, occupé plus sérieusement de la guerre de Bohême, que des affaires d'Italie, se souciait peu de se rendre dans un pays, où il craignait autant l'autorité de Charles, que celle du Pape Nicolas. Ce Pontife ambitieux s'emparait insensiblement du gouvernement de plusieurs villes libres, en y envoyant tantôt des Podestats de son choix, tantôt des Légats apostoliques, presque toujours choisis parmi ses parens.

Nicolas qui le premier établit dans la Cour romaine le népotisme, avait créé Bertold des Ursins son neveu, Comte de Romagne, immédiatement après que Rodolphe eut cédé cette province au saint Siége. Ce neveu aurait été, par sa fermeté, le concurrent le plus redoutable du Roi des Deux-Siciles, si son oncle eût occupé plus long-temps le trône Pontifical. Le Pape engagea le Roi Charles à renoncer au vicariat de la Toscane et à la dignité de Sénateur de Rome : à quoi le Roi consentit. Il fallait sans doute que Charles jusqu'alors absolu, crût avoir bien à redouter les intrigues du Souverain Pontife, pour consentir à se démettre de ces deux dignités.

Ce n'était pas le seul ennemi que ce Prince eût à craindre. Marguerite de Provence, veuve de S.t Louis, lui demandait avec opiniâtreté, le restant de sa dot, qui avait été promise en argent et hypothéquée sur le Comté de Provence. Charles, occupé à tant d'entreprises dispendieuses, avait négligé d'acquitter cette dette. Marguerite pressa l'affaire jusqu'à s'adresser à l'Empereur Rodolphe, pour se faire donner l'investiture du Comté de Provence, comme gage de la somme qui lui était encore due. L'Empereur ne demandait pas mieux que de faire revivre une suzeraineté qui n'était plus pour lui qu'un titre imaginaire. On a peu de détails sur cette discussion : il paraît cependant que le Pape s'en rendit l'arbitre et en empêcha la poursuite.

Tandis que Charles était attaqué, même dans sa souveraineté de Provence, le Pape Nicolas osait entreprendre de le renverser du trône des Deux-Siciles, où les Pontifes ses prédécesseurs l'avaient placé: Ce Pape, tout hardi qu'il était, ne pouvant agir seul, eut recours à Don Pédre, Roi d'Aragon, Prince plus rusé que brave, gendre de Mainfroi et l'héritier de Conradin. Quoique l'Empereur d'Orient, Michel Paléologue, eût beaucoup à se plaindre du Roi Charles, il n'est pas bien certain, comme plusieurs historiens l'ont assuré, que ce Prince se soit aussi lié avec le Pape et le Roi d'Aragon, pour détrôner le Monarque sicilien; surtout si l'on fait attention que l'abjuration de cet Empereur, lorsque l'Église grecque fut réunie avec la latine, n'avait pas été bien sincère, puisque le Pape, bientôt après, l'excommunia, comme fauteur d'un nouveau schisme; et que les affaires de Constantinople étaient pour lors dans un si grand désordre, qu'il devait être impossible à l'Empereur Paléologue de participer aux dépenses de la guerre du Roi d'Aragon, contre le Roi Charles.

La mort du Pape Nicolas III, arrivée sur ces entrefaites, n'empêcha pas les conjurés de donner suite au projet de détrôner Charles. Ce projet pouvait s'exécuter plus facilement en Sicile, où les Français, presque tous Provençaux, commettaient toutes sortes de vexations. On appelait en général Provençaux, les peuples des provinces méridionales de France, parce qu'ils parlaient le provençal, ceux des autres provinces étaient seuls appelés Français. S'il faut en croire les historiens de Naples, les vexations étaient parvenues au point que les gouverneurs de Charles, en écrasant la Sicile d'impôts, ne laissaient pas même aux Pères et mères, la liberté de marier leurs filles avec les personnes du pays : les plus riches partis étaient adjugés aux Français. Les soldats entraient dans les maisons, sous prétexte d'exécuter les ordres du Roi, et ne gardaient aucune mesure avec le sexe. Les biens d'Église n'étaient pas plus respectés ; les Français s'appropriaient tous les bénéfices, à l'exclusion absolue des Siciliens. Le Pape en écrivit au Roi, qui ne daigna pas seulement lui répondre. Cependant les Siciliens vinrent à bout de faire parvenir leurs plaintes jusqu'au trône. Charles donna quelques ordres pour la recherche et la punition des coupables ; mais ses ordres furent mal exécutés, et ne servirent qu'à faire traiter plus durement les peuples.

Tant d'excès de la part des Français devaient avoir un terme ; à la vérité, leur conduite était horrible ; mais la vengeance des Siciliens fut bien grande. Qui ne connaît pas l'histoire des Vêpres Siciliennes ? Qui n'a pas entendu parler de Jean de Procida, auteur de cette révolution ? Ce Seigneur très-accrédité parmi la Noblesse sicilienne, homme de tête et de résolution, était animé par le désir de se venger et des Français qui avaient violé sa femme, et du Roi Charles qui avait confisqué ses biens. Il s'était retiré à la Cour de

Don Pédre, Roi d'Aragon, qu'il se proposait de mettre sur le trône de Sicile, en reconnaissance des bienfaits qu'il en avait reçus.

Les principaux chefs des mécontens en Sicile, lui jurèrent d'entretenir par tous les moyens possibles, la haine du peuple contre les Français. Cependant la mort du Pape Nicolas III et l'élévation du Cardinal de S.te-Cécile, né français, que le Roi Charles fit élire Pape, sous le nom de Martin IV, parurent ralentir un moment le zèle du Roi d'Aragon; mais Procida ne renonça pas à son projet de faire exterminer tous les Français qui étaient en Sicile. Après avoir été ourdie pendant deux ans avec des soins infatigables, sa conspiration éclata enfin en 1282. Il était convenu avec les chefs des conjurés, que le jour de Pâques, au premier coup de vêpres, on ferait main basse sur tous les Français. Cette exécution fut faite avec tant de fureur et de ponctualité, par toutes sortes de personnes armées de poignards et de stylets, qu'en peu de temps tout ce qu'il y avait de Français dans la Sicile fut massacré sans aucune distinction d'âge, de sexe ou de condition. Ils y périrent tous, à l'exception de Guillaume des Porcellets, gentilhomme provençal (1), Gouverneur de Calaritimi,

---

(1) Guillaume des Porcellets était le petit-fils de ce Guillaume des Porcellets qui délivra le Roi d'Angleterre, des mains des Sarrasins. Voyez le règne de Gilbert et de Gerberge.

et de Philippe Scalambre, Gouverneur de la vallée de Noto, reconnus l'un et l'autre pour hommes justes et vertueux : exemple frappant de la victoire que peut remporter la vertu, sur la rage des plus féroces assassins !

Charles était à Montéfiascone, où il traitait de quelques affaires avec le Pape, lorsqu'il apprit cette nouvelle, et surtout qu'on avait substitué à ses armes en Sicile, l'écu d'Aragon, auquel on avait joint deux aigles, en l'honneur de la Maison de Souabe. Il resta interdit et ne prit la parole que pour promettre, qu'il laisserait à la postérité un exemple terrible de la punition des assassins de Sicile. Fixant ensuite ses regards vers le ciel, » mon Dieu, s'écria-t-il, puisque vous ordonnez » que la fortune me soit contraire, ne permettez » pas au moins qu'elle me renverse en un ins- » tant ! » Ne perdant pas courage, il pensa aussitôt à se venger des Siciliens, soit en réclamant le secours du Roi de France, qui le lui promit, soit en équipant une flotte pour aller attaquer Messine ; et sans même attendre l'arrivée des troupes de France, il se mit en marche, passa le détroit et vint investir Messine qu'il pressa vivement.

Les Messinois craignant que leur ville ne fût emportée d'assaut, tant était violent le désir que montrait Charles de s'en emparer, proposèrent des accommodemens pour prévenir la vengeance du vainqueur. Ils demandèrent premièrement l'oubli du passé ; en second lieu, que le Roi se contentât des tributs que leurs ancêtres payaient du temps de Guillaume le Bon ; troisièmement, qu'il ne fût donné aux Français ni charges, ni magistrature dans leur ville. Charles en acceptant ces conditions, rentrait dans Messine, et toute la sicile lui était soumise ; mais il s'obstina malgré l'avis du Légat et des principaux chefs de l'armée, à ne pas composer avec des sujets, qu'il jugeait avoir mérité les plus grandes peines. Ce refus de Charles fut cause de sa perte. Les Messinois se défendirent avec toute l'opiniâtreté qu'inspire le désespoir. Ils étaient soutenus par l'espérance du secours qu'ils attendaient du Roi d'Aragon, auquel ils donnèrent ainsi le temps d'arriver, avec une flotte nombreuse, commandée par Roger de Lauria, le meilleur et le plus heureux marin de son temps.

Cet Amiral s'étant apperçu que la flotte ennemie qui se tenait dans le détroit de Messine, était mal gardée, vint l'attaquer à la tête de quarante vaisseaux. L'Amiral fut victorieux, et Charles abandonna précipitamment le siége. Don Pédre d'Aragon ayant été reçu par les Siciliens, et proclamé Roi de Sicile avec des transports de joie inexprimables, porta sans délai la guerre en Calabre, malgré les excommunications réitérées que fulmina contre lui le Pape Martin IV, pour l'obliger de rendre la Sicile au Roi Charles.

Le Prince de Salerne, fils du Roi, amena bientôt après le secours que le Roi de France avait promis. Une foule de Seigneurs français, suivis des meilleures bandes de cette nation, vint se mesurer avec les Aragonais. Ce secours pouvait encore rétablir les Provençaux en Sicile; les Siciliens tremblaient et les Aragonais prenaient aussi l'épouvante, lorsque leur Roi cherchant à conjurer l'orage, eut recours à l'artifice, en faisant proposer à Charles dont il connaissait le courage, de vider le différent par un combat particulier, de cent chevaliers de part et d'autre, les deux Rois à la tête. Son dessein, en proposant ce cartel, était de faire rester les troupes de son adversaire dans l'inaction; et il était à présumer que pendant ce temps, il en périrait une grande partie par les maladies, que les chaleurs de l'été ne manqueraient pas de causer.

Charles qui, malgré tous ses défauts, faisait profession d'observer les lois de la chevalerie, au lieu de marcher droit à son ennemi, ne manqua pas d'accepter le défi. En conséquence, il fut convenu qu'au premier juin de l'année 1283, les deux Rois, accompagnés chacun de cent chevaliers (1), se rendraient à Bordeaux, avec

---

(1) Noms de plusieurs Gentilshommes Provençaux choisis par Charles I.er, pour être témoins du combat singulier qui devait avoir lieu à la suite du cartel que lui proposa le Roi d'Aragon en 1283, et dont les familles existent encore:

l'agrément du Roi d'Angleterre, maître de la place, pour y vider leur querelle en champ clos, et que celui qui manquerait à sa parole, serait réputé parjure, traître, infâme, et dégradé de tous ses titres.

Charles, contre les sages avis du Pape, quitta l'Italie pour aller se promener fort inutilement, au jour préfix, sur la place de Bordeaux, jusqu'au coucher du soleil; et comme son adversaire ne paraissait pas, il prit acte de défaut contre lui. Quelques-uns ont dit que le Roi d'Aragon était à Bordeaux, déguisé en simple Ecuyer, qu'il laissa dans les mains du Sénéchal de Guienne son casque et sa lance, et publia dans la suite, que la proximité du Roi de France, posté avec trois mille chevaux, à une journée de la ville, qui d'ailleurs était remplie de Français, ne lui avait pas permis de se montrer. Il y a tout lieu de croire que le Roi d'Aragon avait voulu se jouer du Roi des Deux Siciles, qui ne manqua pas de lui reprocher son parjure et sa lâcheté; mais l'Aragonais avait rempli son but; et loin d'être lâche dans d'autres occasions, il se montra courageux à la tête de son armée, lorsque Philippe, Roi de France, qui avait épousé la querelle

---

Blacas, Barras, Candolle, Castellane, Demandols, Glandèves, Grasse, Grimaldi, Laincel, Lestang, Pontevès, Porcellets, Puget, Vento, Villeneuve. Voyez les tables de P. d'Hozier.

de Charles, se mit en devoir de conquérir la Catalogne, conformément à la Bulle de Martin IV, par laquelle ce Pape donnait au Comte de Valois, second fils du Roi de France, l'investiture du royaume d'Aragon.

Charles reprit le chemin de la Provence, dans le dessein de recommencer les hostilités en Sicile; arrivé à Marseille, il fit partir Guillaume Corneille, avec vingt-neuf galères chargées de troupes et de munitions, pour aller secourir Malte, assiégée par les Siciliens. L'Amiral Aragonais Roger de Lauria les rencontra, et remporta sur elles une victoire complète à la hauteur de Malte. Guillaume Corneille périt à l'abordage, de la propre main de Roger de Lauria. Quelques galères, après le combat, portèrent à Marseille la nouvelle de cette défaite.

Charles, qui craignait la fougue et l'inexpérience du Prince de Salerne son fils, lui dépêcha aussitôt un brigantin à Naples pour l'empêcher d'engager aucune action sur mer, en l'avertissant qu'il allait venir incessamment avec un puissant secours pour le soutenir. Roger, ayant intercepté le brigantin, se présenta sur le champ devant Naples, et provoqua en termes si injurieux le Prince de Salerne, que ce Prince et les siens ne pouvant retenir leur colère, s'embarquèrent tumultueusement sur la flotte de Naples, prête à appareiller, et fondirent en désordre sur les vaisseaux Aragonais. Lauria feignant d'avoir peur gagna le large, et revirant brusquement de bord, fondit à son tour sur la flotte ennemie, s'attacha surtout à la capitane que montait le Prince de Salerne, et où se trouvaient aussi plusieurs Barons Français et Provençaux, qui se battirent avec leur bravoure ordinaire; mais leur courage indiscipliné succomba sous l'art et la manœuvre des Aragonais. Le Prince de Salerne se rendit à Lauria lui-même. Cet Amiral victorieux s'approcha sans délai de la ville de Sorento, sur le golfe de Naples, et en reçut une députation avec des présens consistant en figues, fleurs et deux cents augustaves d'or.

Les députés trompés par la riche armure du Prince de Salerne, qui était à bord du vaisseau commandant, le prirent pour Roger: » Seigneur » Amiral, » lui dirent-ils en se prosternant, » daignez accepter le présent que vous offre la » ville de Sorento; plut à Dieu que comme vous » avez pris le fils, vous eussiez pris aussi le » père! Sachez au reste, que nous avons été » les premiers à quitter le combat. » Pardieu, » reprit le Prince de Salerne en souriant, » voilà » des gens bien fidèles au Roi mon père. » Cette méprise des députés prouvait assez, que le Roi des Deux-Siciles n'était guère moins détesté en deçà qu'en delà du phare. Ce qui le prouva encore mieux, c'est que les habitans de Naples apprenant la victoire des Aragonais, s'apprêtèrent à secouer le joug. On cria dans les rues de Naples : Meure le Roi Charles ! Vive Roger de Lauria !

Deux jours après le combat, Charles entra dans le port de Gaette avec cinquante-cinq galères, et trois gros vaisseaux. Il ne fut pas autant affligé de la perte de la bataille, que des mauvaises dispositions que la ville de Naples avait montrées contre lui. Il s'en indigna au point qu'il condamna cette capitale aux flammes ; et son ordre allait être exécuté, sans les instances du Cardinal Légat, qui calma sa colère. Enfin, il gagna sur lui de se borner à cent cinquante victimes qu'il fit pendre sur le champ. Il fallait que le cœur et l'esprit de ce Prince fussent biens portés vers la sévérité, puisqu'il ne sentit pas combien cet acte de rigueur était impolitique, tandis que l'Italie retentissait du bonheur des Siciliens, sous le gouvernement du Roi d'Aragon, qui avait aboli en Sicile la plus grande partie des impôts, confirmé, augmenté même les priviléges des cités, et adopté un système de conduite entièrement opposé à celui de Charles.

La Reine d'Aragon, fille de Mainfroi, n'était pas moins chérie des Siciliens, qui se souvenaient toujours des Princes de Souabe, sous lesquels ils avaient été heureux. Ils voulaient absolument qu'on immolât le Prince de Salerne prisonnier, aux mânes de l'infortuné Conradin ; mais la Reine réprima leur colère, autant par humanité, que par une sage politique,

Cependant Charles avait encore une armée qui le mettait en état de tenir tête à ses ennemis, surtout étant secondé des forces de la France, et soutenu du crédit de Rome; mais il perdit son temps à négocier inutilement avec le Roi d'Aragon, laissa consumer son armée par la faim et les maladies, au siége de Reggio qu'il fut obligé de lever. Dévoré de chagrin, il fut attaqué lui-même d'une fièvre violente, qui l'enleva en peu de jours, à Foggia dans la Pouille, le 7 janvier 1285, âgé de soixante-six ans. On déposa ses entrailles dans l'église de Foggia : son corps repose dans la Cathédrale de Naples.

Il laissa un fils unique, le Prince de Salerne, prisonnier en Aragon, et le trône de Naples mal affermi, sous la garde de son neveu le Comte d'Artois. Il avait confié, par ses lettres datées la veille de sa mort, l'administration des Comtés de Provence, du Maine et d'Anjou, pendant la captivité de son fils au Roi de France. Charles fut marié deux fois; il eut de sa première femme Béatrix de Provence, quatre fils dont trois moururent avant lui, et trois filles. Il n'eut point d'enfans de Marguerite de Bourgogne, sa seconde femme.

On peut dire de ce Roi, qu'il sut conquérir des États sans savoir les garder; qu'il fut habile et actif dans la guerre, sobre et aussi réservé sur l'article des femmes, que le furent peu les Provençaux, et les Français qui le suivirent en

Italie. Il aima le faste et la magnificence. Naples lui dut sa première splendeur, et comme il était partisan des lettres, il augmenta les priviléges de l'Université de Naples, à laquelle il donna des Professeurs célèbres par leur savoir.

La Provence, où il ne demeura guère dès qu'il eut acquis le royaume de Naples, était déjà devenue sous lui une monarchie absolue, où plusieurs Seigneurs qui voulaient se rendre indépendans, *furent réduits*, comme l'a dit un historien provençal, Gaufridi, *sur le pied commun*, et devinrent des sujets soumis. Plusieurs historiens ont trop vanté ce Prince sans montrer ses défauts. Ce qu'on peut dire de plus favorable sur son compte, c'est qu'il aurait été un grand Roi, s'il n'eût pas terni ses qualités par une rigueur impitoyable, qui fut bien plus la preuve de son caractère barbare et féroce, qu'un effet de sa justice ou de sa politique.

CHAPITRE II.

CHARLES II.

Le Prince de Salerne, fils et successeur de Charles, était resté prisonnier en Aragon à l'époque de la mort de son père. Le Pape Honoré IV, travaillait avec ardeur à sa délivrance;

mais le gage était trop précieux, pour que le Roi d'Aragon consentît à s'en dessaisir, sans être du moins assuré de la paisible possession du royaume de Sicile ; ainsi la liberté du Prince de Salerne, qui avait pris le nom de Charles II, dépendait encore plus du succès de ses armes, que des négociations. Par cette raison, le Comte d'Artois, Régent du royaume de Naples pendant la captivité de Charles, envoya une flotte de cinquante galères avec des troupes de débarquement, commandée par Raymond des Baux, Comte d'Avelin, pour aller faire une descente en Sicile, où en peu de jours Raymond s'empara de la ville de Catane. Cet Amiral ne se sentant pas assez fort, fit retourner à Naples une partie de ses galères qu'il destinait à lui amener de nouvelles troupes. Ces galères furent rencontrées et prises par l'Amiral Aragonais, Roger de Lauria, qui avait fait le Prince de Salerne prisonnier. Une autre flotte française destinée contre la Sicile, fut encore enlevée par le même Roger. Ces deux revers obligèrent les troupes de Charles d'évacuer la Sicile, et rendirent les conditions de sa délivrance d'autant plus difficiles à remplir.

Le Pape Nicolas IV, successeur d'Honoré, avait renouvelé après la mort de Don Pédre, Roi d'Aragon, les mêmes demandes auprès du Roi Alfonse, son fils, pour obtenir la liberté de Charles ; mais le Souverain Pontife rendait lui-même la négociation presque impossible, en exigeant que le prisonnier lui fût remis sur sa demande, et surtout qu'on ne disposât pas sans son consentement du royaume de Sicile, dont il se regardait comme le maître par son droit d'investiture.

Cependant Alfonse, menacé d'un côté des anathèmes de l'Église, et de l'autre contraint par les Rois d'Angleterre et de France, que le Pape avait fait agir en faveur du prisonnier, entra en négociation. Mais les conditions qu'il proposa furent les mêmes, qui avaient été déjà proposées l'année précédente à Édouard, Roi d'Angleterre, dans la ville d'Oleron, et qui avaient été rejetées par le Pape Honoré. Enfin Édouard, jaloux d'obtenir à tout prix la liberté du Roi de Naples, demanda au Roi Alfonse une nouvelle entrevue; et sans s'arrêter aux prétentions de la Cour de Rome, il négocia un nouveau traité avec lui, à Chamfranc dans les Pyrénées. Il y fut arrêté que Charles payerait, pour sa rançon, trente mille marcs d'argent, dont le Roi d'Angleterre se rendit lui-même garant; que de plus, il abandonnerait la Sicile à Jacques, frère du Roi d'Aragon; qu'il fournirait au même Roi une renonciation du Comte de Valois, frère du Roi de France, à ses prétendus droits sur l'Aragon, qui lui avaient été injustement conférés par le Pape Martin IV; et que si dans trois ans il n'avait pu exécuter ces conditions, il rentrerait dans sa prison. Pour assurer le traité dans lequel tout convenait à Charles, pourvu qu'il devînt libre; ce Prince devait donner en otage trois de ses fils et cinquante Notables provençaux. Ces otages furent livrés (1), et Charles se vit enfin libre, après quatre ans de détention.

A peine libre, il se rendit en Provence pour y recevoir les hommages des Provençaux, qui lui témoignèrent autant de joie de sa délivrance, qu'ils avaient marqué de tristesse de sa prison, de son côté le Roi se montra sensible à ces marques d'attachement; et surtout, il témoigna sa reconnaissance dans les termes les plus affectueux, aux familles de ceux qui lui servaient d'otage en Aragon. Après avoir confirmé les priviléges des villes d'Aix et de Marseille, il n'eut rien de plus pressé que de se rendre à Paris, pour engager le Comte de Valois à souscrire aux conditions du traité de Chamfranc, relativement à la renonciation de ses droits sur l'Aragon; mais il trouva ce Prince inflexible. Il ne fut pas plus heureux à la Cour de Rome, où le Pontife lui reprocha d'avoir cédé la couronne de Sicile, sans sa participation. Charles ne put rentrer en grâce auprès de lui, qu'en appaisant dans la

---

(1) Noms de plusieurs Notables provençaux qui servirent d'otages à Charles II, dont les familles existent encore: Albertas, Blacas, Boniface, Candolle, Glandèves, Gombert, Laincel, Montolieu, Porcellets, Puget, Sabran, Villeneuve. Voyez les tables de P. d'Hozier.

Toscane, les troubles excités par les Gibelins dont la faction, opposée à la Cour de Rome, était devenue très-puissante. Le Pape aurait désiré relever Charles de son serment envers le Roi d'Aragon, comme ayant été fait contre les intérêts du Saint Siége; mais Charles voulut tenir sa promesse, autant par principe d'honneur, que par le désir qu'il avait de procurer la liberté, à ses enfans et aux Provençaux qui s'étaient dévoués si généreusement pour lui.

Ne pouvant tenir ses engagemens par l'obstacle qu'y mettaient le Pape et le Comte de Valois, il voulut au moins exécuter l'article du traité, par lequel il était stipulé qu'il rentrerait dans sa prison, si dans trois ans, il ne pouvait remplir les conditions auxquelles il s'était soumis. En conséquence il se rendit sans armes aux Pyrénées, entre Joncquières et le col de Panissar, suivi seulement de quelques chevaliers pareillement désarmés, pour se constituer prisonnier; mais le Roi d'Aragon n'ayant envoyé personne pour le recevoir, Charles se crut dégagé de sa parole et se remit en liberté. Cependant quoiqu'il parût avoir voulu tenir ses promesses, il se fit bientôt couronner Roi de Sicile par le Pape Nicolas. Il fut alors difficile d'assurer, qu'il avait cherché de bonne foi à remplir les conditions du traité, dont il s'était obligé de procurer l'exécution.

Ce couronnement fit prendre les armes à Jacques d'Aragon, auquel la Sicile était promise. Ce
Prince

Prince porta la guerre en Calabre, où après quelques avantages, il finit par être battu. Charles, victorieux, consentit à accorder une trêve à son ennemi, pendant laquelle on entra en négociation. Le Comte d'Artois, alors général des troupes de Naples, passionné pour la gloire militaire, en fut si courroucé, qu'il rompit brusquement avec le Roi de Naples et s'en retourna en France avec les gentilshommes français qui l'avaient accompagné, pour combattre sous ses drapeaux. Le Roi d'Aragon, de qui dépendait la stabilité de Jacques sur le trône de Sicile, eut avec Charles à Joncquères en Catalogne, une première entrevue, qui fut bientôt suivie de préliminaires arrêtés à Tarascon, et rédigés à Brignoles en articles définitifs, auxquels le Pape, par amour pour la paix, donna sa sanction.

Au reste, ce Pontife, qui ne perdait pas de vue son droit d'investiture sur le royaume de Sicile, exigea la restitution de ce royaume en faveur de Charles; et en cas de refus de la part de Jacques d'Aragon, il fut arrêté que le Roi son frère ne viendrait pas à son secours; mais rien ne se serait terminé, si Charles n'eût pas indemnisé le Comte de Valois de ses droits sur l'Aragon, en lui donnant pour épouse, sa fille aînée Marguerite, avec les Comtés d'Anjou et du Maine pour dot. Philippe le Bel, Roi de France, frère du Comte de Valois, en considération de ce mariage, céda à Charles la moitié de la ville d'Avignon, dont il était le maître. Cette cession, peu importante pour Philippe, l'était beaucoup pour le Souverain de Provence, à qui appartenait l'autre moitié. En vertu de ce traité qui fut conclu à Brignoles, les otages que Charles avait donnés au Roi d'Aragon, recouvrèrent leur liberté, et les trente mille marcs d'argent que le Roi d'Angleterre avait déposés entre les mains du même Roi, pour la rançon de Charles, furent restitués au Monarque anglais.

Le Roi de Naples fut dédommagé de la cession des Comtés du Maine et d'Anjou, par la couronne de Hongrie que lui laissa Ladislas IV, son beau-frère, en 1290; mais Charles, livré déjà à tant de soins, et surtout occupé de sa rentrée dans la Sicile, ne crut pas devoir partager avec sa femme, le fardeau d'une nouvelle couronne qu'il fallait même disputer, et qui pouvait lui faire perdre celle de Sicile, dont la possession lui était bien plus avantageuse; en conséquence, il engagea la Reine Marie à disposer du royaume de Hongrie, en faveur de son fils aîné, nommé Charles et depuis surnommé Martel, qu'il fit couronner Roi de Hongrie, à Naples, par le Légat du Pape, après l'avoir armé chevalier : titre que les Rois se faisaient alors un honneur de porter. Les Hongrois qui aimaient mieux un Roi de leur nation, lui suscitèrent un concurrent dans la personne du Prince André, de la Maison royale de Hongrie. Celui-ci disputa pendant onze ans, le royaume de Hongrie, à Charles-Martel, qui n'en devint tranquille possesseur que par la mort de son rival, et par son mariage avec la Princesse Constance, fille de l'Empereur Rodolphe qui l'aida de ses armes.

L'article du traité, qui restituait la Sicile au Roi Charles, était le plus difficile à exécuter. Alfonse, Roi d'Aragon avait pris sur lui de faire consentir son frère Jacques, à céder la Sicile; mais ce dernier en était bien éloigné. Persuadé de la légitimité de ses droits, et surtout enhardi par l'affection des Siciliens, qui tremblaient de rentrer sous la domination des Princes d'Anjou, il se hâta de désavouer son frère; mais bientôt la mort imprévue d'Alfonse lui fit changer de résolution. A cette nouvelle, Jacques qui succédait à son frère, mort sans enfans, crut qu'il serait plus sûr pour lui de s'affermir sur le trône de ses pères, que de risquer de le perdre, en voulant conserver celui de Sicile qu'on lui disputait; surtout depuis que Philippe le Bel, Roi de France et le Comte de Valois son frère, avaient renouvelé leurs pretentions sur l'Aragon, pour obliger Jacques à abandonner la Sicile. En conséquence, il n'eut pas de peine à sacrifier les intérêts de son frère Frédéric, à qui la couronne de Sicile revenait par le testament de Don Pédre, Roi d'Aragon et de Sicile, à défaut de ses deux fils aînés. Ainsi Jacques, plus occupé de lui-même que de son frère, ne songea plus qu'à donner son consentement à l'exécution du traité, par lequel la Sicile était rendue au Roi Charles, et celui-ci donna en mariage à ce Prince, la Princesse Blanche, sa seconde fille.

Boniface VIII, assis alors sur la chaire de S.ᵗ Pierre, aussi occupé des affaires politiques, que son prédécesseur Célestin V en avait été éloigné, ménagea ce rapprochement entre les deux Rois; mais les États de Sicile qui n'avaient pas été consultés, s'assemblèrent à Catane, et malgré toutes les manœuvres du Pape Boniface, qui employa tour-à-tour la ruse et les menaces, ils élurent librement et par acclamation, Frédéric pour leur Roi. Le Pape Boniface eut de la peine à se persuader que cette élection avait été faite sans la participation du Roi d'Aragon; mais celui-ci mit tant de sincérité dans ses offres de service en faveur du Roi Charles, que le Pape cessa de s'en méfier.

Cependant Frédéric ne voulant pas acquérir une couronne au prix du sang des Siciliens, qui lui donnaient tant de marques d'attachement, assembla de nouveau les États de son royaume, et leur laissa la liberté de rentrer sous la domination de Charles. Les députés ne répondirent au Roi, que par de tendres reproches et par le serment de verser jusqu'à la dernière goutte de leur sang, pour le maintenir sur un trône qu'il honorait par ses vertus. Frédéric jura alors aux Siciliens de conserver son royaume et de mourir à leur tête. Si ceux-ci lui furent fidèles,

Roger de Lauria l'abandonna lâchement, pour suivre le parti de Charles qui le combla d'honneurs et de bienfaits, et lui donna le commandement de toutes ses flottes, avec le titre d'Amiral des Deux-Siciles.

Lauria, après avoir vaincu tant de fois les Français et procuré par ses victoires le trône de Sicile à la Maison d'Aragon, fut entraîné dans cette honteuse défection, par les intrigues du Pape Boniface, qui travaillait depuis long-temps à le gagner. Les États de Sicile le déclarèrent traître et s'emparèrent de tous les biens qu'il possédait dans leur île. Jacques, Roi d'Aragon, obligé de tenir ses promesses, joignit trente galères aux cinquante que Charles venait d'équiper; mais ni les forces réunies des deux Monarques, ni l'acharnement de Boniface, ni l'habileté sur mer de Roger de Lauria, ne purent ébranler le courage de Frédéric, qui se mit en mer avec soixante-quatre vaisseaux, pour faire face à l'ennemi.

Ayant appris que Jean de Lauria, neveu de l'Amiral, était dans le détroit avec dix-sept galères, il le fit attaquer si brusquement, que Lauria n'eût pas le temps de se reconnaître et fut pris avec toute sa flotte. Le Roi d'Aragon réclama Jean de Lauria les dix-sept bâtimens, pour prix desquels il promettait de ne plus reparaître en Sicile. Frédéric, de l'avis de son conseil, rejeta la demande de son frère, et condamna le neveu de l'Amiral à perdre la tête : vengeance terrible qui n'aurait point du tomber sur le neveu, pour la faute de l'oncle. Jacques d'Aragon équipa sans délai, une flotte de cinquante-six vaisseaux, sur laquelle il s'embarqua avec les deux fils du Roi de Naples, qui étaient le Duc de Calabre et le Prince de Tarente. Roger de Lauria était aussi de l'expédition.

Frédéric n'eut pas plutôt appris que son frère avait mis à la voile, qu'il fut le chercher à la tête de quarante navires, et lui livra bataille près du Cap-Orlando. Le combat fut long, opiniâtre et sanglant. Frédéric essuya une entière défaite et put à peine se sauver. C'en aurait été fait d'un autre Prince moins chéri de ses sujets, que ne l'était Frédéric, si les Messinois, qui avaient recueilli les débris de sa flotte, n'eussent pas repris courage, en revoyant leur Roi, à qui ils jurèrent de tout sacrifier, pour réparer sa défaite. Le Roi d'Aragon regardant, après cette victoire, la Sicile comme subjuguée, ou plutôt honteux de combattre contre son propre frère, retourna dans ses États, laissant tout le fardeau de la guerre au Roi de Naples, qui se crut assez fort pour la continuer seul.

Le Duc de Calabre son fils aîné pénétra en Sicile, se rendit maître de toute la vallée de Noto, où il devait être bientôt joint par son frère, le Prince de Tarente, lorsqu'au bruit de cette invasion, Frédéric laissant le gros de son armée au général Calcerando, pour faire face au Duc de Calabre, courut à la tête de ses meilleures troupes, livrer bataille au Prince de Tarente. On se battit de part et d'autre avec une égale bravoure. Le Roi de Sicile, quoique blessé à la main droite, ne cessa de combattre, jusqu'à ce qu'il eût défait le Prince de Tarente. Celui-ci, renversé de son cheval, se débattait au milieu des Siciliens, lorsque Frédéric vola à son secours, l'arracha des mains de ses soldats et l'emmena dans sa tente. Une telle capture faisait pencher la balance en faveur de Frédéric. Le Pape Boniface, affligé de ce revers et reprochant à Charles d'avoir confié le commandement de ses troupes à de jeunes Princes, braves à la vérité, mais peut-être sans expérience, appela le Roi de France à son secours, excommunia tous les partisans de Frédéric, et les déclara surtout exclus de l'indulgence du Jubilé universel qu'il venait d'instituer.

Frédéric, loin de s'en effrayer, envoya Conrad Doria ravager les côtes de Naples. Cet Amiral s'en acquitta avec succès; mais ayant eu la témérité de livrer bataille à Roger de Lauria, dont la flotte était infiniment supérieure à la sienne, il fut battu et fait prisonnier. Le siége de Messine, entrepris peu de temps après par Roger de Lauria, ne servit qu'à démontrer l'impossibilité de subjuguer les Siciliens, affermis dans leur haine contre les Princes Angevins, et passionnés pour leur Roi Frédéric. Les Messinois se défendirent avec tant de valeur, que Roger fut obligé de se retirer.

Des actions meurtrières de part et d'autre ne produisaient aucun résultat décisif; tel était l'état des affaires en Sicile, lorsque le Comte de Valois y fut envoyé par le Pape Boniface; mais ce Prince français ne parut, dans cette île, que pour être témoin de la résistance opiniâtre des Siciliens et de l'affaiblissement de son armée, qui se consumait par les maladies. Dans cet état de détresse, le meilleur conseil qu'il put donner au Duc de Calabre, fut de se résoudre à la paix, et de s'entendre avec le Roi de Sicile qui ne demandait pas mieux.

Il fut convenu que Frédéric épouserait la troisième fille de Charles, nommée Éléonore; qu'il jouirait du royaume de Sicile pendant sa vie, qu'à sa mort la maison d'Anjou rentrerait en possession de cette île, moyennant une indemnité de cent mille onces d'or qui seraient comptées aux héritiers de Frédéric; que le Prince de Tarente et tous les prisonniers de part et d'autre seraient mis en liberté; enfin, que si Charles n'approuvait pas que Frédéric continuât de porter le titre de Roi de Sicile, il prendrait celui de Roi de Trinacrie, ancien nom de la Sicile, que les Grecs lui avaient donné à cause de ses trois promontoires.

On a dit du Comte de Valois, qui porta le

Roi de Naples à la paix, qu'il était venu à Florence pour y mettre la paix, et qu'il y laissa la guerre; qu'il avait passé en Sicile pour y faire la guerre, et qu'il en était revenu avec une paix honteuse. Mais pouvait-on regarder comme honteux un traité, par lequel la Sicile devait être réunie au royaume de Naples après la mort de Frédéric, à qui on ne laissait même de son vivant, que le titre de Roi de Trinacrie! Si quelqu'un avait à se plaindre du traité, c'était Frédéric qui, maître du cœur de ses sujets, pouvait exiger des conditions plus avantageuses; mais il craignit d'abuser de l'affection des Siciliens, et il crut devoir étancher leur sang qui coulait depuis quarante ans, à dater de 1266, époque du commencement de la guerre entre Charles I.er et Mainfroi. Frédéric se flattait aussi, qu'en conservant le royaume de Sicile sa vie durant, il pourrait un jour, par le cours des événemens, en acquérir la possession héréditaire. Charles de son côté s'empressa de ratifier ce traité, soit parce qu'il le croyait avantageux pour lui, soit par ménagement pour ses peuples, depuis long-temps fatigués de la guerre.

Charles s'appliqua alors à réparer les maux que la guerre avait causés, et à faire goûter à ses sujets les avantages et les douceurs de la paix. Il agrandit la ville de Naples, et y attira des Savans. Ce Prince signala en même temps sa piété par un grand nombre de fondations. Il fit rebâtir dans Naples, l'église métropolitaine et cinq autres églises.

La fondation la plus remarquable qu'il eût faite à Aix en Provence, était un monastère composé de cent Religieuses d'extraction noble, sous la règle de S.t Dominique, dans lequel il en fit prendre l'habit à la Princesse Béatrix, la plus jeune de ses filles; mais n'ayant pas de vocation pour cet état, elle sortit bientôt après de cette retraite, pour se marier au Duc de Ferrare, de la maison d'Est. Ce monastère avait été établi d'abord dans un lieu nommé la Durane, situé près d'Aix, et fut transféré ensuite dans la ville, sous le nom de prieuré de S.t Barthelemy.

Les Provençaux prétendent que S.te Magdelaine ayant été chassée par les Juifs, après l'Ascension du Sauveur, aborda à Marseille. On crut découvrir ses reliques sous le règne de Charles I.er, dans une petite église de la ville de Saint-Maximin, et on assure aussi qu'on trouva en même temps divers monumens, qui attestaient l'authenticité de ces reliques. C'est une pieuse tradition à laquelle il est permis aux Provençaux de croire; mais les Bourguignons croient aussi posséder le corps de la même Sainte dans la ville de Vézelay. Au milieu de cette contrariété, sans nous arrêter précisément aux preuves consignées dans les livres des Provençaux, qui attestent l'arrivée de S.te Magdelaine en Provence, nous dirons, avec le Nain de Tillemont, que c'est un acte de religion d'honorer les saints et leurs reliques, dans des lieux où on leur rend un culte plus particulier; mais que l'Église en général ne prend point de part aux prétentions particulières, sur la translation ou la possession des reliques des Saints, et que lorsque la foi n'est blessée de part ni d'autre, la même Église laisse à ses enfans, dans ces sortes de questions, la liberté de croire ce que la raison et l'autorité leur font juger le plus probable.

Charles II, prisonnier en Aragon, avait attribué sa délivrance à l'intercession de S.te Magdelaine, pour laquelle il marquait une grande dévotion. La découverte des reliques de cette Sainte, dans la petite église de S.t Maximin, l'engagea à faire bâtir sur ce même emplacement une grande église, qui subsiste encore aujourd'hui, et qu'on peut regarder comme un des plus beaux monumens du treizième siècle. Le genre d'architecture qui y règne, est le même que présentent les églises d'Italie, bâties à cette époque. Il la donna aux Dominicains, celui de tous les Ordres religieux pour lequel il montrait le plus d'affection, quoiqu'il eût été reçu dans le tiers-Ordre de S.t François.

Le Roi de Naples s'étant arrêté pendant deux ans en Provence, toutes les parties de l'administration qui y étaient trop négligées subirent une réforme. La plus essentielle fut la réduction des officiers de justice, dont la multiplicité était une charge pour l'État. Charles corrigea en même temps les abus de la procédure, et donna des règlemens aux officiers appelés Maîtres rationaux, chargés de la révision des comptes publics. Les Notaires eurent aussi leur règlement. Sa vigilance s'étendit sur la profession de Médecin et de Chirurgien; il fut ordonné qu'on ne pourrait exercer la médecine et la chirurgie, qu'après avoir donné des preuves suffisantes de capacité et de probité.

Il fit diverses lois concernant les juifs, les usuriers et les usurpateurs de noblesse. Il confirma les franchises que son père avait accordées à plusieurs villes, et combla les Provençaux de bienfaits. Charles parvint à agrandir ses États par des échanges et des moyens de conciliation qu'il préférait aux conquêtes. C'est ainsi qu'il vint à bout sans faire la guerre, d'obtenir du Marquis de Saluces la cession de tous les droits de souveraineté de ce Prince, sur le Montferrat, sur les villes de Conil, de Fossan et de Busca, à condition seulement que le Marquis de Saluces posséderait comme fiefs le Montferrat, les terres de Cental, de la Val de Sture et autres.

Possédant déjà dans le Piémont d'autres villes qui s'étaient données à son père, Charles prit alors le titre de Comte de Piémont; mais il sépara en même temps l'administration de ce Comté, qui eut son sénéchal particulier, de l'administration des Comtés de Provence et de Forcalquier. Charles I.er, quoique très-jaloux de son pouvoir, n'avait pu obliger le Comte de Sault, de la maison d'Agoult, de lui prêter hommage du Comté de Sault, à l'exemple de tant d'autres Seigneurs qu'il avait soumis à son autorité. Son fils, Charles II, obtint cet hommage, d'Isnard d'Entrevènes, chef de la maison d'Agoult, et devint ainsi l'unique souverain en Provence.

Ce fut sous son règne que se fit la translation du Siége pontifical à Avignon. Le terrible Pape Boniface, dont on connaît les démêlés avec Philippe-le-Bel Roi de France, avait eu pour successeur Benoit XI, qui promettait d'apporter autant de sagesse et de modération dans le gouvernement de l'Église, que son prédécesseur avait montré d'impétuosité et de zèle, à soumettre la puissance temporelle à la puissance spirituelle. Déjà Benoit XI avait annulé les bulles de Boniface contre Philippe-le-Bel, lorsque la mort le surprit. Les Cardinaux se trouvèrent divisés dans le choix d'un nouveau Pape. Quelques-uns voulaient un Cardinal qui fût entièrement dévoué à Philippe-le-Bel, les autres en voulaient un qui respectât les cendres de Boniface, que Philippe poursuivait jusque dans sa tombe, en voulant qu'il fût déclaré simoniaque, hérétique, et intrus ; mais ni Benoit XI, ni son successeur Clément V, ne se prêtèrent au scandale qu'un tel procès pouvait faire naître parmi les fidèles. Au reste, Clément accueillit les autres demandes du Roi de France, auquel il était redevable de la tiare.

Ce Pape appelé Bertrand de Got, né à Villaudran, dans le diocèse de Bordeaux, fut Archevêque de cette église en 1300. Ayant réuni les suffrages pour la papauté, son couronnement se fit à Lyon, où il fit venir les Cardinaux. Le Cardinal des Ursins, leur Doyen, dit à cette occasion : » l'Église ne reviendra de long-temps » en Italie ; je connais les Gascons ; » et en effet, le nouveau Pape transféra le Siége pontifical à Avignon, quoiqu'il ne fût souverain que du Comté Venaissin, sans être maître d'Avignon, qui appartenait au Comte de Provence. Le Roi de France avait provoqué cette translation, dans le dessein de se prévaloir pour lui et les siens, de cette espèce de prison dans laquelle Clément V se jeta lui-même avec tant d'inconsidération. Les Romains s'en plaignirent amèrement, et ils appellent encore aujourd'hui le temps du séjour du St Siége à Avignon, qui dura soixante et dix ans : *la captivité de Babylone*.

Charles II, maître de la ville d'Avignon, ne prit point part à cette translation, soit qu'il ne pût l'empêcher, soit qu'en s'opposant aux intentions de Philippe-le-Bel, il craignît de rompre avec lui, et d'être privé des douceurs de la paix, dont il retirait tant d'avantages. La crainte qu'il avait du Roi de France, lui fit épouser sa querelle contre l'Ordre des Templiers, dont ce Roi poursuivait l'abolition avec un acharnement incroyable. Philippe le Bel, du consentement de Clément V, avait fait arrêter à Paris tous les chevaliers de cet Ordre, et s'était emparé du Temple, de leurs titres et de leurs biens. Charles ordonna de même leur arrestation en Provence et la saisie de leurs propriétés. Il n'est pas de mon sujet d'approfondir les raisons qui engagèrent le Pape et les Souverains d'alors, à traiter avec une sorte de barbarie un Ordre infortuné, dans lequel un grand nombre d'innocens furent sans doute les victimes de l'orgueil et de la richesse de leurs principaux chefs. On est encore aujourd'hui porté à croire que les crimes qu'on leur reprochait étaient exagérés; mais ces imputations prouvent du moins que l'Ordre, dévoué par état à la défense de la Religion, était tombé dans le relâchement, et que le libertinage de quelques jeunes chevaliers fut la cause, ou du moins le prétexte, qui perdit tous les autres.

Charles ne s'occupait plus que d'établissemens utiles, lorsque la mort vint l'enlever en 1309, à ses sujets dont il faisait le bonheur. Ce Prince mourut à l'âge de 61 ans, dans son palais de Casa-Nova, qu'il avait fait bâtir auprès de Naples. Il régna pendant vingt-cinq ans. Aucun Souverain ne fut plus juste et moins occupé de sa propre grandeur. Il avait une cuisse plus courte que l'autre, d'où lui vint le surnom de Charles le Boiteux. Les Français le surnommèrent aussi le Tardif, parce que, corrigé par l'expérience, il ne se décidait qu'après une mûre réflexion. Son corps fut porté à Aix, dans l'église du couvent de St-Barthélemy qu'il avait fondé. Il reposait dans un tombeau remarquable par sa simplicité, où l'on voyait encore de nos jours son squelette tout entier.

Ce Prince eut une famille nombreuse : son mariage avec Marie de Hongrie, le rendit père de neuf garçons et de cinq filles. Celles-ci furent établies avantageusement. L'aînée avait épousé le Comte de Valois, frère du Roi de France; la seconde, le Roi d'Aragon; la troisième, le Roi de Trinacrie; la quatrième, le Roi de Majorque et la cinquième, le Duc de Ferrare. Quatre de ses fils lui survécurent et cinq moururent avant lui. Ceux-ci furent Charles-Martel, Roi de Hongrie, mort à Naples en 1295; Louis, Évêque de Toulouse, mort la même année en odeur de sainteté, et canonisé en 1317, par le Pape Jean XXII; Raymond-Bérenger, Gouverneur du Piémont, mort en 1305; Jean et Tristan qui moururent jeunes. Les enfans qui lui survécurent étaient Robert, Duc de Calabre, qui devint Roi de Naples et Comte de Provence; Philippe, Prince de Tarente et d'Achaïe; Jean de Sicile, Duc de Duras; et Pierre, Comte de Gravine.

Charles, avant de mourir, avait jugé qu'il serait prudent

prudent de séparer les couronnes de Hongrie et de Naples, avec d'autant plus de raison, que son petit-fils Carobert, Roi de Hongrie, avait annoncé publiquement les prétentions qu'il tenait de son père Charles-Martel, sur le royaume de Naples. En conséquence, Charles II légua ce royaume et le comté de Provence, à son second fils Robert, Duc de Calabre, à qui il ordonna en même temps de payer exactement toutes ses dettes, pour laisser sa mémoire à l'abri de tout reproche.

CHAPITRE III.

ROBERT.

Robert, Duc de Calabre, s'empressa de faire valoir le testament de son père, par lequel la souveraineté de Naples et celle de Provence lui étaient assurées; mais ce testament ne fut pas regardé par Carobert, comme un titre suffisant pour le frustrer d'une succession, à laquelle il prétendait avoir un droit antérieur, parce qu'il représentait son père Charles-Martel, frère aîné de Robert. Le Pape, qui donnait l'investiture du royaume de Naples, était le juge de ce grand procès. Les jurisconsultes débattirent la question avec beaucoup de chaleur; mais Robert avait pris le bon parti : celui de se rendre en personne à la Cour d'Avignon, où il fit jouer de si puissans ressorts, qu'il l'emporta sur son concurrent. D'ailleurs, des raisons d'État devaient faire préférer Robert, qui était un Prince vaillant, instruit dans l'art de gouverner, et propre à contenir les Italiens, en l'absence des Papes; tandis que Carobert encore jeune, sans expérience, obligé de résider en Hongrie, aurait fait gouverner les États de Naples et de Provence, par des Ministres, dont le peuple, en absence du Prince, supporte toujours impatiemment la domination. Robert, après avoir réglé quelques affaires en Provence, dont il restait paisible possesseur, passa les Alpes, s'arrêta en Piémont, pour y recevoir le serment de fidélité des villes qui lui appartenaient, et arriva à Naples, où aucun parti ne se déclara contre lui.

Le Roi de Naples eut bientôt un ennemi dangereux à combattre. Ce fut l'Empereur Henri VII, auparavant Comte de Luxembourg, élu la même année que Robert était monté sur le trône. Cet Empereur n'ayant qu'un modique patrimoine, songea bientôt à tourner ses vues du côté de l'Italie, où en revendiquant les droits et l'autorité que ses prédécesseurs y avaient exercés, il pouvait se former un établissement digne de lui. Ce pays était toujours déchiré par les deux factions des Guelfes et des Gibelins. Les Guelfes, ces ennemis constans de l'autorité impériale en Italie, qui avaient toujours regardé les Rois de Naples de la Maison d'Anjou, comme leurs chefs et leur appui, se réunirent au Roi Robert, contre Henri VII. De leur côté, les Gibelins appelèrent l'Empereur en Italie. Philippe, Comte de Savoie et Amédée son oncle, lui en facilitèrent l'entrée. Ces deux Princes, en mettant aux prises le Roi de Naples avec l'Empereur, faisaient rechercher leur alliance, et pouvaient, avec le secours de la puissance qu'ils favorisaient, augmenter leur souveraineté dans le Piémont, où la Maison de Savoie ne possédait encore, avec le Comté de Turin, que quelques autres petits États.

Les succès d'Henri VII furent rapides dans la Lombardie. Il fut aidé par les Vénitiens, et reçu comme Souverain dans Gênes, quoique les Génois fussent alors le peuple le plus libre et le plus puissant de l'Italie. Trente galères génoises le portèrent à Pise; de là, marchant à Sienne, ensuite à Viterbe, il parvint aux portes de Rome, sans rencontrer d'obstacles; mais à Rome il trouva le Prince de Tarente, frère du Roi Robert, que celui-ci avait envoyé avec mille lances, pour prendre possession du Vatican et d'autres quartiers de la ville : ce qui n'empêcha pas Henri de se rendre maître de Rome; et quoiqu'il n'eût pu s'emparer du Capitole, il fut couronné dans l'église de S.ᵗ-Jean-de-Latran, par le Cardinal de Prato, à qui le Pape Clément V en avait donné le pouvoir, dans l'espérance de se faire un appui de ce Prince, en favorisant son élection.

L'Empereur, après son couronnement, ayant inutilement assiégé Florence, se retira dans la ville de Pise, dévouée de tout temps à la faction Gibeline. C'est là qu'il somma Robert de venir lui rendre compte de sa conduite. Cette sommation n'aurait été que ridicule, si Henri ne l'eût appuyée par une armée nombreuse, et par l'alliance du Roi de Trinacrie, qui s'occupait de transmettre à ses descendans, le royaume de Sicile, dont Charles II ne lui avait laissé que l'usufruit. Ce Roi avait déjà pénétré dans la Calabre et abandonné son titre de Roi de Trinacrie, pour reprendre celui de Roi de Sicile. L'Empereur se disposait de son côté à soumettre l'Italie, lorsqu'il mourut à Buonconvento, près de Sienne, en l'année 1313, à l'âge de 50 ans. Souvent la mort d'un seul homme suffit pour faire évanouir les plus grands projets. Le bruit courut qu'il avait communié quelques jours auparavant, des mains de Bernard de Montépulciano, religieux dominicain; et que ce religieux avait mêlé du poison aux espèces consacrées; mais il fut vérifié que la maladie de l'Empereur s'était formée peu à peu, et son fils le Roi Jean de Bohême donna en conséquence, à l'ordre de S.t Dominique, des lettres patentes, que la méchanceté des hommes rendait nécessaires, par lesquelles il déclara le frère Bernard innocent du crime dont on l'accusait.

La mort de l'Empereur délivra Robert d'un puissant ennemi ; mais il avait encore à combattre le Roi de Sicile, qui venait avec sa flotte, se joindre aux Génois et aux Pisans. Le Prince sicilien, à son arrivée à Pise, apprit la mort de l'Empereur, et après avoir vainement cherché à y ranimer les restes d'un parti abattu par la perte de son chef, il rentra dans le port de Messine, où il désarma sa flotte. Jamais occasion plus favorable ne pouvait s'offrir à Robert, pour aller attaquer son ennemi dans ses propres États. Robert en profita ; il équipa cent vingt navires de guerre et autant de bâtimens de transport, avec lesquels il passa le Phare, débarqua en Sicile à la tête de deux mille hommes de cavalerie et d'une infanterie nombreuse. Il emporta Castelmare d'emblée. Le Roi de Sicile aurait été perdu, s'il n'eût eu recours à la ruse, en faisant donner à Robert le faux avis, que la place de Trapani se rendrait bientôt, parce qu'elle manquait de soldats pour la défendre et qu'il n'y avait ni vivres, ni munitions de guerre. Robert donna dans le piége, et quoique à peine arrivé près de la ville, il se fût aperçu qu'il n'en aurait pas aussi bon marché qu'on l'en flattait, il s'y obstina et voulut absolument s'en emparer. Le siége traîna en longueur : pendant ce temps, Frédéric rassembla sa flotte. Robert craignant d'être enfermé, leva le siége de Trapani, pour venir joindre ses vaisseaux, qu'il trouva en présence des Siciliens. Le combat allait s'engager entre les deux flottes, lorsqu'une horrible tempête les sépara; et les deux Monarques se trouvant dans l'impuissance, à peu près égale de part et d'autre, de rentrer en lice, signèrent une trève de quatorze mois.

Le Pape Clément V, qui avait fini par craindre la trop grande puissance de l'Empereur Henri, s'était lié avec le Roi Robert, qu'il avait nommé pendant la vacance du trône impérial, Vicaire de l'empire dans toute l'étendue de l'Italie. Ce Pape mourut bientôt après à Roquemaure, dans le diocèse d'Avignon, le 20 avril 1314: année de la mort de Philippe le Bel.

On a varié sur la mémoire de ce Pontife. Quelques historiens français ont voulu le justifier, tandis que les Italiens l'ont condamné; il était difficile que ceux-ci lui pardonnassent d'avoir privé l'Italie de la présence de la Cour pontificale. On lui reprochera toujours d'avoir amassé des trésors immenses, et d'avoir consenti peut-être trop légèrement au procès des Templiers, pour en partager les dépouilles avec Philippe le Bel. A peine eut-il expiré, que ses domestiques pillèrent sa maison avec une telle diligence, qu'il ne resta pas même du linge pour l'ensevelir. Ses gens l'avaient si généralement abandonné, ou étaient si fort occupés au pillage, que la flamme d'une torche ayant gagné le cercueil, eut le temps de consumer la moitié de sa dépouille mortelle.

Les Gibelins avaient repris courage sous la conduite d'Uguccione de la Faggivola. C'était un de ces hommes extraordinaires, qui semblent nés pour changer la destinée des États. Déjà Podestat de Gênes et maître des seigneuries de Lucques et de Pise, il devint bientôt le chef des Gibelins de la Toscane. Son activité ne se borna pas à une guerre défensive. Il attaqua les Florentins, partisans de Robert, et alla mettre le siége devant la ville de Montecatini, devenue célèbre par l'action meurtrière et décisive qui s'engagea bientôt sous ses murs. Robert mit sur pied une armée nombreuse, dont il donna le commandement au Prince de Tarente son frère, préférablement au Duc de Calabre son fils, qui paraissait montrer plus de talent pour la guerre. Le conflit des deux armées, dont l'une s'efforçait d'attaquer et l'autre de défendre la ville de Montecatini, se termina par une bataille sanglante, dont l'issue fut en faveur d'Uguccione. Ce chef audacieux remporta une victoire complète et fit le Prince de Tarente prisonnier. Charles, fils de ce Prince, y perdit la vie, ainsi que le Comte de Gravine, frère du Roi Robert. Ce revers n'abattit ni Robert ni son parti; au contraire, par un de ces retours de fortune dont l'histoire offre souvent des exemples, le Roi de Naples par sa défaite même, fut délivré d'Ugguccione, son plus redoutable ennemi. Ce vainqueur, fier de son triomphe, voulut s'en prévaloir, en exerçant une domination tyrannique sur les Lucquois et les Pisans, qui l'obligèrent de prendre la fuite.

Depuis la mort de Clément V, les Cardinaux, assemblés à Carpentras, n'avaient pas encore procédé à la nomination du chef de l'Église. Les Italiens voulaient nommer un Pape de leur nation, qui pût accélérer le retour du S.t Siége à Rome. Les Cardinaux français, dont Clément V avait rempli le Sacré Collége, en voulaient un qui fixât encore le séjour de la Cour romaine en deçà des monts. Les deux factions étaient tellement divisées, qu'il semblait que la contestation dût être éternelle. La lutte parvint à un tel point, que les Cardinaux français, ennuyés d'une si longue prison, firent mettre le feu au conclave. Le Sacré Collége s'étant ensuite réuni à Lyon, se trouvait encore divisé, lorsque le Roi de France, Louis X, y envoya son frère, le Comte de Poitiers, pour faire cesser ce scandale. Ce Prince réunit tous les Cardinaux dans le couvent des frères Prêcheurs, et leur déclara qu'ils n'en sortiraient pas qu'ils n'eussent donné un chef à l'Église. Cette menace les ayant intimidés, pour terminer ils se lièrent par un compromis, qui donnait pouvoir au Cardinal d'Ossa ou d'Euze, ancien Évêque de Fréjus, de choisir celui d'entre eux qu'il voudrait : il se nomma lui-même, disant *ego sum Papa*: c'est moi qui suis Pape; c'était en 1516. Cette nomination fut unanimement approuvée par les Cardinaux. Le nouveau Pape, savant distingué, qui avait été chancelier du Roi Robert, prit le nom de Jean XXII, et maintint, à l'exemple de son prédécesseur, le séjour de la Cour romaine à Avignon. Pendant tout le temps que dura son pontificat, il vécut dans le plus parfait accord avec le Monarque napolitain, prenant avec lui toutes les mesures nécessaires, pour tenir éloignés de l'Italie, les Rois de Germanie, et anéantir le parti Gibelin.

Ce parti venait d'être chassé de Gênes; cependant les bannis ne se crurent pas entièrement vaincus. Leurs chefs Doria et Spinola eurent recours à Mathieu Visconti, Duc de Milan, qui rivalisait en quelque sorte avec le Roi de Naples. Visconti mit ses troupes sur pied, et avec le secours qu'il donna aux Gibelins de Gênes, ceux-ci assiégèrent cette ville. Ce siége dura long-temps. Enfin, Gênes allait se rendre, si le Roi Robert n'eût amené du secours pour délivrer cette ville. Il y réussit en perdant beaucoup de monde, et n'en retira d'autre profit que le vain titre de Seigneur de Gênes pendant dix ans.

Les Gibelins de Gênes furent à peine soumis; que ceux de Toscane ayant à leur tête le fameux Castrucio, Seigneur de Lucques, dont Machiavel a écrit la vie, formèrent le projet non-seulement de se défaire du Roi Robert et de son fils ; mais encore de mettre le feu aux arsenaux et aux vaisseaux destinés à l'expédition contre le Roi de Sicile, qui venait de rompre la trève qu'il avait conclue avec le Roi Robert, en donnant du secours aux Génois. Le complot fut découvert : plusieurs coupables furent arrêtés et punis. La flotte napolitaine commandée par le Duc de Calabre se porta sur la Sicile ; mais elle se borna à ravager les côtes d'un pays, où ce Prince ne trouva point de partisans : tant le souvenir des Souverains de la maison d'Anjou y était encore en aversion ! A son retour, le Duc de Calabre fut en quelque sorte dédommagé de ce mauvais succès par l'accueil que lui firent les Florentins, en lui offrant la seigneurie de leur ville pendant dix ans, afin de faire cesser les désordres qui y régnaient. Il ne jouit pas long-temps de cet avantage : la mort l'enleva à Naples à l'âge de trente-un ans, en 1328.

Robert en perdant ce fils unique, perdit l'espoir de sa famille, et le soutien de son trône ; et comme s'il eut été assuré d'avance, de tous les malheurs que cette mort devait attirer sur lui et sur ses sujets, il proféra ces paroles du Prophète-Roi : » la couronne est tombée de ma tête : » malheur à moi, malheur à vous. »

Elzéar, de l'illustre maison de Sabran, que l'Église a mis au rang des Saints, avait été le Gouverneur du Duc de Calabre. Il corrigea par ses soins et ses instructions les défauts de son élève et en fit un Prince sage et vertueux. Robert ayant fait un voyage en Provence, avait nommé son fils Régent de Naples, sous la conduite d'Elzéar. Celui-ci voyant les pauvres abandonnés, demanda au Duc de Calabre d'être fait leur Avocat. » Quel office me demandez-vous, » répondit le Prince en riant? » Vous ne devez pas » craindre les compétiteurs; je vous accorde votre » demande, et je mets sous votre protection » tous les pauvres de Naples. » Elzéar n'en laissa aucun sans secours et sans consolation. Le même Elzéar avait été envoyé à la Cour de France par le Roi Robert, pour y négocier le mariage du Prince qu'il avait formé, avec la Princesse Marie, fille du Comte de Valois. Le Duc de Calabre laissa de ce mariage une fille nommée Jeanne, qui devint depuis si célèbre, et sa veuve enceinte d'une autre fille qui fut nommée Marie.

La mort de ce Prince doué d'excellentes qualités, fut d'autant plus fâcheuse pour l'État, que c'était le moment où il déployait son zèle et son activité, pour repousser les entreprises que Louis de Bavière, élu Empereur, avait formées contre l'Italie. Ce dernier, à qui Frédéric d'Autriche avait cédé toutes ses prétentions à la couronne impériale, n'était pas encore reconnu par le Pape Jean XXII. Le S.t Père donnait pour motif de son refus, que cet Empereur avait exercé son pouvoir impérial, avant d'attendre le consentement du S.t Siége ; mais le refus du Pape était l'effet des sollicitations du Roi Robert, qui disposait à son gré de la Cour d'Avignon, et qui avait rompu tout accord entre Jean XXII et Louis de Bavière. Celui-ci ne gardant plus de ménagement, fit déclarer dans une diète germanique, que l'empire ne dépendait pas de la tiare, et prit ensuite le chemin de l'Italie. Après avoir mis ordre aux affaires de Milan, par la destitution de son Lieutenant en Lombardie, Galéas Visconti, Duc de Milan, accusé d'avoir déserté la faction Gibeline, il se fit un parti nombreux parmi les Italiens. Mais aucun ne servit mieux le Bavarois que Castrucio, Seigneur de Lucques, qui le conduisit à Rome, où il fut couronné sans prêter serment de fidélité au Pape.

L'empereur ne s'en tint pas là, il fit déposer Jean XXII, qui résidait à Avignon, et nommer à sa place Pierre Rainulluci, de l'Ordre des frères Mineurs, natif de Corbière dans l'Abruzze. Louis le revêtit de la chape, le fit asseoir sous le dais à ses côtés ; mais se garda bien de déférer à l'usage de baiser ses pieds. Le nouveau Pontife, qui prit le nom de Nicolas V, dévoué aux volontés de son protecteur, prodigua les anathèmes contre tous les ennemis de ce Prince.

Il ne manquait plus à l'Empereur que d'attaquer Robert, et de le dépouiller de son royaume de Naples. En même temps, le Roi de Sicile pouvait faire une incursion dans la Calabre ; mais l'entreprise de l'Empereur sur le royaume de Naples offrait encore bien de difficultés. Robert faisait garder exactement les passages de ses États, et l'Empereur laissait derrière lui une quantité de villes dévouées à la faction des Guelfes, et dont il ne s'était pas encore emparé. Les villes Gibelines supportaient tout le fardeau des subsides, et souffraient de se voir traiter sans ménagement, pour le succès d'une guerre dont les avantages étaient bien moins en leur faveur, que pour Louis de Bavière, qui semblait n'être venu en Italie que pour y donner le spectacle d'une vengeance indécente contre le Pape Jean XXII, en excitant un schisme dans l'Église, par la nomination d'un autre Pape. Castrucio lui-même, qui lui avait été si utile, fut le premier à donner l'exemple de la défection. Il se retira à Lucques pour y veiller à ses intérêts. Les autres Seigneurs s'éloignèrent successivement. L'Empereur sortit de Rome au milieu des huées de la populace, qui poursuivit ses gens à coups de pierres, en criant : » meurent les hérétiques, » et vive la sainte Église ! »

Les Allemands eux-mêmes mal payés, abandonnèrent leur Souverain ; les uns se livrèrent au pillage, les autres s'engagèrent au service des différentes républiques d'Italie. Louis de Bavière, obligé de reprendre le chemin de l'Allemagne, se trouva exposé à d'autres affronts sur sa route. Lodi, Milan et d'autres places lui fermèrent leurs portes, l'ordre en fut donné par Azon Visconti, Duc de Milan, fils de Galéas, à qui l'Empereur avait ôté ses États, qu'il avait ensuite rendus à Azon son fils. Cependant celui-ci, bien loin d'en venir à une rupture ouverte avec son bienfaiteur, lui fournit de l'argent pour faciliter sa retraite.

La chûte de Louis de Bavière amena celle de l'anti-Pape Nicolas, et fit cesser le schisme auquel sa nomination avait donné lieu, sans qu'il en coûtât beaucoup à Jean XXII, pour y mettre fin. Les Pisans, chez lesquels Nicolas s'était réfugié après le départ de l'Empereur, s'empressèrent de le livrer au Souverain Pontife, comme un moyen facile de rentrer en grace auprès du S.t Père, avec qui ils avaient eu des démêlés. En conséquence, ils le firent partir sous bonne escorte pour Avignon, où il abjura son erreur, et mourut trois ans après dans une prison presque honorable, puisqu'il y était servi par les Officiers du Pape.

Robert depuis la perte de son fils n'ayant plus de sujets d'ambition, ne s'occupa que des moyens d'obtenir cette heureuse tranquillité, qu'il n'avait pu trouver dans les agitations de la guerre. Pour y parvenir, il termina les différens qu'il avait avec le Comte de Savoie et le Marquis de Montferrat au sujet du Piémont. Il réunit autant qu'il put les Guelfes et les Gibelins, et vécut en paix avec Frédéric, Roi de Sicile, qui lui-même fort âgé, ne songeait plus à l'inquiéter.

Le soin le plus important qui occupa Robert, fut de régler l'ordre de sa succession, pour prévenir toutes les contestations auxquelles cet héritage pouvait un jour donner lieu. A cet effet, il nomma les deux Princesses ses petites-filles, Jeanne et Marie héritières, tant au royaume de Naples, qu'aux Comtés de Provence, de Forcalquier et de Piémont, qu'il déclara inséparablement unis à la couronne de Naples. Jeanne l'aînée fut instituée héritière de tous les États, et Marie la cadette lui fut substituée, dans le cas où Jeanne mourrait sans postérité. Pour mieux encore affermir la couronne sur la tête de la Princesse Jeanne, Robert la maria avec le Prince André de Hongrie, second fils de Carobert, Roi de Hongrie, qui lui avait disputé la couronne de Naples. Robert ne voulait pas même s'en tenir à ce seul mariage; il forma aussi le projet, qui ne s'exécuta point, d'unir le Prince Louis, fils aîné du Roi de Hongrie, avec Marie, sœur puînée de Jeanne. Le mariage de Jeanne, qui était fait surtout pour réunir les intérêts des deux maisons, et assurer le bonheur des peuples, ne fut au contraire, malgré les plus sages précautions de la prudence humaine, comme on le verra dans la suite, qu'un sujet de guerre et de discorde: effets de l'aversion que la Princesse Jeanne conçut pour son époux. Le Prince André n'avait que sept ans, et Jeanne deux ans de plus, lorsque le mariage fut arrêté. Les fiançailles furent célébrées à Naples avec la plus grande magnificence, en présence du Roi Carobert, empressé de procurer un trône à son second fils.

Jean XXII mourut à Avignon en 1334, après dix-huit ans de pontificat. Ce Pape qui, ternit sa réputation par son avarice, eut pour successeur le Cardinal de Forno ou Fournier, qu'on appelait le Cardinal Blanc, parce qu'il avait été Religieux de Cîteaux, et qu'il en portait l'habit. Le nouveau Pontife, qui prit le nom de Benoit XII, promit aux Italiens de rétablir le S.t Siége à Rome; mais les Rois de France et de Naples s'y opposèrent, et parlèrent d'un ton si décisif et si menaçant, que le Pape et surtout les Cardinaux, dont la plupart étaient français, ne s'occupèrent plus à quitter Avignon; et comme s'ils eussent dû y rester toute leur vie, ils firent bâtir des maisons pour se loger plus magnifiquement, que dans celles qu'ils prenaient à loyer. Le Pape jeta lui-même les fondemens d'un vaste palais, qui subsiste encore aujourd'hui. Les Princes et les peuples des environs étaient bien aises du séjour de la Cour romaine à Avignon, parce que l'or qu'elle y répandait ne pouvait manquer d'enrichir tous les pays circonvoisins. Le Roi Robert eut sur Benoit XII le même ascendant qu'il avait eu sur Jean XXII, puisqu'il

obtint

obtint de lui la confirmation des anathèmes qu'avait lancés son prédécesseur contre Louis de Bavière, qui demandait instamment au Pape son absolution.

Frédéric, Roi de Sicile, étant mort, son fils Don Pédre, se mit en possession de son royaume. Robert le somma de lui restituer la Sicile, selon les anciens accords passés entre Frédéric et Charles II; la guerre s'alluma. Le nouveau Roi de Sicile avait mécontenté ses sujets; quelques Seigneurs Siciliens passèrent chez Robert, qui s'empara de Milazzo et fit un armement considérable pour étendre ses conquêtes. Don Pédre parvint néanmoins à mettre sur pied une flotte nombreuse, dont il donna le commandement à Rolland son frère naturel, qu'on nommait le bâtard d'Aragon. La flotte sicilienne fut anéantie, et le bâtard lui-même fait prisonnier. Le Roi de Sicile ne pouvant ou ne voulant pas racheter son frère, dont la rançon était portée à douze mille florins, Rolland obtint sa délivrance par le secours d'une femme nommée Camille de Turinga, dont l'action généreuse mérite de trouver place dans l'Histoire.

Camille de Turinga fit offrir au prisonnier de payer sa rançon, s'il voulait s'unir avec elle en légitime mariage. Celui-ci, qui ne voyait pas d'autre moyen de sortir de prison, s'engagea sans hésiter, par un acte solennel, à épouser sa libératrice, aussitôt qu'il serait arrivé à Messine.

Rolland, au moyen de douze mille florins qui furent comptés sur le champ, obtint sa liberté. Il se mit ensuite fort peu en peine d'accomplir sa promesse, alléguant pour s'en dispenser la disparité des conditions. Camille l'appela en jugement, et produisit l'acte signé de la main de Rolland. Les Magistrats jugèrent à la rigueur, et condamnèrent Rolland à tenir sa promesse. Une troupe de Seigneurs l'exhorta, l'encouragea, et l'accompagna chez Camille, qui avait étalé toute la magnificence de ses ameublemens, et s'était chargée elle-même de ses plus riches atours. Rolland la supplia d'oublier son injurieux refus, et déclara qu'il était prêt à l'épouser. » Arrête, » lui dit Camille, » je voulais un époux » du sang royal ; mais aussitôt que tu as manqué » à ta parole tu as dérogé, et dès ce moment » j'ai juré de n'être plus à toi ; je ne t'ai poursuivi en justice, qu'afin de te déshonorer. Adieu » porte ailleurs ta main flétrie, reprends ta promesse, garde encore le prix de ta rançon : je » t'en fais présent. » Laissant Rolland stupide de confusion, elle perça la foule étonnée, et fut se jeter dans un couvent, qu'elle enrichit de la plus grande partie de ses biens.

Distrait par les affaires de Toscane, obligé d'envoyer des secours aux Florentins, que les Pisans avaient subjugués, Robert négligea tellement ses conquêtes en Sicile, que la ville de Milazzo fut reprise par Don Pédre, qui mourut subitement peu de temps après. Le jeune Louis son fils lui succéda, ayant pour Régent et tuteur son oncle paternel le Duc de Randazzo, qui eut le temps de pourvoir à la défense et à la conservation de la Sicile.

Robert accablé d'infirmités, et sentant les approches de sa fin, quoiqu'il n'eût encore que soixante-quatre ans, assembla auprès de lui les Seigneurs de sa Cour, et confirma le testament qu'il avait déjà fait; laissa le pouvoir et l'autorité à sa petite-fille Jeanne, pour n'en jouir que lorsqu'elle serait parvenue à l'âge de vingt-cinq ans, et voulut qu'avant cette époque, elle restât sous la tutelle de la Reine Sancie son épouse, assistée de quatre Conseillers: savoir, Philippe de Cabassole, Évêque de Cavaillon, Vice-Chancelier de Sicile, Philippe de Sanguinette, Sénéchal de Provence, Geoffroi de Mursan, Amiral de Sicile, et Charles Artus, son fils naturel.

Bientôt après, le Roi mourut à Naples en 1343, ayant régné trente-trois ans, regreté de ses sujets, dont il avait cherché à faire le bonheur, et des gens de lettres qu'il avait protégés. Cependant, malgré son goût pour la littérature, il s'était éloigné des poètes; mais il était réservé au divin Pétrarque, de le reconcilier avec les Muses. Pétrarque changea le goût du Roi, et l'enchanta au point, que ce Prince voulut absolument qu'il ceignît son front du laurier poétique dans la ville de Naples.

Fidèle à la Religion, et adonné à l'étude, Robert reçut de l'une la consolation dans les adversités: de l'autre, le délassement dans les soins pénibles de la royauté. La droiture de ses intentions parut évidemment dans les derniers avis qu'il donna en mourant, à sa petite-fille Jeanne qui devait lui succéder. » Maintenez
» toujours vos États, lui dit le Roi, dans la
» tranquillité où je vous les laisse. Vous ne serez
» heureuse qu'en faisant le bonheur de vos peu-
» ples; préférez leur intérêt aux vôtres. En vous
» conduisant ainsi, Dieu vous protégera; ne
» vous écartez jamais de vos devoirs envers lui;
» et surtout, je vous recommande pour le bien
» de vos sujets, de vaincre cette antipathie que
» vous paraissez montrer pour votre époux. »
Robert ne prévoyait que trop les malheurs qui en seraient la suite. Ainsi finit ce Roi, qui fut appelé le Salomon de son siècle; cependant la justesse de son esprit ne put le garantir des folies de l'astrologie judiciaire: il se piquait d'être versé dans les mystères de cette science imaginaire. Parmi les erreurs de l'esprit humain qui se sont succédées dans tous les siècles, l'une des plus accréditées du temps de Robert, était la réalité des enchantemens et de l'art de lire dans l'avenir, au moyen de certaines pratiques mystérieuses, dont se servaient de prétendus devins, pour en imposer à la crédulité publique; mais cette croyance, qui offrait à l'insatiable cu-

riosité de l'homme une carrière si intéressante et si vaste, était alors trop généralement établie, pour qu'on puisse sans injustice blâmer ce sage Monarque de l'avoir embrassée.

Robert avait été marié deux fois. Sa première femme fut Yolande, fille de Jacques II, Roi d'Aragon, dont il eut le Duc de Calabre, père des Princesses Jeanne et Marie. La seconde fut Sancie, fille de Jacques I.er, Roi de Mayorque: elle ne lui donna qu'un fils, qui mourut avant lui.

Si le sort des Provençaux était devenu moins heureux, depuis qu'ils partageaient les guerres que leur Souverain était obligé de soutenir pour la défense du royaume de Naples, ils en furent dédommagés par les soins particuliers que Robert donnait à la Provence, où il fit de fréquens voyages, et où il s'occupa surtout à faire fleurir par des lois sages l'administration de la justice.

CHAPITRE IV.

JEANNE.

JEANNE fut proclamée Reine de Naples, et Comtesse de Provence; André de Hongrie son mari, ne fut pas couronné avec elle. Le conseil de régence, ainsi que les peuples, ne voulaient le reconnaître, que pour l'époux de leur Souveraine, conformément aux dispositions du testament du feu Roi, qui ne lui donnait aucun droit sur ses États; mais les Hongrais qui formaient sa maison, étaient empressés de procurer à leur maître une autorité, dont eux seuls auraient profité; et de leur côté, les Napolitains rejetaient un joug que des étrangers voulaient imposer sur eux dans leur propre pays. Il en résulta des troubles excités principalement par un Cordelier nommé Robert, que le Roi de Hongrie avait placé auprès de son fils André, pour être son Mentor et l'âme de ses conseils.

Ce moine, à la tête du parti qui voulait enlever à la Reine ses conseils et ses amis, remuait toute la Cour pour faire donner les places aux Hongrais, dépeints par le poëte Pétrarque, qui se trouvait alors à Naples, comme des sauvages que les Napolitains ne pouvaient souffrir. Le Prince André lui-même, quoique venu fort jeune à la Cour de Naples, avait conservé cet air farouche et grossier, qu'il avait apporté de son pays natal. De là était née l'aversion qu'avait pour lui la Reine, à qui la nature avait accordé au contraire la beauté, le talent de plaire, et les charmes de l'esprit.

A la tête du parti de Jeanne était une femme nommée Philippine, et surnommée la Catanoise, parce qu'elle était née à Catane en Sicile. Elle avait épousé en secondes nôces un parvenu nommé Raymond de Cabane. Ils étaient l'un et l'autre un exemple frappant des caprices de la fortune, qui souvent fait sortir d'un état obscur ceux à qui la nature a accordé d'ailleurs les talens nécessaires pour s'élever, et auxquels il ne faut que l'occasion de les développer. Le caractère de la Catanoise a trop influé sur celui de Jeanne, sa destinée a été trop extraordinaire, pour que l'Histoire n'en fasse pas une mention particulière.

Cette femme, qui exerçait le métier de blanchisseuse, avait été choisie à cause de sa bonne mine, pour être la nourrice du Prince Louis, fils du Roi Robert, qui mourut à l'âge de neuf ans. Elle possédait le talent de plaire; la nature semblait l'avoir formée pour gouverner ceux qu'elle devait servir. C'est ainsi qu'elle s'attira la faveur de la Reine Yolande, première femme du Roi Robert; et après la mort d'Yolande, elle devint bientôt la favorite de la Reine Sancie, seconde femme du Roi. Cette Princesse lui fit épouser Raymond de Cabane, qui était un Sarrasin, pris dans son enfance par un corsaire, qui le vendit à Raymond de Cabane, gentilhomme provençal, premier maître d'hôtel de Charles II. Son maître conçut de l'amitié pour lui à cause des heureuses dispositions qu'il remarqua dans cet enfant, le fit élever, lui donna sa liberté, et, suivant l'usage pratiqué autrefois chez les Romains en pareil cas, il lui permit de prendre son nom. Le vieux Raymond de Cabane le fit connaître au Roi Robert, qui lui donna la place de premier maitre-d'hôtel, qu'avait son bienfaiteur, l'arma Chevalier: et à toutes ces faveurs, joignit la charge de Sénéchal, l'une des premières de la couronne.

La Catanoise étant devenue veuve, Raymond, dévoré d'ambition, ne manqua pas de lui faire une cour assidue, certain en l'épousant d'augmenter sa fortune de tout le crédit, que donnait à cette femme la faveur des Souverains. Ce projet de mariage ayant réussi, la nouvelle Sénéchale fut chargée de l'éducation des deux Princesses Jeanne et Marie, et ne négligea rien pour acquérir sur l'esprit de l'aînée, à qui le trône était immédiatement destiné, un ascendant qu'elle sut toujours conserver. Elle s'en servit alors pour écarter le Prince André et les Hongrais, de l'autorité qu'ils voulaient usurper.

C'était déjà assez de cette division entre les Napolitains et les Hongrais, pour troubler le royaume, lorsque le Pape Clément VI, qui avait succédé à Benoit XII, vint encore augmenter le désordre, en se mêlant des affaires de Naples, à raison de son droit de suzeraineté sur ce royaume. Les deux partis qui se disputaient l'autorité, se réunirent contre cet ennemi commun qui voulait se rendre le maître. Cependant Jeanne ne voulant pas s'aliéner entièrement le S.t Siége, fit dire au Pape qu'elle consentirait à recevoir un Légat, à condition qu'il serait choisi par elle, et qu'il ne se mêlerait pas de l'administration du royaume.

Le Pape, dont le légat avait été renvoyé, crut avoir gagné quelque chose, par la présence d'un nouveau Légat à Naples, quoique choisi par la Reine. Le choix tomba sur Philippe de Cabassole, Évêque de Cavaillon, le même que Robert avait nommé dans son testament, membre du conseil de régence.

Les Princes de la famille royale, les intrigues de la Sénéchale et l'amour des peuples, formaient à Jeanne un parti puissant, contre celui du cordelier Robert qui, se persuadant que le meilleur moyen de vaincre tous les obstacles, serait de placer sur le trône de Naples, le frère d'André, Louis, nouvellement élu Roi de Hongrie, fit valoir auprès de ce Prince, la facilité d'acquérir une couronne, sur laquelle il avait déjà des droits, et que son frère André était incapable de porter. Il le sollicita de venir épouser la Princesse Marie, sœur de Jeanne, dont l'alliance qui avait été déjà projetée par le Roi Robert, devait confirmer ses droits sur le royaume de Naples. Toutes les démarches du Franciscain n'aboutirent qu'à une lettre que le Roi de Hongrie se contenta d'écrire au Pape, pour le supplier de protéger son frère, et de le faire reconnaître Roi par les Napolitains.

Cependant le projet seul de ce mariage, quoiqu'il ne se fût pas réalisé, suffit pour réveiller l'attention des Princes les plus proches de la famille royale, en leur faisant craindre de se voir rejetés plus loin du trône de Naples, par cette nouvelle alliance; tandis que l'antipathie de Jeanne pour son mari, semblait devoir la laisser sans postérité et les y appeler immédiatement.

Ces Princes, cousins germains de Jeanne, étaient les enfans de Philippe de Tarente et de Jean de Duras, frères du Roi Robert. Parmi eux, Charles, Duc de Duras, fils de Jean de Duras, fut le plus prompt à se rapprocher du trône, en parvenant par un coup hardi à épouser Marie, sœur de Jeanne. Ce Prince, après avoir obtenu secrètement de la Cour d'Avignon, des dispenses de parenté, par l'entremise du Cardinal de Taleyrand-Perigord, son oncle maternel, força le château de l'Œuf, dans lequel habitait la Princesse Marie, qui le favorisa et l'épousa publiquement. La Reine ne put s'empêcher de condamner une entreprise qui s'était faite sans sa participation; mais soit qu'elle ne voulût pas en tirer vengeance, pour ne pas augmenter la division dans son royaume, soit qu'elle admît l'excuse du Duc de Duras, elle lui pardonna. Jeanne n'était pas vindicative: sensible à l'infidélité de ce cousin, qui lui avait fait jusqu'alors une cour assidue, elle écouta plus favorablement son autre cousin, le Prince de Tarente, qui plus tendre et plus adroit, sut mieux se ménager une faveur, sur laquelle il fondait son ambition.

L'entreprise du Duc de Duras fit plus d'effet sur le Roi de Hongrie, qui se vit ainsi privé de toute espérance d'épouser Marie; que n'en avaient fait auparavant les conseils du cordelier Robert. Animé du désir de se venger, il se serait préparé à la guerre, s'il n'en eût été détourné par les sages avis de sa mère Élisabeth de Pologne, qui lui conseilla de recourir encore au Pape, comme au médiateur le plus propre à rappeler à Jeanne, les égards qu'elle devait au Prince André. Elle offrit à son fils de se rendre elle-même à Naples, pour tenter de gagner une Princesse, que le sentiment de ses devoirs envers son mari et la générosité de son âme, pouvaient encore y ramener. En conséquence, Élisabeth partit pour Naples, et le Roi de Hongrie eut recours au Pape, qui donna lui-même dans un bref, le titre de Roi de Naples, au Prince André, malgré ses accords précédens avec la Reine Jeanne, suivant lesquels il ne devait pas se mêler des affaires de son royaume.

Élisabeth, arrivée à Naples, ne voulut s'adresser qu'à la Reine. Elle ne chercha pas à lui inspirer des sentimens de tendresse pour un époux dont Jeanne se sentait très-éloignée; mais elle voulut au moins lui faire accorder le titre de Roi, et les honneurs qui lui étaient dus. Jeanne qui n'avait pas perdu encore tout sentiment de justice, se laissa gagner. Le titre de Roi fut donné au Prince André; et quoique ce titre ne lui conférât aucun droit sur l'administration du royaume, cette condescendance de la part de la Reine, fit craindre à la faction Napolitaine, que ses adversaires n'obtinssent bientôt de plus grands avantages. La Sénéchale redoubla ses intrigues. Cette femme habile raffermit, par ses flatteries, l'empire qu'elle avait pris sur sa maîtresse. Déjà les plus hautes charges du royaume étaient remplies par sa famille : son fils était grand Sénéchal, et son gendre, le Comte de Mursan, grand Amiral de Naples.

La Reine devint grosse et accoucha d'un fils. On osa, dans cette circonstance, suspecter son honneur, à cause de l'éloignement qu'elle avait toujours montré pour son mari. Quoique ses partisans dussent avoir à cœur de défendre sa réputation, ils ne manquèrent pas, tout en ne négligeant rien pour la justifier, de lui faire remarquer, que leurs ennemis avaient redoublé d'audace, depuis qu'un héritier d'André était destiné à porter la couronne de Naples : qu'André lui-même, enhardi par l'espérance d'un successeur de son sang, s'était permis des actes d'autorité, auxquels il n'avait jamais auparavant osé se porter. Obsédée de tous côtés, la Reine embarrassée ne savait à quoi se décider.

La faction de la Sénéchale avait résolu la mort d'André. Si Jeanne ne l'ordonna pas elle-même, séduite par la Catanoise, principal auteur du complot, qui ne cessait de lui représenter que des actions violentes, criminelles en apparence, étaient permises aux Souverains et excusées par la nécessité, elle ne fit du moins aucun effort pour prévenir cet horrible attentat. Ce Prince fut étranglé dans la ville d'Averse et jeté du haut d'un balcon, dans les jardins du palais, où on le laissa jusqu'à ce qu'un chanoine de Naples, touché de ce scandale, s'empara du corps du Roi et lui donna la sépulture, sans que personne osât ni l'en empêcher, ni l'aider à remplir ce funeste devoir.

La fin tragique d'André jeta la consternation dans tout le royaume. L'incertitude des suites d'un pareil événement, occupait tous les esprits. Jeanne, agitée par le remords qui suit bientôt le crime, n'ouvrit les yeux que quand il n'était plus temps. Sa position était embarrassante : d'un côté, elle ne pouvait laisser ce meurtre impuni, sans s'en avouer complice; de l'autre, elle faisait tomber la peine sur des gens qui avaient servi son ressentiment, et qui, s'ils avaient pu craindre d'être poursuivis, ne se seraient pas hasardés à commettre un pareil crime; quoiqu'il eût délivré Jeanne d'un mari incommode, pour lequel elle avait témoigné souvent une si grande aversion. Cependant une Reine, vraiment Souveraine d'un royaume, pouvait-elle manquer d'y trouver des défenseurs ? Déjà le Pape, en faisant informer en qualité de Seigneur suzerain du royaume de Naples, contre les auteurs de ce meurtre, avait ordonné à ses commissaires, par des lettres particulières, de tenir les informations secrètes, dans le cas où la Reine et les Princes du sang se trouveraient compromis.

Jeanne ne resta pas long-temps veuve, elle prit pour second époux, le Prince de Tarente, Louis, que la voix publique accusait d'être complice du meurtre d'André. Ce mariage qui éloignait les espérances du Duc de Duras et de sa femme, établit l'animosité entre les deux sœurs. On vit aussi une opposition constante entre le Duc de Duras et le Prince de Tarente. Ces deux Princes ne cessèrent de cabaler, de former des partis et des factions, où chacun des deux s'efforçait d'entraîner les Barons et les différens Ordres de l'État. Ils ne s'accordèrent que sur un point essentiel, celui de ne pas attirer sur eux-mêmes la punition de l'assassinat du Prince André. Non moins coupables que la Sénéchale, ils craignaient surtout Louis de Hongrie, qui avait juré de venger la mort de son frère, et menaçait le royaume de Naples d'une prochaine invasion. En conséquence, voyant que l'orage allait fondre sur leur tête, si la mort violente d'André n'était pas vengée avant l'arrivée du Roi de Hongrie, ils se hâtèrent de faire tomber la punition sur la fameuse Sénéchale et sur quelques-uns de ses partisans, qui étaient tous enfermés dans le château neuf où habitait la Reine.

Le Pape, sollicité par le Roi de Hongrie, avait remis le soin plus particulier de la poursuite du procès, que Jeanne ne s'était pas empressée d'ordonner, à Bertrand des Baux, grand Justicier de Naples, serviteur fidèle des Princes de la Maison d'Anjou, et qui gémissait en secret de la honte dont ces princes s'étaient couverts, par le meurtre du mari de la Reine. Bertrand demanda lui-même à la Reine toute son autorité, pour faire un bon usage de la justice; et sachant que Dieu seul juge les Rois, mais que si leur personne est inviolable, les lois frappent leurs flatteurs et leurs complices, il rassura la Reine qui semblait craindre pour elle-même. Jeanne n'eut pas la force de défendre ceux qui avaient osé s'exposer pour son service, et qui comptaient encore sur son pouvoir et sur ses bontés. Une foule de dépositions accusa bientôt la dame de Cabane et ses enfans; ils furent arrêtés dans le palais royal, dont ils s'étaient faits un asile. La Sénéchale, sa fille Sancie Comtesse de Morcon, son fils le grand Sénéchal, son gendre le Comte de Mursan, Millizzano huissier de la chambre, Cantazaro et Montefoscolo gardes de la Reine, furent ceux qu'on put ou qu'on voulut trouver. Ils furent tous condamnés à mort et exécutés sur la place publique de Naples. L'échafaud, où ils subirent la peine capitale, fut disposé de manière qu'on pouvait les voir sans les entendre. Ainsi finit cette fameuse Catanoise: exemple funeste et mémorable du danger des prospérités !

Mais il fallait au Roi de Hongrie des personnages plus distingués pour assouvir sa vengeance.

Il en voulait à la Reine elle-même et aux Princes du sang. Tout conspirait à inquiéter Jeanne. Le trésor royal épuisé fournissait à peine aux dépenses nécessaires. C'était dans le sein des fêtes et de la galanterie, dont la Reine avait donné l'exemple, que l'État s'était appauvri.

Les affaires du dehors n'étaient pas dans une meilleure position. Les Génois avaient réclamé la ville de Vintimille, qu'ils prétendaient leur avoir été enlevée par le Roi Robert. Le Duc de Milan avait fait des conquêtes dans le Piémont. Le Marquis de Montferrat et le Comte de Savoie démembraient le même pays pour agrandir leurs États; et le Roi de Hongrie s'avançait sur les États Vénitiens avec une armée formidable, pour venir attaquer le royaume de Naples et venger la mort de son frère. A peine y avait-il à Naples quelques troupes à lui opposer. Jeanne tenta de désarmer elle seule le Prince hongrais, en envoyant vers lui l'Évêque de Tropéa, chargé d'une lettre, dans laquelle elle protestait de son innocence; mais le Roi de Hongrie ne lui répondit que par ces mots : « La soif de régner, ta vie » désordonnée, ta négligence à venger un époux, » le successeur que tu viens de lui donner, te » dénoncent à la justice divine et humaine : ne » crois pas leur échapper ! » Ce Prince s'avançait toujours, faisant porter devant lui, sur un étendart noir, l'effigie de son frère étranglé. Jeanne fut obligée de se retirer en Provence; où elle était plus à portée de se justifier devant la Cour d'Avignon, dont elle réclamait l'assistance.

Après cinq jours d'une traversée heureuse, sur les galères provençales, elle arriva à Nice, d'où elle se rendit à Aix. Les Napolitains, touchés des tendres adieux de leur Reine, ou plutôt effrayés du nouveau maître qui leur arrivait les armes à la main, l'avaient sincèrement regrettée ; mais les Provençaux ne lui firent pas l'accueil qu'elle espérait recevoir d'eux. Ils s'emparèrent des principales personnes de sa suite et s'assurèrent de la Reine, la traitant d'ailleurs avec beaucoup de respect. Jeanne ne s'attendait pas à cette réception : elle se crut sur le point de perdre le Comté de Provence, comme elle venait de perdre le royaume de Naples ; mais sa détention avait un tout autre motif que celui de ses craintes. Les Provençaux savaient qu'il était question d'un échange de la Provence avec d'autres pays, qui devaient être donnés à la Reine par Philippe de Valois, Roi de France. Cet échange était vivement sollicité par le Duc de Normandie, fils de ce Roi. Le Pape s'en mêlait aussi. C'est par cette raison que les Provençaux, menacés de la domination française, tenaient à Aix leur Souveraine prisonnière, et ne la laissaient parler à personne, si ce n'est en présence de quelques Barons qui, prosternés à ses pieds, lui juraient, au nom de la nation provençale, une fidélité inviolable ; mais exigeaient sa renonciation à ce projet.

d'échange. Le Duc de Normandie s'en départit à la sollicitation du Pape, moyennant un don de cent mille florins; et Jeanne ayant donné sa parole aux Provençaux, qu'elle garderait toujours la Provence, obtint sa liberté.

Le Prince de Tarente, après avoir erré en Italie, était venu trouver la Reine en Provence: le Duc de Duras, eut l'imprudence de rester à Naples. La fuite de Jeanne avait mis tout le royaume de Naples aux pieds du Roi de Hongrie, qui rechercha aussitôt les assassins de son frère. Il fit trancher la tête au Duc de Duras, en sa présence, par un hongrais, à qui sans autre formalité, il en donna l'ordre. Le corps de ce Prince fut jeté par la même fenêtre, dans le même jardin, où avait été jeté le corps d'André, et fut privé aussi pendant quelques jours de la sépulture, à la vue du peuple, qui n'osait y toucher. Le Roi de Hongrie laissa la liberté a la Duchesse de Duras, qui se retira en Provence, avec ses deux filles en bas âge. Il envoya les autres Princes du sang en Hongrie et avec eux le jeune Prince, fils d'André et de la Reine Jeanne. Les Princes du sang étaient Robert et Philippe, frères du mari de la Reine, Louis et Robert, frères du Duc de Duras qui venait d'être décapité.

La fin tragique de ce Duc, paraissant plutôt un assassinat qu'une punition, laissa peu de moyen à Louis de Hongrie, de poursuivre la condamnation de la Reine Jeanne auprès du Pape, qui fut indigné du traitement que le farouche hongrais avait fait subir au Duc de Duras; aussi, depuis ce moment, le Pape prit Jeanne sous sa protection particulière, et donna le titre de Roi à son mari, le Prince de Tarente.

Le Roi de Hongrie, qui n'avait pu obtenir du Pape l'investiture du royaume de Naples, ne persista pas moins à retenir sa conquête; il s'y crut même si bien affermi, qu'il renvoya une partie de son armée en Hongrie. La peste ravageait alors le royaume de Naples. Le Roi craignant pour lui-même, se hâta de retourner dans ses États, laissant Loup-Conrad à Naples, en qualité de Vice-Roi. A peine fut-il parti, que tout se ressentit de son absence; ses troupes mal payées se répandaient dans le pays, les Napolitains étaient fatigués du joug du Vice-Roi. La noblesse et le peuple de Naples conjuraient la Reine de revenir. Les Barons napolitains étaient prets à rassembler leurs vassaux sous leurs bannières. La mort du fils du Prince André, qui avait été emmené en Hongrie, ne laissant plus aux Hongrais le prétexte d'assurer le royaume de Naples à ce jeune enfant, tout semblait favoriser le retour de Jeanne. Elle pouvait trouver des soldats, en faisant des levées en Provence et en Piémont; mais il lui fallait de l'argent pour payer son armée; c'est alors qu'elle vendit au Pape la ville d'Avignon, pour quatre-vingt mille florins d'or, ou huit cents mille francs de notre monnaie actuelle.

Cette vente, faite pour un prix si modique, fit mieux voir par quel motif le Saint Père, qui méditait depuis long-temps cette acquisition, s'était rendu si favorable à Jeanne, dans le procès où il s'agissait de la déclarer innocente ou complice du meurtre de son mari.

Mais quatre-vingt mille florins n'étaient qu'un faible moyen pour conquérir un royaume. La Reine obtint des Provençaux une somme d'argent, qui lui fit oublier le traitement bizarre par lequel ils lui avaient marqué leur fidélité à son arrivée en Provence. Avec ce secours, elle arma précipitamment à Marseille dix galères, sur lesquelles elle embarqua des troupes, et se disposa à recouvrer ses États de Naples, où elle avait toujours conservé l'espérance de rentrer. Acciaioli, ce fidèle Florentin, qui n'avait jamais quitté la Reine depuis son départ de Naples, y avait préparé son retour en se rendant dans cette ville avant elle, pour y fomenter le soulèvement des peuples et des grands. Mais le meilleur moyen qu'il pût employer, fut de gagner les troupes du Roi de Hongrie, commandées par des chefs mercenaires, qui vendaient facilement leur service à ceux qui les payaient le mieux. Dans cet état de choses, Jeanne n'eut qu'à se montrer pour remonter sur le trône; mais ce ne fut pas pour long-temps. Le Roi de Hongrie fit une seconde descente en Italie, tomba sur la Pouille, suivi de vingt-deux mille Hongrais ou Allemands, et de quatre mille Lombards, et se rendit bientôt maître des contrées qu'il avait perdues.

Il ne restait plus à Jeanne que deux places, Gaëte et Naples ; les Hongrais assiégeaient celle d'Averse, qui capitula après une longue résistance. La durée du siége donna à la Reine le temps de pourvoir à sa sûreté ; mais de nouveaux désastres la poursuivaient sans cesse. Les Génois lui offrirent leurs services, à condition qu'elle leur céderait la petite ville de Vintimille, dans la rivière de Gênes, sur laquelle ils prétendaient toujours avoir des droits ; la menaçant en même temps de lui déclarer la guerre, si elle s'y refusait. Jeanne consentit à céder cette ville ; mais à peine l'eut-elle remise aux Génois, qu'ils déclarèrent ne pouvoir se tourner contre le Roi de Hongrie.

Cette trahison fut bientôt suivie d'une insulte grave qu'éprouva la Duchesse de Duras, sœur de Jeanne. Après la prise d'Averse, la Reine et son époux s'étaient embarqués précipitamment sur une galère provençale, pour se rendre à Gaëte. Cette galère avait fait partie de l'escadre qui mouillait dans le port de Naples, sous les ordres de Raynaud des Baux, Amiral de Provence. Cet Amiral étant resté dans le port, sous prétexte d'approvisionner son escadre, y reçut la Duchesse de Duras qui fuyait également le Roi de Hongrie. A peine fut-elle embarquée, qu'il la força, le poignard sur le sein, d'épouser son fils aîné, et de consommer à l'instant le mariage; puis il fit voile pour la Provence, dont-il espérait se rendre maître, soit à la faveur des troubles que la guerre occasionnait, soit aussi au moyen de ce mariage, et par l'ascendant que lui donnaient sa naissance, son crédit et la grande fortune qu'il possédait dans cet État. Arrivé à la vue de Gaëte, il eut la témérité d'envoyer une de ses galères, pour y faire des provisions, tandis qu'il se tenait au large. Le Roi qui était instruit de l'outrage qu'avait éprouvé la Duchesse de Duras, transporté de colère se jeta dans une chaloupe avec quelques Chevaliers, fit force de voile, aborda la capitane, dont on n'osa pas lui refuser l'entrée, et perça de deux coups d'épée l'Amiral à la vue de la Duchesse : action peu réfléchie de la part d'un Souverain, qui enlevait à la justice le soin de poursuivre un coupable. Trois ans après, la Duchesse de Duras voulant avoir la liberté d'épouser Philippe de Tarente, frère du Roi, fit périr le mari que la crainte de perdre la vie l'avait forcée de prendre.

La prise d'Averse facilita celle de Naples, l'ennemi s'en empara et demanda de fortes contributions; mais bientôt, à la vue d'une armée languissante, les Napolitains reprenant courage, s'armèrent à la hâte et refusèrent les contributions; cette armée était sans doute dans un état déplorable, puisque le Roi de Hongrie abandonna la ville sans rien obtenir, et prit le chemin de la Pouille pour s'y refaire. Déjà blessé deux fois dans cette campagne, fatigué de la guerre, il accorda une trêve, pendant laquelle, le Pape toujours favorable à Jeanne, vint à bout d'établir une négociation entre les deux partis, et de réduire la question à ce seul point : savoir, si la Reine était coupable ou non, de la mort d'André ; il fut convenu que dans le cas où Jeanne serait reconnue innocente, elle compterait trois cents mille florins à Louis de Hongrie, pour l'indemniser des frais de la guerre, et rentrerait en possession de tous les États de son aïeul ; que dans le cas contraire où elle serait jugée coupable, le royaume de Naples resterait au Roi de Hongrie. Jeanne gagna son procès.

Pour justifier une Reine chargée de soupçons, et ménager un Roi extrêmement prévenu, voici le tempérament qu'imagina la Cour d'Avignon. On suggéra à la Reine de déclarer, que son antipathie pour son mari avait été l'effet de quelque maléfice, auquel la faiblesse de son sexe et sa jeunesse n'avaient pu résister. Elle le déclara et le prouva par témoins. Elle fut donc regardée comme ayant été ensorcélée et maléficiée, et par conséquent innocente de tous les effets que le maléfice avait pu produire ; comme s'étant trouvée dans l'impossibilité absolue de triompher des artifices du démon. Le Roi de Hongrie montra dans cette occasion une modération et une grandeur d'âme sans exemple ;

il vida sur-le-champ les États de la Reine, rendit les Princes du sang qu'il détenait prisonniers ; et en souscrivant à la paix, il ne voulut pas même recevoir les trois cents mille florins que la sentence lui adjugeait : disant qu'il était venu pour venger, et non pour vendre le sang de son frère ; que le premier objet était rempli, du moins en partie, et qu'il partait satisfait.

Jeanne fit couronner son époux à Naples ; mais elle ne goûta pas, avec ce second mari qu'elle avait choisi, le bonheur qu'elle s'était promis. Cette faible Princesse portait un joug qu'elle ne savait pas secouer. Quoique le Roi n'eût aucune part à l'administration, par les accords de son mariage, il ne laissait pas de prodiguer les trésors de l'État dans des fêtes, dont la Reine se plaisait elle-même à faire l'ornement, par les charmes que la nature lui avait accordés. On connaît l'aventure de ce Chevalier, nommé Galeas de Mantoue, qui possédait au suprême degré l'art de la danse ; dans lequel Jeanne excellait aussi ; et qui, après avoir dansé dans un bal avec la Reine, pénétré de l'honneur qu'il venait de recevoir, se jeta à ses pieds, et la conjura de daigner l'accepter pour son Chevalier, et de lui permettre d'aller publier partout que Jeanne, Reine de Naples et Comtesse de Provence, était la plus belle, la plus spirituelle et la plus vertueuse Princesse de l'Univers. La Reine, charmée de cet enthousiasme, donna sa main à baiser au Chevalier, et lui accorda sa demande.

Le désordre s'était mis en Provence, par la promotion d'un Italien, Aimeric Rollandi, à la charge de grand Sénéchal. C'était une violation des priviléges du pays, qui n'admettaient à cette dignité qu'un sujet provençal. Les Provençaux réclamèrent vivement leurs droits. Jeanne, pour n'avoir pas l'air de céder entièrement, destitua l'Italien, sous d'autres prétextes, et mit un Provençal à sa place ; ce fut Boniface de Castellane, Seigneur de Fos, auquel succéda bientôt après, Raymond d'Agoult, qui s'était toujours conformé aux ordres de la Reine. Elle mit en même temps des bornes aux prérogatives du grand Sénéchal, dont le pouvoir embrassait non-seulement le civil, mais encore le militaire; surtout lorsqu'il n'y avait point en Provence de Gouverneur, qui pût réunir tous les genres d'autorité pendant l'absence du Souverain.

Le Roi accordait tout à ses frères, au préjudice des deux Princes de la maison de Duras, Louis et Robert. Ces Princes de la famille royale, avaient à peine les moyens de soutenir leur dignité. Robert se retira en Provence, où il s'empara du château des Baux, dont il fit le centre et l'asyle de la révolte. Philippe, Prince de Tarente, frère du Roi, était alors Gouverneur de Provence. Il voulut employer la voie de la modération, avant d'en venir aux armes.

Mais le grand Sénéchal d'Agoult, plus prompt à agir, s'empara du château des Baux, et déconcerta les projets de Robert, qui méditait de se mettre à la tête d'un parti en Provence. Ce Prince n'eut d'autre ressource que de se retirer en France, où il fut tué auprès du Roi Jean, à la bataille de Poitiers contre les anglais.

La fuite de Robert et la prise du château des Baux, ne terminèrent pas les troubles. Deux Seigneurs inquiets et mécontens du Gouvernement, Amielh des Baux et Raymond des Baux, qui avaient pris le parti de Robert, se réunirent encore à des bandes de soldats français, qui étaient un reste de l'armée dispersée à Poitiers. Une autre partie de fuyards de cette armée qui ne pouvaient subsister que par le pillage, se répandit en Provence, sous la conduite d'un Gascon, fameux partisan, surnommé l'Archiprêtre (1); mais toutes les milices provençales se réunirent pour combattre ces pillards, et la guerre se termina par une amnistie dont quelques criminels seulement furent exceptés.

En Provence, le Roi voulut aliéner les do-

---

(1) Nom de plusieurs Gentilshommes provençaux qui s'opposèrent à l'invasion de l'Archiprêtre, dont les familles existent encore : Blacas, Castellane, Glandèves, Grasse, Grimaldi, Pontevès, Pujet, Rénaud d'Allein, Sabran, Villeneuve.

Voyez les tables de P. d'Hozier.

maines de la Couronne, soit pour faire face aux dépenses que les guerres précédentes avaient entraînées, soit pour fournir aux profusions de la Cour; mais les États de Provence s'y opposèrent, en s'étayant des ordonnances même de la Reine sur l'inaliénabilité du domaine de la Couronne; et ce moyen dangereux, toujours insuffisant, d'acquitter la dette publique, fut sagement écarté.

A Naples, Louis de Duras, frère de Robert, ne s'en tint pas à blâmer les désordres de la Cour, et les injustices qu'on exerçait contre lui; il chercha partout des mécontens et s'aida de plusieurs chefs de parti, dont les bandes errantes, reste de l'armée de Hongrie, désolaient le royaume et ne désiraient qu'un Prince du sang à leur tête, pour agir avec plus de succès. Mais comme ces troupes, combattaient moins en soldats qu'en brigands, on s'arma contr'elles : Louis de Duras fut vaincu et enfermé dans le château de l'Œuf. Sa mort, qui survint bientôt après, en 1359, acheva de délivrer le royaume d'un ennemi dangereux.

Au milieu de ces troubles, le Roi de Naples était parvenu à s'emparer de plusieurs places de la Sicile, mais plutôt par le moyen des désordres qui agitaient ce royaume, que par les forces qu'il pouvait employer contre les Siciliens. Ceux-ci, après la mort du Duc de Randazzo, oncle et tuteur de Louis, Roi de Sicile, furent plongés dans les horreurs de la guerre civile. Deux factions existaient dans cette île. L'une, ayant à sa tête les Catalans, c'est-à-dire, les familles issues ou alliées de la maison regnante : l'autre, conduite par les Comtes de Clairmont, presque souverains des plus fortes et meilleures places de la Sicile. Simon de Clairmont ayant excité une révolte dans Messine, et craignant la vengeance de son maître, recourut au Monarque napolitain et lui livra Palerme et d'autres places.

Louis, Roi de Sicile, mourut en 1355 sans avoir pu recouvrer Palerme, la principale ville de cette île. Son frère Frédéric, dit le Jeune ou le Simple, âgé seulement de treize ans, lui succéda. Messine tomba bientôt au pouvoir des Napolitains, qui s'emparèrent des Princesses Blanche et Yolande, sœurs du Roi. Il ne restait, pour ainsi dire à Frédéric, que la ville de Catane, qui fut bientôt assiégée par mille piétons et trois cents cavaliers napolitains; mais, soit indiscipline, soit fatalité, les Napolitains furent battus, le siége fut levé, et le général des Napolitains, Raymond de Balzo resta prisonnier. Le Roi de Naples en faisait tant de cas, qu'il n'hésita pas de l'échanger contre les Princesses Blanche et Yolande.

Louis et Jeanne, qui l'avait accompagné en Sicile, s'étant brouillés ensuite avec Simon de Clairmont, qui leur avait ouvert les portes de cette île, furent abandonnés par les cités Siciliennes qui leur avaient rendu hommage: ce qui les obligea de repasser le Phare, laissant seulement entre les mains du grand Sénéchal de Naples quelques conquêtes, que les troubles excités à Naples par Louis de Duras rendaient moins assurées.

Les Comtes de Clairmont s'étant reconciliés avec le Roi de Sicile, celui-ci reprit Palerme et Messine, et se vit en état de traiter de la paix avec Jeanne et Louis. Depuis que Dom Pédre avait eulevé la Sicile à Charles I.er, dit Muratori, il ne s'était fait que des paix platrées; mais cette année (1362) Jeanne et Frédéric firent enfin un accord solide et durable, au moyen de ce que celui-ci se reconnut vassal de la Reine de Naples, s'engagea de lui payer annuellement trois cents onces d'or, et promit de ne s'intituler plus que Roi de Trinacrie : traité qui fut revêtu de toutes les formes et formalités requises, et ratifié par le Pape Urbain V, qui réserva tous les droits du Saint Siége sur le royaume de Sicile. Jeanne qui venait de perdre son mari, termina seule ce traité.

Ce Prince mourut cette même année 1362. La Reine ne regretta pas beaucoup un époux qui n'avait pas répondu à sa tendresse. Elle n'en avait eu que deux filles qui moururent en bas âge. Il semble qu'après deux mariages qui avaient fait son malheur, Jeanne aurait dû être dégoûtée de ce lien. Mais préférant sans doute un nœud légitime aux jouissances illicites dont l'amour lui aurait inspiré le désir, elle donna sa main, âgée de trente-six ans, à un troisième mari : le plus bel homme de son temps, qui avait eu le bonheur de lui plaire.

Ce nouvel époux fut Jacques d'Aragon, Prince sans États, quoique décoré des titres de Roi de Mayorque, et de Comte de Cerdagne et de Roussillon. Son père avait été dépouillé de ses possessions par le Roi d'Aragon, dont il n'avait pas voulu reconnaître la suzeraineté. Le fils, après avoir erré dans différentes Cours de l'Europe, plus occupé de subsister que de recouvrer ses États vint à Naples, où Jeanne en écoutant l'amour qu'il sut lui inspirer, crut aussi faire un acte de générosité en épousant un Prince malheureux, qui lui devrait l'amélioration de son sort. Elle lui donna sa main malgré l'avis du Pape Urbain V, qui, aussi zélé pour Jeanne, que l'avait été son prédécesseur, lui conseillait de s'unir à un Prince de la Maison de France, dont l'alliance pouvait être plus utile à ses peuples. Mais des soins politiques n'occupaient guère Jeanne dans le choix d'un époux.

Les noces furent célébrées avec une pompe extraordinaire ; cependant Jeanne instruite par le sort qu'elle avait éprouvé avec le Prince de Tarente, ne voulut pas se donner un maître ; elle stipula expressément que son mari n'aurait pas le titre de Roi de Naples, comme l'avait eu son prédécesseur ; qu'il ne serait pas couronné ;

qu'on lui prêterait seulement serment de fidélité, ou d'assurance pour sa personne ; que rien ne se ferait en son nom. Qu'il conserverait son titre de Roi de Mayorque, et qu'il n'aurait le Duché de Calabre, qu'à titre d'usufruit pour l'entretien de sa Maison.

Par une fatalité incroyable, attachée au sort de Jeanne dans le choix de ses maris, ce mariage ne fut pas heureux. Jacques d'Aragon ne s'accoutuma pas à être le premier sujet de sa femme. Au premier bruit de la guerre allumée en Espagne, il alla guerroyer dans cette contrée, et servir contre le Roi d'Aragon sous les étendarts de Pierre le Cruel, Roi de Castille ; mais ce dernier était trop occupé à défendre ses propres États pour songer à faire rendre à Jacques, ceux qu'on lui avait enlevés ; Pierre fut chassé lui-même de son royaume par Henri de Transtamare son frère naturel, qui gagna une bataille, dans laquelle Jacques fut fait prisonnier.

Le mari de Jeanne dut ensuite sa liberté à la générosité de sa femme, qui paya quarante mille ducats pour sa rançon. Ce Prince revint à Naples, où vivant toujours dans le même discrédit, presque honteux de n'être réservé qu'aux devoirs d'époux, il quitta la Reine une seconde fois, pour tenter de recouvrer le Roussillon sous la protection du Roi de France, et de ce même Transtamare, qui après l'avoir fait prisonnier, venait de lui vendre sa liberté.

eut d'abord quelque succès, qui furent bientôt suivis des plus grands revers. Il traîna ensuite en Castille et en France une vie errante, au lieu de retourner à Naples auprès de celle qui l'avait choisi pour mari et non pour maître. Enfin, il mourut en 1374, du chagrin que lui causèrent ses adversités, qu'il ne pouvait imputer qu'à lui-même. Jeanne n'eut point d'enfans de ce troisième mari.

Cette Princesse pendant son mariage avec le Prince d'Aragon, fut plus heureuse dans ses négociations et dans la défense de son royaume, qu'elle ne l'avait été pendant son union avec le Prince de Tarente. Ses troupes commandées par le Général Malatucca, repoussèrent celles du Seigneur de Milan, qui avait fait une invasion dans l'Abbruzze. La Provence fut menacée par deux puissans ennemis; l'un, était le fils du Roi d'Angleterre, qui réclamait plusieurs terres du Comté de Provence, pour la légitime de sa trisaïeule la Princesse Éléonore, fille de Raymond-Bérenger IV, Comte de Provence. Jeanne eut recours à la médiation d'Urbain V.; ce Pape termina l'affaire en sa faveur. A peine fut-elle délivrée de cet ennemi, qu'elle en trouva un autre dans le Duc d'Anjou, Gouverneur de Languedoc, second fils du Roi de France Jean, qui lui avait donné en apanage le duché d'Anjou et le Comté du Maine. Ce Prince fit entrer en Provence une armée commandée par le fameux Bertrand du Guesclin;

Guesclin, guerrier plus redoutable que ne l'était Malatucca, Général de l'armée de Provence.

Jeanne recourut encore à la médiation du Pape pour se débarrasser d'une guerre, dans laquelle le Duc d'Anjou n'avait d'autre prétexte que la cession du titre de Roi d'Arles, qui venait de lui être faite par l'Empereur Charles IV, pour prix d'un festin, que le Duc d'Anjou lui donna à Villeneuve-les-Avignon.

Tel était donc le titre de Roi d'Arles, réduit à n'être plus qu'une vaine cession d'un Prince à l'autre, et qui ne conservait de force sur la tête des Empereurs, que lorsque ceux-ci profitaient des troubles en Provence pour y faire valoir leur ancien droit de suzeraineté. C'est ainsi que le même Charles IV, avant d'avoir cédé son droit, vint se faire couronner Roi dans l'Église Métropolitaine d'Arles, lorsque la faiblesse du gouvernement de Jeanne ne pouvait s'y opposer.

Le Pape Urbain V fit terminer la guerre (1),

―――――

(1) Noms de plusieurs gentilshommes provençaux dont les familles existent encore, qui s'opposèrent en 1364 à Louis d'Anjou, Gouverneur de Languedoc, lorsqu'il attaqua la Provence.

Albertas, Barras, Blacas, Boniface, Candolle, Dedons, Gerente, Glandèves, Grasse, Grimaldi, Laincel, Montolieu, Pontevès, Porcellets, Puget, Renaud d'Allein, Sabran, Villeneuve.

Voyez les tables de P. d'Hosier.

entreprise par le Duc d'Anjou, qui était à peine commencée; mais si Jeanne conserva la Provence, le Comte de Savoie s'empara, dans le Piémont, des villes que le trisaïeul et le bisaïeul de Jeanne, Charles I.er et Charles II avaient réunies à leur domaine. Cette conquête établit en Piémont la puissance de la Maison de Savoie, qui ne possédait originairement que le Comté de Maurienne.

Jeanne, veuve pour la troisième fois, ne pouvant se passer de mari, épousa en quatrièmes nôces Othon de Brunswick, de l'illustre Maison d'Est, à qui elle n'offrit que la principauté de Tarente. Si après trois mariages malheureux, cette Princesse pouvait être blâmée de former de nouveaux liens, on put aussi plaindre dans Othon le sort d'un Prince rénommé par ses exploits, qui ne fut destiné qu'à partager les dernières disgrâces de la Reine. Ce mariage que Jeanne fit à l'âge de quarante-six ans, et qui pouvait lui donner encore des successeurs, excita la colère de Charles de Duras, à qui la Reine avait donné en mariage sa nièce Marguerite, fille de sa sœur Marie, avec promesse de l'adopter pour son fils, et de lui léguer ses États. Il était fils de Louis de Duras, qui, après avoir fait la guerre à Jeanne, était mort enfermé dans le château de l'Œuf. Charles de Duras retiré à la Cour du Roi de Hongrie, dont il espérait aussi recueillir la succession, méditait la chûte de Jeanne, qui par sa conduite démentait ses promesses, lorsque le grand schisme d'occident facilita son projet.

Ce schisme dont tant d'historiens ont parlé, influa sur le sort de la Reine de Naples, qui eut le malheur de prendre parti pour l'anti-Pape Clément VII, contre le Pape Urbain VI. Grégoire XI, successeur d'Urbain V, avait quitté Avignon pour s'établir à Rome ; mais mécontent de ce séjour étranger pour lui, il avait formé le projet de retourner à Avignon, et comme il se sentait accablé, non sous le poids des années, car il n'avait que quarante-sept ans, mais sous les ruines d'un tempérament faible avec lequel il était né, il ordonna par une bulle, qu'en cas qu'il vînt à mourir avant de retourner à Avignon, les Cardinaux qu'il laisserait à Rome s'assemblassent sans délai, pour procéder à l'élection de son successeur. Il survécut à peine un mois à la publication de cette bulle, et mourut en 1378.

De vingt-trois Cardinaux dont était composé le sacré Collége, il s'en trouvait pour lors seize à Rome, six à Avignon, et un en Toscane, faisant les fonctions de Légat. Le Conclave s'assembla. Les Cardinaux Français, qui étaient en plus grand nombre que les Romains, faisaient craindre qu'on ne choisît encore un Pape de cette nation, qui maintiendrait le Saint-Siége à Avignon ; c'est ce que ne voulait pas le peuple de Rome, qui entouruit le Vatican, ne cessant de crier *Romano lo volemo:* nous le voulons Romain. Par une sorte d'accommodement, le choix ne tomba ni sur un Romain, ni sur un Français, mais sur un sujet assez indifférent aux deux factions. On élut Barthelemy de Prignano, Archevêque de Bari, qui se trouvait alors à Rome, né en Italie, mais d'origine française, et sujet de la Reine de Naples. Cette Princesse voyant avec plaisir un Archevêque de son royaume, élevé sur le trône pontifical, s'empressa de lui envoyer des Ambassadeurs pour le complimenter. Les six Cardinaux qui étaient restés à Avignon approuvèrent cette élection.

Le nouveau Pape, qui prit le nom d'Urbain VI, en laissant, au grand contentement des Romains, le trône pontifical à Rome, ne répondit ni à l'espérance des Cardinaux, qui avaient trop compté sur sa haute réputation, ni à celle de la Reine de Naples, qui avait cru qu'un Pontife né son sujet aurait pour elle les égards, qui pouvoient se concilier avec la dignité de son ministère. A peine fut-il intronisé, qu'il censura avec plus d'aigreur que de zèle, la conduite de plusieurs Évêques qui étaient à sa Cour. Il ne ménagea pas davantage les Cardinaux auxquels il devait de la reconnaissance et de la considération. Il offensa la Reine de Naples qui lui avait envoyé des Ambassadeurs, avec lesquels il s'exprima sur le ton d'un Souverain absolu, qui voulait former, dans le royaume de Naples, des apanages pour ses neveux. Urbain avait été humble et modéré, lorsqu'il était Archevêque de Bari. Il devint fier et terrible, lorsqu'il fut élevé à la papauté. Son caractère impétueux s'enflammait par les contradictions. Ce fut cette conduite inflexible, dont les Cardinaux souffraient principalement, qui les porta à concerter entre eux les moyens d'attaquer son élection, en prenant pour motif la violence dont les Romains avaient usé à leur égard, pendant la tenue du Conclave.

Sous prétexte d'éviter les chaleurs de l'été, les Cardinaux se rendirent d'abord à Agnani, petite ville de la campagne de Rome, où se voyant encore trop près du Pape pour exécuter leur dessein, ils se retirèrent à Fondi, à neuf lieues de Naples, dans la terre de Labour, et y procédèrent enfin à une nouvelle élection. Le choix du nouveau Pape, ou plutôt de l'anti-Pape : car l'élection d'Urbain VI avait été canonique, tomba sur le Cardinal de Genève, frère du Comte de Genève, et beau-frère du Prince d'Orange. Cet intrus, qui prit le nom de Clément VII, dut à sa naissance le suffrage des Cardinaux, qui pensèrent qu'un Pape d'une des meilleures maisons de l'Europe, serait plus puissant sur le trône, que son rival Barthelemy de Prignano. Celui-ci ayant appris cette élection, fit aussitôt les préparatifs convenables pour la défense de ses droits.

Il forma un nouveau Collége de vingt-six Cardinaux, pour remplacer les déserteurs.

Les deux Pontifes, chacun à la tête de son parti, commencèrent alors les hostilités personnelles par des excommunications réciproques, dans lesquelles leurs adhérens ne furent pas oubliés. De là naquit dans l'Église, un schisme, dont la Reine Jeanne se montra le principal appui, en favorisant ouvertement Clément VII. Si elle eut tort de soutenir un Pape, dont la nomination ne pouvait détruire celle d'Urbain VI, qui était légitime, elle eut en même temps raison de s'opposer aux injustes aggressions de ce même Urbain, qui avant le schisme, avait annoncé des projets hostiles contre elle, en voulant placer sur le trône de Naples, quelqu'autre Prince plus disposé à lui céder les terres qu'il convoitait, pour l'agrandissement de ses neveux et des domaines de l'Église. « Quelle honte pour mes prédécesseurs », disait souvent le fougueux Urbain, « d'avoir laissé
» cette femme sur le trône! Il faut que je l'envoie
» filer et faire pénitence, dans le couvent de
» Ste Claire de Naples. »

On rapporte aussi qu'Othon de Brunswick, mari de Jeanne, assistant au diner du Pape, prit l'aiguière et le bassin, comme étant le personnage le plus considérable qui se trouvait alors à la Cour de Rome, et s'étant mis à genoux, présenta à laver au Pape; mais Urbain affectant de parler vivement d'autres choses, le laissa dans cette situation pendant un si long intervalle, que le Cardinal Camérier ne put s'empêcher de lui dire: « Prenez donc à laver Saint Père, il en est » bien temps. »

Après une telle conduite de la part d'Urbain, on conçoit comment Jeanne devait être irritée contre celui dont elle éprouvait tant d'offenses. Cependant ce Pape avait des partisans à Naples. Le Clergé était fâché de voir la Reine soutenir un Pontife étranger, au préjudice d'un Pape napolitain, dont il avait tout lieu d'attendre des faveurs et des bénéfices. Urbain s'était ménagé le Clergé de Naples, en nommant des Cardinaux napolitains. Le peuple qui agit au nom de ceux qui l'excitent, toujours porté pour le pillage, dans des troubles dont il ignore souvent la cause, saccagea les maisons des Provençaux et des autres ultramontains, en criant *vive le Pape Urbain!* Malgré la sévérité qu'employa Jeanne dans cette occasion, et le secours que lui donna la Noblesse de Naples, l'anti-Pape Clément, retiré au château de l'Œuf, ne s'y crut pas en sûreté. Il se jeta, suivi de ses Cardinaux, dans le premier bâtiment qui se présenta, et fit voile pour la Provence, voulant se fixer à Avignon, dont le séjour paraissait d'autant mieux lui convenir, que Charles V, Roi de France, avait adhéré à sa nomination, et qu'il avait aussi pour lui l'Aragon et la Castille. Urbain VI était reconnu par l'Empereur, par la plupart des puissances d'Allemagne, par les

Pays-Bas, l'Angleterre et presque toutes les villes d'Italie, où il n'y avait contre lui que la Reine de Naples. Il se disposa plus particulièrement à la poursuivre, en faisant venir de Hongrie, Charles de Duras, qu'on nommait alors Charles de la Paix, à cause de la paix qu'il avait ménagée entre le Roi de Hongrie et les Vénitiens.

La mésintelligence, entre Charles de la Paix et la Reine de Naples, s'était encore accrue par le mariage de la Princesse Jeanne, l'aînée de ses nièces avec Robert, Comte d'Artois, Prince du sang de France, à qui la Reine avait accordé la plus haute faveur. Il n'en fallut pas davantage pour faire accepter à Charles la proposition du Pape, et l'engager à se rendre en Italie, pour détrôner Jeanne, dont il avait tant lieu de se plaindre. Le Roi de Hongrie, qui lui avait fourni des troupes suffisantes pour l'expédition, ne fut pas en état de lui fournir les sommes nécessaires pour l'entretien de cette armée. Urbain, obligé d'y pourvoir, vendit les biens des églises et des monastères, et convertit en florins les vases sacrés. Nous supprimons le tableau des désordres et du scandale que fit naître la querelle des deux Pontifes, pour nous renfermer uniquement dans le récit des faits qui concernent la Reine de Naples.

Marguerite, femme de Charles de la Paix, qui était à Naples avec ses deux enfans, alla rejoindre son mari dans le Frioul, et Jeanne eut la générosité de ne pas retenir auprès d'elle des otages si précieux. Elle fonda imprudemment tout son espoir sur les secours qu'elle crut s'assurer de la part de la France, en adoptant Louis, Duc d'Anjou et Comte du Maine, frère de Charles V, Roi de France, qu'elle déclara irrévocablement son héritier et son successeur. Ce fut le même Duc d'Anjou qui, revêtu du vain titre de Roi d'Arles, avait voulu, douze ans auparavant, s'emparer de la Provence; et dont les vexations dans ce pays, n'étaient pas encore effacées de la mémoire des Provençaux. Aussi cette adoption ne fut-elle pas mieux goûtée en Provence qu'à Naples, dont les habitans craignaient la domination d'un Prince français, qu'ils voyaient déjà suivi d'une foule de Seigneurs de cette nation, disposés à venir s'emparer des richesses du royaume. Le souvenir de ce qui s'était passé cent treize ans auparavant, sous Charles I.er, légitimait et augmentait leurs craintes.

Depuis cet acte d'adoption, Jeanne vit son parti s'affaiblir, et celui de Charles de la Paix devenir plus puissant. Le Duc d'Anjou ne put pas même assez tôt quitter la France, étant obligé, à cause de la mort du Roi son frère, de ne pas s'éloigner, pour veiller à la tutelle du jeune Roi son neveu, dont il était chargé. Pendant ce temps, Charles de la Paix s'avançait avec son armée. Le Pape l'avait investi du royaume de Naples, à des conditions dures à la vérité, mais dont il espérait s'affranchir, dès qu'il deviendrait Souverain de ce royaume. Il ne s'agissait de rien moins que de concéder des propriétés et des droits immenses à François de Prignano, neveu du Pape, et de lui donner un pouvoir presque égal à celui du Roi.

Le Prince Othon de Brunswick, mari et général des troupes de Jeanne, dont l'armée était moins nombreuse que celle de son adversaire, ne voulant pas s'exposer au sort d'une bataille générale, s'était cantonné dans Averse, d'où Charles ne pouvait le déloger, sans s'exposer aussi à ruiner insensiblement son armée, par de petits combats. C'était ce que voulait Othon; mais Charles n'en fut pas la dupe. Il vit clairement que s'il s'obstinait à attaquer son ennemi, fortement retranché, il ne ferait que perdre du temps et des soldats; en conséquence, il prit le parti d'aller droit à Naples, où il entra sans obstacle, à l'aide d'une faction puissante qui le favorisa.

Jeanne s'était retirée dans la plus forte citadelle de Naples, dont Charles de la Paix, qui déjà se faisait appeler Charles III, fit aussitôt le siége. La Reine y éprouva toutes les horreurs de la famine. Dans cette cruelle situation, elle envoya faire des propositions à son ennemi, qui ne lui accorda qu'une trêve de cinq jours, à condition qu'après ce terme, elle se rendrait, si le

Prince son époux ne venait pas la délivrer. Othon s'avança le cinquième jour; mais vaincu et fait prisonnier, il se vit lui-même à la merci de l'usurpateur.

Cette déroute laissant la Reine sans la moindre ressource, et les secours qu'elle attendait de Provence n'arrivant pas, elle envoya le Comte de S.t-Severin à son vainqueur, pour lui dire qu'elle se livrait à sa discrétion. Dans l'instant, Charles, à la tête de ses gardes, entra dans le château et crut encore se montrer généreux, en ne laissant à Jeanne que les honneurs et le titre de Souveraine, et se réservant pour lui seul toute l'autorité. Il l'assura qu'il ne voulait que succéder à une couronne qui lui appartenait plus légitimement, qu'à celui qu'elle avait adopté. Jeanne continua donc à être servie extérieurement en Reine, quoiqu'elle ne conservât qu'une ombre de liberté. Enfin les dix galères provençales, qui amenaient les secours qu'elle avait réclamés, mouillèrent derrière le château de l'Œuf. Jeanne témoigna le désir d'en voir les chefs; soit que Charles ne craignit pas un secours qui venait trop tard, soit qu'il crût que Jeanne ne pouvant mieux faire, l'annoncerait elle-même pour son héritier, aux officiers provençaux, il leur accorda la permission de voir la Reine, qui leur tint un langage bien différent de celui auquel Charles s'attendait. Jeanne se répandant en invectives contre son vainqueur, ordonna aux Commandans de la flotte, de ne reconnaître chez eux d'autre Souverain, que Louis de France, Duc d'Anjou, qu'elle avait adopté : ils le lui promirent. Charles qui s'était proposé de mettre les Provençaux dans son parti, voyant qu'ils mettaient à la voile pour retourner dans leur patrie, et qu'il ne fallait compter ni sur eux ni sur la Reine, traita bientôt celle-ci tout autrement qu'il n'avait fait jusqu'alors. Il la fit conduire dans le château de Muro, écrivit au Roi de Hongrie, qui ne s'était jamais bien réconcilié avec Jeanne, pour savoir ce qu'il fallait en faire; et sur la réponse qu'il en reçut, il la fit étrangler par quatre Hongrais, au pied de l'autel où elle faisait sa prière.

Ainsi finit la malheureuse Jeanne en 1382, dans la cinquante-huitième année de son âge et la trente-neuvième année de son règne. Elle a été louée par plusieurs historiens et blâmée par d'autres. Ce qu'on peut dire avec vérité, c'est que sa vie fut un tissu de tant d'infortunes et sa fin si tragique, qu'on ne peut, en condamnant ses égaremens, s'empêcher de la plaindre. D'ailleurs, elle fut généreuse, bienfaisante, spirituelle, aimant et protégeant les lettres. Le don de la beauté lui fut plus funeste qu'avantageux; et si elle se livra trop au plaisir, elle ne négligea pas jusqu'à un certain point, les affaires de l'État. Elle sut veiller au bonheur de ses sujets, dans les temps même les plus difficiles. Le meurtre de son premier mari, auquel elle parut participer, et qu'elle expia chèrement, fut la source de tous ses malheurs. On ne put lui reprocher ensuite, dans le cours de sa vie, aucun acte d'injustice, de cruauté et surtout de débauche, puisqu'elle légitima ses amours par le mariage. La fin tragique de Jeanne excita l'indignation publique. Le souvenir de ses bonnes qualités fit oublier ses fautes et donner de sincères regrets à sa mémoire.

LIVRE IV.

DES COMTES DE PROVENCE
DE LA SECONDE MAISON D'ANJOU.

CHAPITRE PREMIER.

LOUIS I.er

Louis Duc d'Anjou, que Jeanne avait adopté, promit de venger bientôt à la tête d'une armée, la mort de sa bienfaitrice; mais avant de se rendre à Naples, il jugea à propos de s'emparer de la Provence, où Charles de la Paix s'était déjà fait un parti. Louis n'eut pas de peine à soumettre un pays que son rival ne songeait qu'à dévaster. Il fut couronné Roi de Naples et Comte de Provence, par le Pontife d'Avignon, qui lui montra autant de zèle qu'il en avait témoigné à la Reine Jeanne.

L'armée destinée pour Naples était composée de soixante mille combattans. Amé, Comte de Savoie, fournit à Louis des secours, qui furent payés par la cession des villes que le Comte de Provence possédait encore dans le Piémont. Le

Duc de Milan lui ayant ouvert le passage du Milanès, Louis traversa bientôt le Parmesan, le Modenois et les terres de l'Église, sans vouloir rien entreprendre contre Rome, où les Romains effrayés l'auraient reçu s'il s'y fût présenté. Tous ses efforts se dirigèrent vers le royaume de Naples, qu'il voulut enlever à celui qui avait détrôné la Reine Jeanne.

Louis ayant pénétré dans ce royaume par l'Abruzze, les divers combats qu'il fut obligé de livrer, lui firent perdre beaucoup de monde, quoiqu'il eût été toujours victorieux. Au passage des Appenins une partie de ses richesses lui fut enlevée par les montagnards. Ainsi se dissipèrent les ressources formées des dépouilles de la France et de la Provence, que Louis avait amassées pour payer cette foule de Chevaliers qui s'étaient attachés à sa fortune.

Plus habile que le Duc d'Anjou, Charles de la Paix, voyant que son ennemi était affaibli par plusieurs combats, et qu'il pouvait s'affaiblir davantage dans des routes et des passages difficiles, se garda bien de commettre son armée au sort d'une bataille générale. Il ne songea qu'à se tenir sur la défensive, et pour gagner du temps, il envoya défier Louis à un combat singulier. Celui qui apporta le cartel au camp de Louis, eut la tête tranchée. On a prétendu que cet envoyé, qui s'appellait le Chevalier Sauvage, avait voulu empoisonner le Monarque angevin, par le moyen d'un fer de lance, trempé dans un poison si subtil, que quiconque le regardait fixément, tombait mort dans l'instant. Si ce ne fut pas par ce fer magique, dont on peut avec raison contester le pouvoir, il est possible que le Chevalier Sauvage ait cherché à attenter, de toute autre manière aux jours de Louis, puisque ce Prince lui fit trancher la tête.

Charles de la Paix en envoyant à Louis un second cartel, se plaignit amèrement du sort qu'avait éprouvé son envoyé. Ce second cartel fut accepté. On convint du lieu, du jour et de la manière de combattre. Mais Charles temporisa et trouva des motifs pour retarder ce combat singulier, qu'il avait lui-même provoqué. Pendant ce temps, l'armée française s'affaiblissait par la désertion et la famine; et quand il ne fut plus question de cartel, Charles avait déjà fait tous ses préparatifs de guerre, pour se défendre avec avantage; mais toujours avec le dessein d'éviter une action générale. C'était le conseil que lui donnait Othon de Brunswick, le mari de Jeanne, qui était encore son prisonnier, et qui espérait en le servant, obtenir sa liberté.

Les Français et les Provençaux se consumèrent insensiblement dans un pays où ils souffraient déjà beaucoup de leur intempérance, et de la nature du climat; cependant Louis vint à bout de s'ouvrir un passage pour arriver dans la plaine de Foggia; mais avec une armée délabrée,
languissante

languissante et sans argent, il ne lui restait plus que son courage et celui de ses troupes. Pressé par le désespoir, il marcha vers la ville de Barlette dans la terre de Bari, pour offrir la bataille à son ennemi, qui s'y était renfermé. Celui-ci feignant d'accepter ce nouveau défi, sortit à la tête de ses troupes en ordre de bataille, et rentra bientôt dans la ville, où il se tint encore retranché. Louis en se retirant rencontra à quelque distance un corps de troupes posté avantageusement; il voulut en forcer les retranchemens. Vaincu et blessé, il se retira au château de Bari et y mourut, autant par l'effet du chagrin, que des suites de sa blessure, en 1384.

Après sa mort, son armée fut bientôt dissipée; mais son parti, qui n'était pas éteint, remua toujours à Naples, en faveur de son fils aîné encore enfant, qui portait aussi le nom de Louis. Il fut substitué à tous les droits de son père, sur le royaume de Naples, et eut la souveraineté des Comtés de Provence, du Maine et du Duché d'Anjou. Le second fils de Louis I, Charles, Prince de Tarente, fut dans la suite Gouverneur de Provence, et mourut sans enfans, en l'année 1405.

Louis I, pendant son règne en Provence, qui ne dura que deux ans, eut le temps de réunir à son domaine toutes les terres que ses prédécesseurs en avaient détachées. On conçoit que cette reprise dut exciter le ressentiment de ceux à qui ces terres avaient été données; mais parmi les Seigneurs qui furent dépouillés, l'un surtout, nommé Raimond de Turenne, s'en vengea d'une manière bien cruelle sous le règne suivant.

LOUIS II.

Louis II n'avait que huit ans lorsqu'il succéda aux États de son père, sous la tutelle de sa mère, Marie de Blois. Cette Princesse apprit, à Angers, la mort de son mari et le mauvais succès de l'expédition de Naples. Sa présence était nécessaire en Provence, où le général Napolitain Spinolli, envoyé par Charles de la Paix, venait de renouveller les désordres qu'il y avait déjà commis sous le règne de Louis I. Les troupes du Napolitain répandaient partout la terreur; la plupart des villes de Provence effrayées, et craignant par une résistance vaine, de provoquer la vengeance d'un ennemi inexorable, se soumirent à Charles de la Paix, et formèrent une ligue contre la maison d'Anjou, sous le nom d'Union d'Aix, à laquelle se joignirent les Gentilshommes, dont Louis I avait enlevé les terres, pour les faire rentrer dans son domaine. Il n'y eut que les villes de Marseille, d'Arles, de Pertuis, et quelques autres moins considérables, qui restèrent fidèles au Prince Angevin.

Tel était l'état de la Provence, lorsque Marie de Blois y arriva avec son fils. Elle s'arrêta à Avignon, où elle fut reçue avec la plus grande distinction par le Pape, qui accorda aussitôt à son fils l'investiture du royaume de Naples, dans l'espoir de faire rentrer cette partie de l'Italie, sous son obédience, comme elle l'avait été du temps de la Reine Jeanne. Ce motif aurait peut-être suffi pour engager le Pape à couronner ce jeune Prince Roi de Naples, si Sa Sainteté n'y eût d'ailleurs été déterminée par les sollicitations de Charles VI, Roi de France, qui se trouvait alors à Avignon, en 1385.

La Provence n'offrait pas seulement le spectacle d'une guerre civile, elle était dévastée par une troupe de voleurs, nommés Tuchins, qui se portèrent sur la ville d'Arles, sous prétexte de la soumettre à Charles de la Paix, dont ils suivaient le parti; mais plutôt pour piller cette ville et faire rançonner ses habitans. Ils entrèrent à Arles pendant la nuit, favorisés par quelques traitres. Dès qu'il fut jour, les habitans se réunirent et chassèrent de la ville cette troupe de pillards: les traîtres qui avaient favorisé leur entrée, furent punis du dernier supplice.

Marie de Blois qui était toujours à Avignon, ne pouvait rester indifférente aux troubles qui désolaient la Provence. Elle leva des troupes, se ménagea des partisans dans divers endroits, pour ramener les esprits en sa faveur; et bientôt elle fit son entrée triomphante à Arles, d'où cette Princesse se rendit ensuite à Marseille.

Le voisinage du général Napolitain Spinolli, qui avait établi son quartier à Aix, donnait lieu à de fréquens engagemens entre ses troupes et celles de la Reine, sans qu'aucun combat décisif pût faire pencher la balance, en faveur d'un des deux partis. Il y eut enfin une trève, pendant laquelle plusieurs villes se détachèrent successivement du parti de Charles de la Paix, pour se réunir à Marie de Blois. Ces heureux changemens la mirent enfin en état de faire reconnaître son fils Souverain de toute la Provence; et les États assemblés à Apt lui prêtèrent serment de fidélité. La confirmation des priviléges de la Provence, fondés d'ailleurs sur une longue possession, fut la suite de cet acte de soumission. La ville d'Aix mit plus de lenteur à se soumettre, parce qu'elle avait une demande particulière à former. Louis I avait transféré à Marseille les Cours souveraines de justice, résidentes à Aix, et quoique l'ordonnance de cette translation n'eût pas été exécutée, les habitans d'Aix en désiraient la révocation. La Reine acquiesça à leur demande, et la ville d'Aix rentra sous l'obéissance de son Souverain.

Au milieu de ces fâcheuses discussions, Louis perdit le Comté de Nice, qui avait toujours fait partie du Comté de Provence. Les habitans de Nice et ceux de Barcelonette crurent trouver un grand avantage à devenir sujets de la Maison de Savoie, dont les États touchaient à leur pays. Ils se mirent sous la protection d'Amédée, Comte de Savoie, connu par la valeur qu'il avait montrée à la bataille de Rosbecq en Flandre, en combattant pour la France. Le Comte de Savoie s'empara de Nice et de Barcelonette. Depuis ce temps le Comté de Nice est toujours resté réuni à la Savoie, et le Comté de Barcelonette n'a fait de nouveau partie de la Provence que par le Traité d'Utrecht, en l'année 1714.

La mort de Charles de la Paix rendit plus facile le retour des Provençaux vers leur Souverain. Charles n'avait pas régné aussi paisiblement à Naples, qu'il l'aurait désiré. Ses ennemis furent ceux qui l'avaient fait monter sur le trône, et dont il ne reconnut pas assez les services. Il perdit aussi la faveur et l'amitié du Pape Urbain VI, parce qu'il ne voulut pas remplir la promesse qu'il lui avait faite de céder à son neveu François de Prignano, la Principauté de Capoue. Le Pontife irrité lui déclara la guerre; mais l'issue ne fut pas en sa faveur.

La Pape étant dans la ville de Nocère, lança un ajournement personnel contre Charles, à l'effet de commencer à lui faire son procès. Charles, en réponse, écrivit au Pape, qu'il comparaîtrait bientôt devant lui, à la tête d'une puissante armée. Ce Prince arriva en effet bien accompagné, vainquit les troupes du Pape, et alla ensuite périr en Hongrie en l'an 1386, victime d'une folle ambition, qui lui avait inspiré le projet de ravir la couronne à Marie, fille aînée de Louis de Hongrie, à qui il était redevable de la sienne.

Son fils Ladislas, âgé de onze ans, lui succéda, assisté de Marguerite sa mère. Ce qui peut étonner, c'est que l'inexorable Pape Urbain, qui avait tant à se plaindre du père, accorda au fils l'investiture du royaume de Naples; mais il s'y crut obligé, pour se faire un appui de Ladislas, autant contre les schismatiques d'Avignon, que contre la puissance des Visconti de Milan, qui n'étant pas contens de posséder la Lombardie, menaçaient d'envahir la Romagne, qui dépendait du Pape.

Quoique le jeune Ladislas eût été reconnu par les Barons du royaume, le parti Angevin avait repris des forces, et les devait au mécontentement général qu'excitait le Gouvernement de la Reine Marguerite. Cette Princesse, plus avare qu'économe, employait tous les moyens possibles pour amasser de l'argent. Elle soulevait par ses exactions les Napolitains, qui lui opposèrent enfin un tribunal composé de huit membres, qu'on appela les huit du bon ordre, et qui furent chargés d'inspecter tout ce que le ministère voudrait faire d'injuste et d'oppressif. Ces nouveaux Magistrats devinrent aussi puissans que les Officiers royaux, en sorte qu'on eut à Naples un Gouvernement mixte.

Ce fut au milieu de ces discordes civiles, où l'autorité de Ladislas était presque méconnue, que la faction Angevine invita vivement le jeune Comte de Provence à se rendre à Naples, pour y prendre possession du trône; mais comme on ne pouvait pas compter sur un Prince trop peu avancé en âge pour conduire une pareille entreprise, on convint qu'il serait accompagné de personnes sages et expérimentées, parmi lesquelles étaient le Cardinal de Tournon, Légat du Pontife d'Avignon, ainsi que George de Marle, grand Sénéchal de Provence, et plusieurs autres Gentilshommes provençaux. Les partisans qu'il avait à Naples ne sollicitaient rien tant que sa présence, qui seule suffisait pour augmenter leur nombre, et assurer les progrès qu'ils avaient déjà faits, puisqu'ils s'étaient rendus maîtres de la ville de Naples, tandis que la Reine Marguerite et son fils Ladislas, retirés à Gaëte, attendaient qu'une heureuse révolution rétablît leurs affaires.

Louis partit avec vingt vaisseaux du port de Marseille, et vint mouiller à la vue de Naples, le 14 août 1390. Il reçut dans cette ville les sermens de la noblesse et du peuple. Son arrivée hâta la reddition du château de l'Œuf. Le début fut heureux pour ce Prince; à la suite duquel marchaient une foule de Barons, et plus particulièrement la puissante Maison de S.t Severin, qui seule conduisit au nouveau Roi dix-huit cents cavaliers, levés et entretenus à ses frais; mais malgré tous ces secours, les armes ou la fortune de Ladislas l'emportèrent, et Louis ayant perdu l'espoir de se soutenir, retourna en Provence, où une guerre, dont les historiens provençaux ont fait une peinture affreuse, était déclarée contre lui.

Cette guerre fut suscitée par Raymond de Turenne, dont l'aïeul s'était transporté du Limousin en Provence, où l'avait appelé son frère, le Pape Clément VI, qui siégeait à Avignon. L'avantage d'appartenir de si près au Pape, valut à l'aïeul de Raymond une fortune immense, qui fut encore augmentée par l'élévation de son fils au Pontificat, sous le nom de Grégoire XI. La Reine Jeanne, qui ménageait le Saint Siége, avait comblé de biens Roger, Comte de Beaufort, frère de Grégoire XI, et père de Raymond de Turenne dont il est question. Elle avait déclaré que les terres données par elle à Roger seraient à jamais exemptes de la réunion au domaine de la couronne. Malgré cette condition principale dans la donation, Louis I n'ayant d'ailleurs aucun égard aux services que Raymond de Turenne lui avait rendus, ne l'exempta pas de la loi générale, par laquelle le domaine recouvrait toutes les terres qui en avaient été détachées.

Raymond ne songea plus qu'à se venger. Il

dissimula néanmoins pendant le règne de Louis I; mais à la mort de ce Prince, il crut pouvoir s'adresser à la Reine Marie de Blois, en lui représentant que c'était plutôt à titre onéreux, qu'à titre gratuit, qu'il avait obtenu les terres, dont on l'avait ensuite privé ; que ces terres étaient non-seulement la récompense de ses services, mais encore l'indemnité des sommes qu'il avait dépensées pour prendre la défense de la Maison d'Anjou, contre celle de Duras. La Reine ne se refusa pas entièrement à cette demande : elle consentit à rendre à Raymond les sommes qu'il avait fournies, selon ce qu'en décideraient quelques Gentilshommes, qui seraient pris pour arbitres ; mais elle ne voulut pas lui rendre les terres qu'il demandait, afin de ne pas déroger à la loi générale, dont Raymond n'avait été atteint que comme tant d'autres, qui n'auraient pas manqué de vouloir à leur tour, rentrer en possession des terres qu'on leur avait retirées.

Raymond se plaignait aussi du Pontife d'Avignon, qui lui refusait le prix des services qu'il lui avait rendus, lorsqu'à la tête de ses vassaux, il avait purgé le Comté Vénaissin des brigands qui l'infestaient. Cet homme altier, qui ne respirait que la guerre, commença ses hostilités sur les terres du Pontife, et se répandit ensuite en Provence, à la tête d'une armée à laquelle il ne donnait d'autre paye, que le produit du pillage qu'elle pouvait faire. Les châteaux furent abattus, les villages détruits, tout se ressentit d'une guerre horrible, dont l'approche seule inspirait la terreur. Il fallait remédier à tant de maux; et par surcroît de malheur, la Provence, à qui, dans ces circonstances, la présence de son Souverain aurait été si nécessaire, en était privée. Marie de Blois et son fils étaient allés à Paris, réclamer inutilement de la Cour de France, des secours pour reconquérir le royaume de Naples.

Le Pontife d'Avignon excommunia Raymond de Turenne et tous ses adhérens; mais les excommunications de ce Pontife, auquel on contestait la légitimité de son élection, n'arrêtèrent pas Raymond. » Je ne crains, disait-il, ni les » excommunications du Pape, ni les indulgences » qu'il promet à ceux qui serviront contre moi; » j'aurai pour de l'argent plus de gens d'armes, » que le Pape avec toutes ses absolutions. » Les États de Provence reçurent du Souverain, plein pouvoir de prendre tous les moyens pour s'opposer aux attentats de Raymond de Turenne. Ils s'assemblèrent, on leva des troupes, on établit des impositions; il fut résolu de pousser la guerre avec vigueur. Les Gentilshommes dont on détruisait les châteaux, s'unirent entr'eux. On rassembla une armée sous les ordres du Prince de Tarente, frère du Roi et Gouverneur de Provence (1); ce Prince jeune encore, était dirigé par Georges de Marle, grand Sénéchal. Les États députèrent vers le Pape d'Avignon pour l'engager à contribuer aux dépenses de cette guerre; mais soit que ce Pape crût plus utile pour son Comté Venaissin, de faire un arrangement particulier avec Raymond, soit qu'il fût occupé d'affaires plus importantes pour lui-même, étant vivement poursuivi et anathématisé par son rival Boniface IX, successeur d'Urbain VI : ce Pape, dis-je, ne fit pas un accueil favorable aux Députés provençaux.

Raymond de Turenne s'empara de plusieurs places. Enfin, les deux partis effrayés eux-mêmes de l'acharnement avec lequel cette guerre était poursuivie, convinrent d'une trêve de deux ans. Le Pape d'Avignon réalisa bientôt la crainte qu'on avait, qu'il ne fît un accommodement particulier avec Raymond; il lui promit la somme de trente mille livres, et lui céda pour garantie les revenus de l'Abbaye de Montmajour, jusqu'à ce que la

---

(1) Noms de plusieurs Gentilshommes Provençaux qui combattirent en 1395, contre Raymond de Turenne, dont les familles existent encore :

Albertas, Blacas, Candolle, Castellane, Gerente, Glandèves, Gombert, Grasse, Grimaldi, Laincel, Lestang, Montolieu, Pontevés, Porcellets, Puget, Renaud d'Allein, Sabran, Sade, Villeneuve.

Voyez les tables de P. d'Hozier.

somme fût payée. Le Pontife ne survécut pas long-temps à cet arrangement; il mourut à Avignon le 16 septembre 1394, après avoir conservé pendant seize ans une dignité qui lui fût contestée, et s'être opiniâtré dans un schisme sur lequel il ne fit de sérieuses réflexions, que lorsqu'il se vit proche de sa fin : moment terrible où l'homme est enfin forcé de reconnaître ses fautes !

On croyait que sa mort mettrait fin au schisme, et qu'il ne resterait sur le trône pontifical que le Pape légitime de Rome, Boniface IX. On l'espérait avec d'autant plus de raison, que le Roi de France Charles VI, voulant faire cesser un scandale qui régnait depuis si long-temps dans l'Église, avait agi auprès des Cardinaux d'Avignon, pour les empêcher de donner un successeur à Clément VII; mais les instances du Monarque français furent vaines : les Cardinaux s'assemblèrent pour l'élection, et tous les suffrages se réunirent en faveur du Cardinal Pierre de Lune Aragonais, qui prit le nom de Benoît XIII. Cet anti-Pape qui n'avait parlé pendant qu'il était Cardinal, que de concorde et des moyens de rendre la paix à l'Église, manifesta, après son élection, un caractère artificieux et inflexible; et pendant trente années, qu'il soutint ses droits prétendus, il déploya toutes les ressources que l'ambition pouvait mettre en usage, pour conserver une possession illégitime.

La trève de deux ans entre les troupes de

Raymond et celles du Comte de Provence étant expirée, la guerre recommença avec plus de fureur. On ne vit qu'incendies, homicides, viols, profanation des Églises et des Monastères ; enfin, tous les ravages qui accompagnent ordinairement les guerres civiles. La tête de Raymond fut mise à prix : il n'en fut que plus ardent à poursuivre sa vengeance.

Le schisme continuait toujours. Un Concile national tenu à Paris en présence du Roi de France, avait décidé qu'il n'y avait pas de moyen plus sûr pour y mettre fin, que la démission des deux Pontifes, suivie d'une nouvelle élection, qui serait faite par la réunion des Cardinaux romains avec ceux d'Avignon. Boniface IX y consentait, pourvu que son adversaire y consentît aussi ; mais le Pontife de Rome savait d'avance que celui d'Avignon refuserait cet arrangement. On députa à ce dernier l'Évêque de Cambrai, pour lui signifier les intentions du Roi et du Concile national de France. Benoit protesta qu'il n'abandonnerait la tiare qu'avec la vie.

Le Maréchal de Boucicaut fut envoyé par le Roi de France, pour investir Avignon et forcer le Pape Benoit à se rendre. Il fut chargé en même temps de terminer les troubles de Provence. Le Maréchal y était d'autant plus intéressé, qu'étant gendre de Raymond de Turenne, il lui importait que la fortune de son beau-père ne fût pas compromise par une plus longue résistance. Il comptait même, pour prix de ses services, s'en approprier une partie, avec le consentement du Comte de Provence, qui ne croyait pas acheter la paix trop chèrement par cette condition : tant cette guerre désolait ses États ! Déjà Boucicaut avait fait rentrer plusieurs places dans le devoir. Il paraît que Raymond était peu disposé à un accommodement, ou mettait à la paix des conditions trop dures. Cet ennemi irréconciliable, voulant reprendre le château des Baux, fut attaqué vigoureusement par le Prince de Tarente, qui l'obligea de prendre la fuite. Arrivé sur les bords du Rhône, il se jeta si précipitamment dans un bateau, qu'il tomba dans le fleuve et se noya. C'était en l'année 1399.

La mort de Raymond pouvait seule mettre fin à cette guerre, qui dévastait la Provence depuis si long-temps. La paix se fit entre les deux partis; et rien ne contribua plus à la consolider, que l'amnistie qui fut prononcée en faveur des coupables : pardon que dictait la nécessité. Le Maréchal de Boucicaut fut récompensé de ses soins, par la concession de plusieurs terres qui appartenaient à Raymond. Le Comte de Provence, après tant de troubles, put enfin terminer tranquillement son mariage, qui se traitait depuis long-temps avec Yolande d'Aragon, la plus belle Princesse de son temps.

Les soins que s'était donnés le Roi de France pour éteindre le schisme, avaient été inutiles.

Les Cardinaux des deux partis, sortant enfin de leur long assoupissement, se réunirent à Pise en un Concile, pour déclarer déchus de la Papauté, et le Pontife de Rome et celui d'Avignon, qui était toujours le Cardinal Pierre de Lune. Le Cardinal Ange Corrario, noble vénitien, venait de succéder à Rome, sous le nom de Grégoire XII, au Pape Innocent VII, qui n'avait régné que deux ans. Les Cardinaux assemblés à Pise, ayant déposé les deux Papes, Ange Corrario et Pierre de Lune, élurent de suite le Cardinal Pierre de Candie, qui prit le nom d'Alexandre V. L'extinction du schisme ne fut pas le seul objet dont s'occupa le Concile de Pise : il y fut question aussi de délivrer l'Italie de Ladislas, Roi de Naples, et d'y rappeler le Comte de Provence.

Ladislas, après la retraite de son rival, n'avait fait grâce aux Barons napolitains qui s'étaient déclarés pour le Comte de Provence, que pour les attirer auprès de lui, et leur faire subir ensuite les plus horribles traitemens. Il avait mis non seulement tout le royaume de Naples sous le joug, mais il prétendait encore devenir l'arbitre suprême de l'Italie ; et sous prétexte de vouloir servir Grégoire XII contre l'anti-Pape d'Avignon, et lui conserver la ville de Rome, il s'en était emparé. Ladislas, maître de Rome, eut bientôt à discrétion les villes de Pérouse, de

Terni, de Lodi, de Rieti, et quelques autres places. Il poussa même jusqu'aux environs de Sienne, s'empara de Cortone, qu'il vendit ensuite aux Florentins, et ne dissimula plus le dessein qu'il avait de se rendre maître de toute l'Italie ; et il annonçait même par l'orgueilleuse devise qu'il portait sur ses étendarts : *ou tout, ou rien*, le désir de ceindre sa tête du diadème impérial.

Le nouveau Pape Alexandre V, et tout le sacré Collége qui s'était réuni dans le Concile de Pise, se voyant couverts de honte par l'occupation de Rome, et de tant d'autres places du Saint Siège, appellèrent le Comte de Provence, comme prétendant légitime au royaume de Naples. Alexandre V lui en donna l'investiture, que les Papes accordaient et révoquaient depuis si long-temps. Les Florentins, qui craignaient pour leur pays, entrèrent dans la ligue contre Ladislas, et furent soutenus par le Cardinal Cossa, qui de Légat, était devenu maître absolu des villes de Bologne, de Faenza et de Forli. Les mécontens de Naples, accoutumés à passer avec une égale facilité, de l'obéissance à la révolte, désiraient ardemment le retour du Comte de Provence, pour être délivrés du joug de Ladislas.

Tant de motifs appelaient le Comte de Provence en Italie, qu'il ne tarda pas de s'y rendre. Les forces qu'il amena remirent plusieurs places sous

l'obéissance

l'obéissance du Pape Alexandre. La ville de Rome lui fut restituée. Il ne restait plus à Louis de Provence, que de marcher sur Naples.

Après le décès du Pape Alexandre V, qui ne régna qu'un an, le Cardinal Cossa, par le moyen de l'argent qu'il avait répandu, s'était fait élire Pape, sous le nom de Jean XXIII. Ce nouveau Pontife et les Florentins fournirent à Louis quelques sommes d'argent. Avec ce secours, il partit de Rome, suivi de douze mille cavaliers et d'une infanterie nombreuse, pour se mesurer avec Ladislas. La rencontre se fit à Cappano, non loin de Rocasseca. Ladislas fut battu (1), et sa ruine aurait été entière, si la flotte provençale, qui allait assiéger Naples, eût aussi remporté la victoire, ou si Louis n'eût pas épuisé les sommes que le Pape et les Florentins lui avaient fournies; car malgré la défaite de sa flotte, il aurait pu faire la conquête du royaume de Naples, sans la mutinerie de ses soldats, qui demandaient à être payés. Son armée éprouvait une telle disette, que ses gens d'armes offraient de rendre à ceux de Ladislas, qui étaient prisonniers, armes, montures et liberté, pour huit ducats. Ladislas

---

(1) Noms de plusieurs gentilshommes provençaux qui combattirent à la bataille de Rocasseca contre le Roi Ladislas, et dont les familles existent encore : Blacas, Castellane, Cerente, Glandèves, Crasse, Grimaldi, Pontevès, Porcellets, Villeneuve.
Voyez les tables de P. d'Hosier.

ne manqua pas une si belle occasion de rallier ses troupes, en faisant passer sous main aux prisonniers, l'argent dont ils avaient besoin pour racheter leurs équipages et leur liberté. Il se vit bientôt par ce moyen à la tête de la plus grande partie de son armée, et dans une position à ne pouvoir être forcé, par le soin qu'il avait pris, pendant ces événemens si peu ordinaires, de se fortifier dans Saint-Germain et de s'emparer du pas de Cancello, ainsi que des autres passages par où les Provençaux pouvaient pénétrer dans le royaume de Naples. Il agit d'ailleurs si efficacement auprès des Florentins, qu'il les détacha de la ligue. Enfin, abjurant Grégoire, déposé dans le concile de Pise et dont il avait pris les intérêts, il se réconcilia avec Jean XXIII, qui croyait alors trouver plus de ressource dans Ladislas, que dans le Comte de Provence.

Louis, se voyant sans appui et hors d'état de poursuivre la glorieuse carrière qu'il s'était ouverte à Rocasseca, abandonna l'Italie, retourna en Provence, fort mécontent de ses alliés, laissant pour la seconde fois Ladislas, paisible possesseur du royaume de Naples; et ce qui dût coûter le plus à son cœur, livrant ainsi à la vengeance de ce rival implacable, les Seigneurs qui s'étaient déclarés pour lui. Ce Prince oublia ses malheurs auprès de sa tendre et belle épouse Yolande, dont il ne s'était séparé qu'avec la plus grande peine.

Yolande, pendant l'absence de son mari, avait défendu la Provence contre l'entreprise du Roi d'Aragon, qui ayant épousé la querelle de l'Antipape Benoît XIII, avait fait débarquer des troupes au port de Bouc, près de Martigues, pour pénétrer de là jusqu'à Avignon et y faire revivre le parti de l'Antipape. Yolande avait donné le commandement de ses troupes, à Pierre d'Acigné, grand Sénéchal de Provence : il répondit à sa confiance, en repoussant vigoureusement l'attaque du Roi d'Aragon.

Après la retraite de Louis d'Anjou, Ladislas délivré d'un rival dangereux, régna à Naples sans contradiction; il prit Rome pour la troisième fois et en chassa le Pape Jean XXIII, au mépris de l'alliance qu'il avait contractée avec lui. L'excessive ambition de ce Roi ne cessait d'alarmer toute l'Italie, lorsqu'une mort prématurée arrêta ses entreprises, en l'année 1414. On assure qu'un médecin de Pérouse, corrompu par l'or des Florentins, lui donna la mort d'une manière bien étrange. Ladislas était amoureux de la fille de ce médecin; celui-ci engagea sa fille à se frotter le corps d'une composition, qui devait, selon lui, doubler les voluptés de Ladislas. L'incontinent Monarque puisa la mort dans les caresses empoisonnées de sa maîtresse, qui succomba aussi sous les effets de ce charme funeste....

Jeanne, veuve du Duc d'Autriche, sœur de Ladislas, succéda à son frère sur le trône de

V 2

Naples. La mort de Ladislas ne put déterminer Louis à retourner pour la troisième fois en Italie, quoiqu'il y fût appelé par le Pape Jean XXIII, qui lui-même perdit bientôt après, au concile de Constance, la tiare et la liberté.

Trois Papes existaient à la fois à cette époque; l'un Pierre de Lune, sous le nom de Benoît XIII, cantonné dans l'Aragon et anathématisé par les pères du concile de Pise; l'autre, Corrario, sous le nom de Grégoire XII, déposé au même concile et retiré à Rimini; le troisième était le Cardinal Cossa, qui occupait à Rome le trône Pontifical, sous le nom de Jean XXIII. Pierre de Lune n'avait d'autre protection que celle du Roi d'Aragon. Corrario consentait à donner sa démission: Cossa paraissait donc rester le seul légitime; mais il avait pour ennemi l'Empereur Sigismond, qui poursuivait sa déposition au concile de Constance. Elle fut ordonnée et suivie de la prison, où Jean resta trois ans. Il n'en sortit que pour reconnaître le Pape Martin V, qui fut élu dans ce concile. Martin accueillit avec bonté Cossa, qui en acceptant lui-même la décision du concile, sacrifia son ambition au repos de l'Église, et mit enfin un terme à ce schisme, si connu dans l'histoire, sous le nom de grand schisme d'Occident, qui fut le sujet de tant de scandales et de divisions dans toute la Chrétienté.

Louis était si éloigné de songer à reconquérir le royaume de Naples, qu'il était forcé alors de veiller à la conservation de son duché d'Anjou et de son Comté du Maine, que les Anglais qui faisaient la guerre à la France, menaçaient d'envahir. Il était à Angers, quand il fut atteint de la maladie dont il mourut à l'âge de quarante ans, en 1417, laissant de Yolande d'Aragon trois fils et trois filles. Les trois fils étaient Louis III, qui lui succéda dans le Duché d'Anjou et le Comté de Provence; René qui devint Duc de Lorraine; et Charles, qui eut la souveraineté du comté du Maine. L'aînée des trois filles, nommée Marie, fut la femme de Charles VII, Roi de France, la seconde, Yolande, fut mariée à François de Montfort, fils et successeur de Jean VI, Duc de Bretagne; la troisième épousa le Comte de Genève.

Le règne de Louis II, qui dura vingt-trois ans, ne fut marqué que par des vicissitudes. Les revers qu'il éprouva dans la conquête du royaume de Naples, le dégoûtèrent d'entreprendre celle du royaume d'Aragon, sur lequel sa femme Yolande, après la mort de sa sœur aînée, eut des droits légitimes. Il se contenta de régner sur les États dont il avait la paisible possession, et qu'il n'était pas nécessaire de disputer les armes à la main. C'est ainsi qu'au sein de la paix, il veilla plus particulièrement sur l'administration de la Provence. Ce fut lui qui institua l'Université d'Aix, et créa dans la même ville, un Parlement pour rendre la justice en dernier ressort, à la place du Juge-Mage, qui seul, ou avec les Assesseurs qu'il lui plaisait de choisir, jugeait les affaires les plus importantes. Louis avait eu pour motif dans cette nouvelle institution, de ne pas laisser à la merci d'un seul homme, ou de ceux qu'il choisissait, l'honneur et la fortune des citoyens. Par la même ordonnance, il borna aux affaires du domaine, la juridiction des Maîtres rationaux. Ce Roi, qui préféra le bonheur et le repos de ses peuples à son ambition, méritait d'être regretté. Sa mort fut pour les Provençaux, un sujet d'affliction d'autant plus légitime, qu'ils eurent à craindre les dangers et les inconveniens d'une minorité, sous un Prince âgé de quatorze ans.

LOUIS III.

Les trois Ordres de Provence formèrent des demandes sur divers objets que la Comtesse Yolande, déclarée régente et tutrice de son fils, prit en considération. Il s'agissait de la diminution des impôts, et surtout de remettre à l'ancien titre la monnaie du pays, dont l'altération arrêtait le mouvement du commerce et de l'industrie. Yolande fut pareillement sollicitée de révoquer tous les édits et déclarations de ses prédécesseurs, qui avaient porté atteinte aux priviléges dont la Provence était depuis long-temps en possession. Toutes ces demandes furent accordées ; mais Yolande montra de la faiblesse, en consentant irrévocablement à l'aliénation des Comtés de Nice et de Barcelonette, en faveur du Duc de Savoie, pour la somme de cent soixante-quatre mille francs d'or, ou deux millions cinquante mille francs de la monnaie actuelle, qui était due au Duc, pour les dépenses que son aïeul Amédée IV avait faites, lorsqu'il conduisit des troupes au secours de Louis I.er, dans le royaume de Naples. Il fallut un besoin d'argent bien pressant, pour forcer Yolande à vendre ainsi une partie de ses États.

La malheureuse issue des expéditions précédentes, était sans doute une leçon bien propre à détourner les Princes de la Maison d'Anjou, du projet de reconquérir le royaume de Naples. Cependant une occasion favorable pour rentrer dans ce royaume s'étant encore présentée, le jeune Louis ne manqua pas de la saisir.

Jeanne II qui régnait alors à Naples, comme sœur et unique héritière de Ladislas, déshonorait ce trône par une vie scandaleuse et dissipée. L'infortunée Jeanne I.re, complice du meurtre de son époux, dans l'effervescence des passions qui lui fit commettre ce seul crime de sa jeunesse, avait été plus faible que déréglée ; mais Jeanne II, parvenue à l'âge de quarante-cinq ans, qui est celui de la modération, satisfaisait tous ses goûts sans scrupule comme sans mystère, prodiguant à un favori nommé Pandolfe-Alopo, le plus beau de ses écuyers, les honneurs, les dignités et jusqu'à son autorité royale.

Les principaux Seigneurs de la cour, persuadés

que le mariage arrêterait la conduite scandaleuse de leur Reine, l'engagèrent à se choisir un époux. Jeanne y consentit avec l'intention de conserver toute sa liberté. Jacques de Bourbon, Comte de la Marche, fut celui de ses prétendans, à qui elle voulut bien donner sa main. Ce Prince, en épousant Jeanne, s'était proposé de ramener la décence et l'honnêteté, dans une Cour corrompue; et à cet effet, il se hâta d'agir en époux sévère. Les favoris de la Reine, anciens et nouveaux, furent arrêtés; Pandolfe fut décapité, et la Reine même, qui n'avait plus de liberté, fut entourée d'Argus si vigilans, qu'elle ne pouvait se dérober à leurs yeux. Jacques aurait peut-être réussi dans le projet qu'il avait de ne laisser à la Reine qu'un vain titre sans autorité, s'il eût cherché davantage à plaire aux Napolitains, et s'il n'eût pas favorisé exclusivement les Français qui étaient auprès de lui. Il se forma pour Jeanne un parti qui bientôt lui fit recouvrer son pouvoir. Elle tint même à son tour, pendant quelque temps, son mari en prison, et ne lui rendit la liberté qu'à la demande de plusieurs Souverains et surtout du Pape Martin V. Jacques, redevenu témoin des galanteries de sa femme, dégoûté du mariage et de la couronne, craignant de perdre une seconde fois la liberté, repassa en France et se fit moine en arrivant.

Cette Princesse, après le départ de son mari, restée dans une espèce de viduité et ne pouvant se passer de favori, remit sa personne et son royaume dans les mains de Carracciolo, appelé le grand Sénéchal, du nom de la charge qu'il avait à la Cour. Carracciolo, profitant de la passion que la Reine avait pour lui, ne s'occupa qu'à se rendre maître de l'État, en écartant à l'exemple de Pandolphe-Alopo, tous ceux dont la figure et les talens pouvaient faire quelqu'impression sur l'esprit et le cœur de Jeanne. De ce nombre fut Jacques Sforce, un des plus beaux hommes de la Cour de Naples, qui devint pour Carracciolo, l'objet des craintes les plus vives. Ce Jacques Sforce, dont le vrai nom était Jacques Muteo Attendolo, fut la tige de l'illustre Maison de Sforce, qui donna six Souverains au Milanais. Il était né à Cotignole, petite ville de la Romagne, entre Imola et Faenza; fils d'un laboureur; il quitta de bonne heure la charrue, pour suivre la profession des armes. C'était un de ces hommes singuliers, qui ne sont redevables de leur élévation qu'à leur audace et dont le génie s'élève avec la fortune. Sforce, devenu Connétable du royaume de Naples, était à la tête des troupes. La Reine l'avait envoyé au secours du Pape Martin, contre Braccio de Montone, autre aventurier, qui s'était emparé de plusieurs places du domaine de l'Église. Carracciolo, principal Ministre du royaume de Naples, ne trouva pas de moyen plus sûr pour perdre le Connétable, que de faire manquer ses opérations militaires, en le privant des troupes et de l'argent qui lui étaient nécessaires. Il n'en fallut pas davantage pour exciter Sforce à la vengeance; il la porta si loin, qu'il enveloppa même la Reine sa bienfaitrice, dans la ruine de son ennemi; car ce fut lui qui invita Louis III, Comte de Provence, à venir revendiquer ses droits sur le royaume de Naples.

Louis accepta la proposition, et envoya au Connétable une somme d'argent, que celui-ci employa tant à payer ses troupes, qu'à les mettre dans le parti du Prince provençal, et vint avec elles investir Naples. Jeanne implora inutilement l'assistance du Pape Martin V. L'affection que ce Pape avait témoignée à la Reine, dans les commencemens de son potificat, s'était bien rallentie, depuis que Carracciolo avait favorisé Braccio de Montone, ennemi du Pontife, en faisant manquer les opérations du Connétable Sforce. Martin V s'était éloigné de la Cour de Naples, et dans le dessein de se défaire de Carracciolo, qui gouvernait toute la Cour, il avait approuvé le projet d'appeler le Comte de Provence à Naples.

Jeanne, mieux instruite par son Ambassadeur à Rome, de la disposition du Pape, tourna ses vues, par le conseil du même Ambassadeur, du côté d'Alfonse, Roi d'Aragon, à qui elle fit proposer la couronne de Naples après sa mort, s'il voulait la défendre contre le Comte de Provence. Le Roi d'Aragon craignit d'abord, en acceptant cette proposition, de s'engager dans une trop grande entreprise ; mais séduit à la fin par le désir de posséder un si beau royaume, il fit répondre à la Reine, qu'il était disposé à tout entreprendre pour sa défense. Cependant, il laissa le temps au Comte de Provence de préparer des forces, auxquelles Jeanne ne pouvait long-temps résister. Elle se voyait sur le point de succomber, quand douze galères et trois galiotes Aragonaises parurent à la hauteur de Naples. Sforce n'ayant pu s'opposer au débarquement, se retira dans Averse et laissa la capitale au pouvoir du Roi d'Aragon et de la Reine de Naples, qui mit aussitôt la dernière main à l'acte d'adoption, par lequel elle reconnaissait le Roi d'Aragon pour son fils et pour son héritier.

Louis étant sorti de Naples, manquait de moyens pécuniaires pour se maintenir ; il ne put en obtenir de la Cour romaine, toujours timide quand il fallait soutenir les espérances d'un parti faible contre un parti fort. D'ailleurs, le Pape craignait encore, en se déclarant contre le Roi d'Aragon, d'exciter ce Prince à remettre sur la scène Pierre de Lune : cet Antipape, toujours retiré en Aragon, et de faire revivre le schisme. Martin V donna seulement à Louis un asile à Rome,

Ce Prince aurait été obligé de quitter l'Italie et de retourner en Provence, si l'inimitié qui survint entre le Roi d'Aragon et la Reine de Naples n'eût relevé ses espérances. L'Aragonais qui se voyait assuré de la couronne, demandait que la Reine l'associât au Gouvernement ; Jeanne voyant qu'elle s'était donnée un maître au lieu d'un successeur, partit précipitamment de Gaëte et se rendit à Naples où le Roi d'Aragon la suivit et fit emprisonner le grand Sénéchal Carracciolo. La Reine qui craignait d'être menée prisonnière elle-même, en Catalogne, se hâta d'attirer Sforce dans son parti, tourna contre le Roi d'Aragon les armes de son ancien et brave général, et révoqua à raison d'ingratitude, l'adoption qu'elle avait faite en faveur du Roi d'Aragon. Celui-ci fut battu, et tant Carraciolo que Sforce persuadèrent à la Reine d'adopter à sa place le Comte de Provence, qui se tenait obscurément à Rome : ce qui fut exécuté sans délai.

Louis retourna à Naples où il fut reçu par la Reine avec les plus grandes démonstrations de tendresse ; non-seulement elle l'adopta, mais elle le revêtit encore du titre de Roi, afin qu'il ne fût pas inférieur à l'Aragonais : à condition toutefois qu'il n'aurait dès ce moment que la jouissance du Duché de Calabre. Le Prince provençal fut aidé dans cette circonstance par le Duc de Milan et le Pape Martin V, qui craignaient, l'un et l'autre, de voir dans la personne du Roi d'Aragon, un Prince ardent et belliqueux, réunir à sa puissance l'importante portion de l'Italie, qui formait le royaume de Naples. La plupart des provinces du royaume proclamèrent Louis, et arborèrent ses enseignes. Cependant le Roi d'Aragon ayant en son pouvoir les deux forteresses de Naples, se soutenait encore dans la ville; mais frappé de l'unanimité avec laquelle les peuples applaudissaient au retour de Louis, et inquiet surtout des incursions que les Castillans avaient faites dans ses États, il se décida à remonter sur sa flotte, et à laisser à Don Pedre son frère, le commandement des deux forteresses de Naples, qui bientôt après furent forcées de se rendre. On dut à la valeur de Louis la reddition de ces deux places et de la ville de Naples. Ce Prince, en rétablissant la Reine sa bienfaitrice, ne se réserva que l'honneur de l'avoir bien servie; le grand Sénéchal Carracciolo conserva toujours la même faveur auprès de Jeanne, et en jouit d'autant plus paisiblement, que Sforce son rival s'était noyé au passage du Pescara, en poursuivant les restes du parti d'Aragon, et que Louis ne prenant aucune part aux affaires, était relégué dans son Duché de Calabre.

Le Roi d'Aragon, en retournant avec sa flotte en Espagne, voulut se venger des Marseillais, qui avaient montré le plus grand zèle à servir Louis dans la guerre de Naples. Il débarqua à Hières, parut ensuite devant Marseille, alors dépourvue d'armes et de troupes, força l'entrée du port, où les Marseillais soutinrent un rude combat, s'empara de la ville, y fit mettre le feu en plusieurs endroits et livra le reste au pillage. On aurait cru que Marseille, après ce désastre, ne remonterait plus au rang des grandes villes; mais Louis la fit rétablir, et bientôt elle se trouva en état de résister à une flotte Aragonaise qui vint l'attaquer pour la seconde fois.

Dans la première attaque, les habitans d'Aix qui marchèrent au secours de Marseille, d'où ils chassèrent les Aragonais, n'arrivèrent par malheur que lorsque la ville avait été déjà livrée au pillage. On assure que quelques habitans de Marseille qui s'étaient masqués pour n'être pas reconnus par leurs concitoyens, se joignirent aux ennemis pour partager le butin. La ville d'Aix portait sur ses enseignes les armes d'Aragon, qui lui avaient été données par un Comte de Provence de la Maison de ce nom. Ces armes étaient peintes sur les drapeaux des habitans d'Aix, lorsqu'ils vinrent secourir la ville de Marseille, comme sur ceux des Aragonais, qui étaient venus l'attaquer. Cette identité d'enseignes fut cause que les soldats des deux partis ne surent plus distinguer leurs ennemis dans la mêlée, et le désordre qui s'ensuivit fut si grand, qu'il força les Aragonais de se rembarquer. Louis, pour empêcher une semblable méprise à l'avenir donna d'autres armes à la ville d'Aix, en l'autorisant à mettre en chef à son écu, les armes du royaume de Jérusalem, celles de Sicile et celles d'Anjou.

Louis aurait été plus utile à la Reine de Naples, s'il n'eût pas été relégué dans son Duché de Calabre, par la jalousie du grand Sénéchal Carracciolo, qui lui-même était sur le point de terminer, par une fin tragique, le grand rôle qu'il avait joué jusqu'alors. Carracciolo, insatiable de richesses comme de pouvoir, voulait obtenir pour lui la principauté de Salerne et le Duché d'Amalphi, dont il avait dépouillé la Maison Colonne. Jeanne lui refusa ces deux grands fiefs, en lui disant, qu'il devait être content de tous ceux qu'il avait déjà obtenus. C'était le premier refus qu'il essuyait de sa Souveraine; il revint à la charge, Jeanne persista: Carracciolo, que dix-huit ans de crédit sur cette âme faible, avaient rendu plus orgueilleux, traita la Reine comme la dernière des femmes, et sortit furieux de son appartement.

La Duchesse de Sessa, femme d'une illustre origine, ennemie de Carracciolo, et terrible dans ses vengeances, entendit d'un appartement voisin cette scène scandaleuse, sans être aperçue. Irritée de voir la Reine et la Noblesse Napolitaine sous le joug de Carracciolo, elle entra chez Jeanne, qu'elle trouva baignée de pleurs. Elle voulut à l'instant lui arracher un arrêt de mort contre le plus insolent des favoris, ou plutôt l'ordre de le faire assassiner, attendu qu'il n'était guère possible de s'en défaire autrement. » Moi, » le faire mourir! » répondit la Reine avec vivacité; » moi, commander ou permettre un » assassinat! le ciel m'en préserve! qu'on m'aide » seulement à retirer mon autorité d'entre ses » mains, et c'est assez. » La Duchesse de Sessa obtint de faire arrêter le grand Sénéchal; mais en même temps connaissant le caractère indécis de Jeanne, elle résolut de le faire poignarder, dans la crainte qu'il ne parvînt à rentrer en faveur. Ce fut à des ennemis mortels du Sénéchal qu'elle confia son secret. Ceux-ci enhardis par la Duchesse, qui répondit de leur grâce, poussés par l'envie et la haine qu'ils portaient au Ministre, s'introduisirent dès la nuit suivante dans son appartement, et le percèrent de mille coups. Jeanne, qui ne savait pas même punir un crime qu'elle n'avait pas ordonné, en versa des larmes. Quand on fit lecture des lettres de grâce, portant qu'attendu l'insolence du Sénéchal, la Reine avait ordonné de le tuer, » ja» mais » s'écria-t-elle en plein conseil, » je n'ai » commandé de telles horreurs. » La Duchesse, malgré tout son empire sur la Reine, ne put lui faire supporter la vue des assassins, et fut obligée de voir conférer à d'autres, les places qu'elle avait promises aux auteurs du meurtre de Carracciolo.

Peu de temps après la fin tragique de cet ancien favori, Louis III qui aurait pu désormais participer

participer à l'administration du royaume, mourut en Calabre âgé de trente ans, dans l'année 1433. Ce Prince fut amèrement regretté, non seulement par les Calabrois et les Provençaux dont il faisait le bonheur, mais encore par la Reine, qui ne pouvait se pardonner d'avoir traité avec si peu de distinction un Prince vertueux, dont le respect, la soumission et l'attachement pour elle ne s'étaient jamais démentis, depuis qu'elle l'avait adopté et reçu dans ses États. Cette Princesse succombant elle-même sous le poids des années et des infirmités, et voulant réparer, le mieux qui lui était possible, la perte du Comte de Provence et ses torts envers lui, institua pour son héritier et son successeur, René d'Anjou, frère de Louis, à qui elle ne survécut que dix-huit mois. Jeanne II fut le dernier rejeton de cette Maison de Duras, qui n'avait éprouvé que des revers.

Louis III n'avait point laissé d'enfans de sa femme Marguerite, fille d'Amédée VIII, Comte de Savoie. Ce Prince fut brave, actif et bienfaisant. C'est à ses soins que la Provence dut la création d'un conseil, sous le titre de Conseil éminent, qui fut établi à Aix pour rendre la justice en dernier ressort, à la place du Parlement qu'avait institué Louis II. La distribution de la justice que le Souverain doit à ses sujets, était pour lui le devoir le plus essentiel; aussi portait-il pour devise, un bras qui sortait d'un nuage et qui tenait à la main une balance en équilibre, à l'entour de laquelle étaient ces mots: *Æqua durant semper*: ce qui signifiait que les choses bien acquises sont de durée.

CHAPITRE II.

RENÉ.

René d'Anjou, qui succéda à son frère Louis III, était déjà Duc de Lorraine et de Bar. Le Duché de Bar lui avait été donné par son oncle le Cardinal Louis, et celui-ci en avait hérité de son frère Édouard, qui fut tué à la bataille d'Azincourt, sans laisser de postérité. René avait eu la Lorraine par son mariage avec la Princesse Isabelle, fille unique et héritière de Charles I.er, Duc de Lorraine ; quoiqu'un autre Prince de Lorraine, le Comte de Vaudemont en réclamât la possession, comme d'un fief masculin, qui ne devait pas sortir de sa Maison. Vainement le Comte de Vaudemont aurait-il lutté contre le Comté de Provence, s'il n'eût été aidé par le Duc de Bourgogne, ennemi déclaré des Maisons de France et d'Anjou. La guerre s'engagea ; le sort des armes fut d'abord favorable à René ; mais le Duc de Savoie s'étant joint au Prince Bourguignon, René fut défait à Bellegneville en

Lorraine, et amené prisonnier en Bourgogne avec le Duc de Calabre son fils. C'était au moment où il venait d'être appelé au trône de Naples par le décès de la Reine Jeanne, qui l'avait institué son héritier. Ainsi sa fortune s'aggrandissant, sa rançon devait être plus considérable.

Le Roi prisonnier ne pouvant gouverner ses États, en confia l'administration à sa femme Isabelle, qui s'occupa principalement à conserver le royaume de Naples, dont Alfonse, Roi d'Aragon déjà maître de la Sicile, pensait à s'emparer. Isabelle reçut en Provence la députation des seize Barons Napolitains, que la feue Reine avait chargés de l'administration du royaume, en l'absence de René. Ces députés sollicitèrent vivement Isabelle de venir prendre elle-même les rênes de l'État, jusqu'à ce qu'il plût au ciel de terminer la captivité de son mari.

La Reine partit aussitôt pour Naples, et trouva ce royaume livré à des partis, qui ne lui en laissèrent pas aisément prendre possession. Le Pape lui-même, Eugène IV, qui avait succédé à Martin V, prétendait que le royaume de Naples étant devenu un sujet de dispute, entre le Comte de Provence et le Roi d'Aragon, c'était à lui à en décider, et à donner, en sa qualité de suzerain, ce royaume à celui des deux Princes qu'il jugerait à propos de choisir.

Isabelle n'avait pas voulu partir de Provence avant de s'être assurée des secours qu'elle attendait du Duc de Milan, pour lors Seigneur et maître de Gênes; et sans avoir aussi quelqu'espérance du côté du Pape, qui ne craignait pas moins que son prédécesseur, la trop grande puissance de la Maison d'Aragon en Italie.

Alfonse, Roi d'Aragon, après avoir vaincu les Castillans, tranquille de ce côté, se trouvant en Sicile au décès de Jeanne, avait passé aussitôt le Phare, pour venir assiéger Gaëte, place maritime extrêmement fortifiée, et dont l'occupation pouvait entraîner celle de la capitale et du reste de l'État. Une flotte génoise, envoyée par le Duc de Milan, accourut aussitôt au secours de Gaëte, sous les ordres du célèbre Amiral Luc Aseretto. Alfonse, informé des approches de cette flotte, n'hésita pas d'aller l'attaquer. Le combat fut long et opiniâtre; mais à la fin Alfonse fut vaincu, fait prisonnier, conduit à Gênes, et avec lui les principaux Barons qui l'avaient suivi. Ainsi, les deux Rois prétendans à la même couronne, se trouvaient en même temps retenus prisonniers, René, par le Duc de Bourgogne, et Alfonse, par le Duc de Milan; mais la prison d'Alfonse nuisit plus au parti Angevin, que si ce Prince était resté à la tête de son armée. Le Roi d'Aragon, en traitant en personne avec le Duc de Milan, non seulement recouvra sa liberté, mais vint encore à bout d'engager ce Duc à tourner ses armes contre le Roi René. Cependant ces deux Princes en traitant ensemble, n'agirent que comme deux rivaux qui s'observent mutuellement, et n'eurent garde de s'abandonner l'un à l'autre la primauté entre les puissances d'Italie. La première disgrace que fit éprouver au Duc de Milan cette union mal concertée, fut la perte de la ville de Gênes, qui recouvra son ancienne liberté. Dans ce même temps, les troupes du Roi d'Aragon, sous les ordres de son frère Don Pédre, s'emparèrent de Gaëte. La prise de cette ville fut suivie de la reddition de plusieurs autres places.

Le Pape Eugène tremblait déjà du succès des armes aragonaises ; et pour ranimer dans le royaume de Naples le parti Angevin prêt à s'éteindre, il y envoya un secours de trois mille hommes de cavalerie ; mais le plus grand service qu'il rendit au Roi René, fut d'obtenir du Duc de Bourgogne sa liberté. Il est vrai qu'elle fut payée bien cher : il en coûta au prisonnier la somme de deux cents mille florins d'or ; c'est-à-dire, un million neuf cents trente mille francs de la monnaie actuelle ; mais d'un autre côté, René conserva la Lorraine, quoiqu'on ne lui eût déclaré la guerre, que pour lui enlever cette province.

Ce Prince, qui avait déjà payé cher sa rançon et celle de son fils, se voyait encore forcé pour conquérir le royaume de Naples, de faire tomber sur ses sujets les frais énormes de cette entreprise. Ce furent les sommes levées à la hâte en Provence, du consentement des États, qui mirent le Roi René en mesure de se montrer aux Napolitains, que sa réputation remplissait déjà de confiance. Il arriva à Gênes, où il trouva par les soins du Doge Campo Fregoso, dix galères armées et bien équipées, qui le débarquèrent à Naples. Son arrivée releva les espérances de son parti, sans abattre celui du Roi d'Aragon. Ces deux Princes se disputant à l'envi l'amitié des peuples par des actes de générosité, employaient leurs armes avec des succès divers, lorsque René, qui vint à bout de faire lever le siége de Naples au Roi d'Aragon, parut avoir l'avantage; mais bientôt la fortune l'abandonna.

Alfonse plus riche que son rival, répandit plus d'argent. Dès lors, une partie de la Noblesse abandonna René, qui perdit encore, par surcroit de malheur, le Général Jacques Caldora Duc de Bari, dont la valeur et l'habileté aidaient ce Prince à se soutenir dans le royaume de Naples. Ce Général mourut subitement. Son fils, qui fut arrêté, après la mort de son père, sur quelques soupçons trop légèrement conçus, ne perdit pas, en recouvrant sa liberté, le dessein et l'espoir de se venger. Il abandonna bientôt le Roi René. A son exemple, une partie de l'armée, qui n'était pas payée, déserta. Cependant René fondait encore ses espérances sur l'attachement que lui montraient les habitans de la ville de Naples, où il se renferma pour s'y défendre jusqu'à la dernière extrémité, après avoir renvoyé, par motif de prudence et de sûreté, sa femme et ses enfans en Provence.

Malgré le grand nombre de partisans que René avait dans Naples, le Roi d'Aragon n'en entreprit pas moins le siége. Il serra cette ville de si près, que la famine s'y fit bientôt sentir. Outre le moyen que lui assurait ce fléau pour réduire la place, il s'en présenta un autre plus expéditif, dont le Roi d'Aragon ne manqua pas de profiter. Ce fut d'introduire des soldats dans la ville, par le même aquéduc, qui neuf siècles auparavant avait servi à Bélizaire, pour s'emparer de Naples par surprise, et en chasser les Goths. Le nouveau succès de cet ancien stratagême, ne laissa d'autre parti à René que celui de la retraite. Ce Prince s'embarqua sur un vaisseau qu'il avait fait préparer, et fit voile du côté de Pise, d'où il alla joindre à Florence le Pape Eugène IV, qui lui donna l'investiture du royaume qu'il venait de perdre : concession peu dangereuse pour le Roi d'Aragon, maître de ce royaume par la force des armes, et à qui le Pape fut obligé, un an après, d'accorder la même investiture.

René fut reçu en Provence, avec toutes les marques d'intérêt qu'inspiraient les malheurs d'un Prince, à qui la fortune semblait s'épuiser vainement à procurer des États qu'il ne pouvait pas conserver.

Les Provençaux partagèrent aussi la douleur

que lui causa la mort de la Reine Yolande d'Aragon sa mère: Princesse recommandable par ses heureuses qualités, et dont les négociations avaient préparé la paix entre les Rois d'Angleterre et de France, à laquelle le Roi René, qui se rendit pour cet effet à la Cour de France, eut le bonheur de mettre la dernière main.

Ce fut pendant ces négociations que le Roi René reçut la proposition du mariage de la Princesse Marguerite, sa seconde fille, avec Henri VI, Roi d'Angleterre: Prince faible, qui se laissait gouverner par son Ministre, le Comte de Suffolck. Ce Ministre n'avait d'autre vue dans ce projet, que de placer sur le trône une Princesse, qui lui fût redevable de son élévation. Il vanta au Roi son maître les belles qualités de Marguerite d'Anjou. Henri ne crut pas même faire trop, à la persuasion de son Ministre, en rendant au Comte du Maine, frère du Roi René, la ville du Mans avec le reste de ce Comté, dont il s'etait emparé. Le crédit de Suffolck augmenta encore par l'ascendant que la Princesse Marguerite obtint sur l'esprit de son mari. C'est cette même Marguerite, qui après avoir soutenu dans douze batailles, les droits de son époux et de son fils, mourut en 1482, la Reine, l'épouse et la mère la plus malheureuse de l'Europe.

René, que son génie portait vers les institutions chevaleresques, établit à Angers, un ordre religieux et militaire, connu sous le nom d'Ordre du Croissant, dont le symbole consistait en un croissant d'or, sur lequel était écrit en lettres bleues: *Los en croissant*: ce qui signifiait qu'on acquiert *los* ou louanges, en croissant en vertu et en gloire. La piété envers Dieu, la fidélité envers le Prince, la charité envers les affligés, les secours accordés aux opprimés, l'union entre les chevaliers, la modération dans leur conduite, le désir d'acquérir de l'honneur, furent les principales règles de cet Ordre, composé de cinquante chevaliers, que René mit sous la protection de S.t Maurice, et dont l'assemblée devait se faire dans l'église de S.t Maurice d'Angers. Bientôt après, la femme du Roi René, Isabelle de Lorraine mourut dans la même ville, en 1453. Le Roi fut vivement affligé de la perte d'une épouse, dont le courage et les conseils l'avaient aidé à soutenir ses revers, et qui lui avait apporté en dot le duché de Lorraine, qu'il remit avec le duché de Bar, à son fils aîné, Duc de Calabre. René songea ensuite à profiter des troubles d'Italie, pour tenter encore de rentrer en possession du royaume de Naples.

La guerre existait alors, entre les républiques de Vénise et de Florence. Les Florentins avaient pour allié François Sforce, successeur des Visconti dans la souveraineté du duché de Milan. Les Vénitiens étaient soutenus par le Duc de Savoie, le Marquis de Monferrat et le Roi de Naples. Les Florentins et le Duc de Milan ne se sentant pas assez forts, supplièrent

Charles VII, Roi de France, de leur envoyer le Roi René, avec une armée, promettant d'employer toutes leurs forces à rétablir la Maison d'Anjou sur le trône de Naples. Le Roi de France y consentit: René prit la route de l'Italie, suivi de trois mille cinq cents chevaux. Le Duc de Savoie se préparait à lui disputer le passage des Alpes; mais le Duc de Milan, qui prévit cet obstacle, gagna le Dauphin de France, depuis Louis XI, pour lors retiré en Dauphiné, et sut l'engager à faciliter l'entrée de l'Italie au Roi René. En effet, ce dernier, soutenu par les armes du Dauphin, entra dans la Lombardie. A peine y fut-il arrivé, qu'il réussit à détacher le Duc de Savoie et le Marquis de Montferrat, de leur alliance avec les Vénitiens, et enleva de plus le Bressan à la république de Venise. Celle-ci, craignant d'éprouver de plus grands revers, négocia avec les Florentins, qui se voyant délivrés des armes vénitiennes, ne voulurent plus tenir la promesse qu'ils avaient faite à René, de l'aider à recouvrer son royaume de Naples. Ce Prince ainsi abandonné, prit le parti de retourner en Provence. Cependant, à la demande même des Florentins, il leur laissa son fils, le Duc de Calabre, dans le dessein d'entretenir toujours les inquiétudes d'Alfonse, Roi de Naples.

Le Pape Nicolas V exhortait tous les Princes d'Italie à étouffer leurs querelles. Le Duc de Milan François Sforce s'y refusait; cependant lorsque les Vénitiens lui promirent de le reconnaître Duc de Milan, c'est-à-dire, de lui garantir la souveraineté, que d'autres pouvaient lui contester, il consentit à la paix. Tout ayant été ainsi arrangé entre les puissances belligérantes d'Italie, le Duc de Calabre ne retira de son séjour dans ce pays, qu'un présent de soixante mille florins d'or, ou sept cents mille francs de la monnaie actuelle, qu'il reçut des Florentins.

Le Roi René, de retour en France, épousa en secondes nôces Jeanne de Laval, fille de Guy, Comte de Laval dans le Maine, et d'Isabelle de Bretagne. René eut pour Jeanne le plus tendre attachement ; c'est pour elle qu'il fit célébrer à Saumur en Anjou, ce fameux Tournoi, connu sous le nom du *Pas de la Gueule du Dragon*.

De nouveaux événemens rappelèrent le Duc de Calabre en Italie. La ressource ordinaire des Génois était de se donner à la France, lorsqu'ils étaient agités par des troubles intérieurs, ou qu'ils se sentaient pressés par quelque Prince étranger, auquel ils n'étaient pas en état de résister. Alfonse Roi de Naples leur avait déclaré la guerre : Ils s'offrirent au Roi de France, qui accepta la souveraineté de Gênes et y nomma pour son Gouverneur le Duc de Calabre, à qui les Génois remirent la citadelle de leur ville, et toutes les places importantes de leur État.

Les troupes du Roi de Naples poursuivaient

le siége de Gênes, lorsque ce Roi mourut, ne laissant pour toute postérité, qu'un fils adultérin, nommé Ferdinand, qui fut son successeur au trône de Naples et de Sicile. Le Pape Calixte III ne regardant pas Ferdinand comme un héritier légitime, où plutôt voulant profiter de cette circonstance pour donner le royaume de Naples à son neveu Borgia, Duc de Spolete, refusa d'accorder l'investiture à Ferdinand. Celui-ci avait encore un autre concurrent dans Don Juan, Roi d'Aragon, frère du Roi Alfonse; mais Don Juan ne se montra pas comme un adversaire bien redoutable, étant pour lors occupé par les guerres intestines, qui déchiraient l'Aragon et la Navarre. De tous les prétendans, aucun n'apportait de titre plus légitime que le Duc de Calabre, qui représentait la Maison d'Anjou.

Sur ces entrefaites, le Pape Calixte mourut en l'année 1458, et fut remplacé par le Cardinal Picolomini sous le nom de Pie II. Le Duc de Calabre ne fut délivré d'un ennemi dangereux, dans la personne du dernier Pape, que pour en trouver un plus dangereux encore dans le nouveau Pontife. Pie II n'était pas poussé comme son prédécesseur par le démon du népotisme; mais bien par la crainte de voir la Maison d'Anjou trop puissante en Italie, si elle occupait le trône de Naples. En conséquence, demeurant constamment uni à Ferdinand, dont la puissance ne s'étendait pas, comme celle de son père, jusque dans l'Aragon, il lui donna l'investiture que son prédécesseur lui avait refusée.

Ferdinand n'en avait pas moins à craindre le Duc de Calabre, qui disposait des forces de Gênes, levait des troupes en Provence, et se préparait à conquérir un royaume auquel il était appelé, autant par ses droits, que par un parti mécontent du Gouvernement de Ferdinand. On conçoit combien ce dernier devait craindre un adversaire, qui avait tant de moyens de le troubler dans sa possession. Cependant Ferdinand trouva des amis dans ceux même qu'il devait redouter le plus. Ce furent les Gênois, qui ne s'étant pas donnés au Roi de France par une volonté bien sincère, vinrent prier Ferdinand de les soustraire à l'autorité française. Le même parti, qui avait appelé le Roi de France à Gênes, se tourna contre lui.

Saisissant une si belle occasion d'expulser son rival de l'Italie, Ferdinand envoya une flotte nombreuse à Gênes, pour entretenir le mécontentement des Gênois contre les Français. De son côté le Duc de Calabre vint à bout, non-seulement de contenir les Gênois, mais à l'aide même de la marine Gênoise, de battre et disperser la flotte Napolitaine. Le Duc, enflé de cette première victoire, se flatta de réussir à se venger du Roi de Naples, et même à lui enlever son royaume. Il vint débarquer avec vingt-deux galères Génoises et quatre gros vaisseaux, près de Sessa, entre les embouchures des rivières du Garillano et du Volturne. Il avait pour principal partisan, Jean-Antoine des Ursins, Prince de Tarente, grand Connétable de Naples. Ce fut lui qui réduisit plusieurs villes sous le pouvoir du Duc de Calabre, de sorte qu'en peu de temps, il le rendit maître de la terre de Labour, de la Capitanate, de la Basilicate et de la Calabre jusqu'à Cosence.

La bataille de Sarno (1), dans la Principauté Citérieure, où les troupes de Ferdinand furent battues, aurait livré tout le royaume au Duc de Calabre, si ce Prince, au lieu de marcher tout de suite à Naples, n'eût pas employé inutilement son temps et ses forces à réduire les villes du second ordre. Le sort d'une Capitale règle ordinairement celui du reste de l'État. La ville de Naples soumise, aurait entraîné toutes les autres : la consternation y était si grande, que la Reine Isabelle, épouse du Roi Ferdinand,

––––––––––

(1) Noms de plusieurs gentilshommes provençaux qui combattirent à la bataille de Sarno, dont les familles existent encore :

Barras, Baschi, Blacas, Castellane, d'Arbaud, Demandols, Gérente, Gombert, Grasse, Grimaldi, Grille, Glandèves, Forbin, Laincel, Lestaing, Pontevès, Porcellets, Puget, Renaud d'Allein, Sabran, Vento, Villeneuve.

Voyez les tables de P. d'Hosier.

fut obligée de se sauver déguisée en Cordelier, accompagnée seulement de son confesseur. Elle alla se jetter aux pieds du Prince de Tarente son oncle, le supplia de lui conserver une couronne qu'elle tenait de lui. Ce Prince n'avait favorisé le parti d'Anjou, que parce qu'il était mécontent du Roi Ferdinand; il ne voulait cependant pas décidément le renverser du trône, que partageait sa nièce. Il se contenta de donner des espérances à la Reine, et ne s'expliqua pas davantage. C'était assez pour faire présumer qu'il retournerait bientôt à un parti, auquel les liens du sang et les instances de sa nièce semblaient devoir le rappeler. Dès ce moment, le Prince de Tarente conseilla au Duc de Calabre de se rendre maître des villes voisines, avant de s'emparer de la Capitale : entreprise d'ailleurs, dont il lui exagéra les difficultés. C'est ainsi que le Duc, qui ne se défiait nullement de la sincérité du Napolitain, perdit une occasion qu'il ne retrouva plus.

Le Pape Pie II était toujours occupé du dessein d'éloigner la Maison d'Anjou de l'Italie. Sous prétexte de poursuivre l'exécution du projet de croisade contre Mahomet II, maître de Constantinople, et dont les armes faisaient trembler l'Italie, Pie indiqua une assemblée des Princes Chrétiens à Mantoue, où il se rendit lui-même des premiers. On s'y occupa des moyens de s'opposer aux progrès des Turcs; rien d'important n'y fut arrêté, à cause de la difficulté de réunir tant de puissances européennes. La fortune de Mahomet échoua dans la suite par la valeur de Scanderberg, Roi d'Albanie. L'objet le plus réel du Pape en convoquant le congrès de Mantoue, avait été de se servir de la guerre des Turcs, pour masquer un autre projet, qui était de procurer des secours à Ferdinand, pour chasser de l'Italie le Duc de Calabre. En effet, les longues et secrètes conférences que le Pape eut à ce sujet, avec le Duc de Milan François Sforce, prouvèrent bien que la guerre de Naples était l'objet essentiel du Pontife.

Sforce, de son côté, ne désirait pas moins de voir la nation française éloignée de son Duché, sur lequel la Maison de France avait des droits incontestables, par le mariage du Duc d'Orléans avec Valentine de Milan, fille de Jean Galéas, Duc de Milan, de la famille des Visconti.

La République de Gênes était toujours au pouvoir des Français ; mais il était facile de prévoir, que cette République inconstante, poussée par les intrigues du Pape et du Duc de Milan, secouerait bientôt le joug d'une puissance, qu'elle n'avait reconnue que par nécessité. Gênes profita donc du moment propice, où le Duc de Calabre était entièrement occupé de la conquête du royaume de Naples, pour se soustraire au pouvoir de la France. Les Génois, gouvernés précédemment par le Duc de Calabre, et dans ce

moment

moment par le Roi René son père, contraignirent leur nouveau Seigneur de se retirer à Savonne, et de Savonne à Marseille. Cette retraite du Roi René affaiblit nécessairement l'ascendant que son fils avait pris dans l'État de Naples, ainsi que le pouvoir de ses armes.

Dans le même temps le fameux Scanderberg, abandonnant les guerres de Turquie, où ses exploits contre le Croissant, avaient relevé la gloire du nom Chrétien, aborda inopinément à Trani dans la terre de Barri, annonçant qu'il venait à l'invitation du Pape, se déclarer le protecteur du Roi Ferdinand. Le Prince de Tarente, premier Baron du royaume, qui avait été, du moins en apparence, le principal soutien du Duc de Calabre, l'abandonna entièrement. Dès-lors celui-ci voyant son parti abattu, fut forcé d'évacuer l'État de Naples, pour ne plus y revenir. Ainsi finit le règne de la branche Angevine dans le royaume de Naples, après cent quatre-vingts ans de possession orageuse d'une couronne, qui avait été le sujet de tant de guerres ruineuses pour la Provence!

Une guerre civile s'allumait en 1465, dans la France, où Louis XI régnait alors. Ce Roi, qui ne craignait pas d'être haï, pourvu qu'il fût redouté, en voulant abaisser les Grands, s'était attiré leur haine, et surtout celle du Duc de Bourgogne, qui lui avait donné un asile pendant qu'il était brouillé avec Charles VII son père.

Y

Le Comte de Charolais, le Duc de Bretagne, le Duc de Bourbon, le Comte de Dunois, et surtout Charles de Berri, frère du Roi, formèrent une ligue, qu'ils couvrirent du beau nom de *Ligue du bien public*, voulant, disaient-ils, réformer l'État et soulager le peuple ; mais ils avaient le dessein plus réel, de mettre des bornes au pouvoir du Roi de France, dont ils avaient tous à se plaindre. Le Roi René et le Comte du Maine son frère prirent le parti du Roi ; mais ils ne purent empêcher le Duc de Calabre, Souverain des Duchés de Lorraine et de Bar, de se joindre aux confédérés, et de se venger ainsi de Louis XI, qui ne l'avait pas aidé dans son entreprise sur le royaume de Naples. Le Duc de Calabre se rendit utile à la Ligue, et fut celui des Princes qui contribua le plus au traité de Conflans. Ce traité, dans lequel chacun des principaux chefs fit son accord particulier, et obtint ce qu'il demandait, termina la guerre ; et le peuple, loin d'être soulagé, fut opprimé davantage. Aussi cette ligue, après l'événement, fut-elle appellée avec plus de raison, la *Ligue du mal public*. Le Duc de Calabre se fit donner les villes de Mouson, de S.te Menehould, de Vaucouleurs, d'Épinal, cinq cent lanciers entretenus par le Roi, et cent mille écus, en indemnité de la perte du royaume de Naples.

Les revers que René avait éprouvés à la guerre, ne l'empêchèrent pas de tenter encore le sort des armes, en se jetant dans une nouvelle expédition, qui ne lui fut pas plus profitable que celle de Naples. Les Catalans, indignés des mauvais traitemens que leur Roi Jean II faisait essuyer à son fils le Comte de Vianne, qui mourut quelque temps après, victime d'une indigne marâtre : les Catalans, dis-je, se révoltèrent contre leur Roi et offrirent à René de se mettre sous sa domination, en vertu des droits qu'il avait sur leur pays, par la Reine Yolande sa mère. René accepta leur offre ; mais il fallait aux Catalans un appui pour soutenir leur révolte : René ne pouvant, dans un âge avancé, se mettre lui-même à la tête de son armée, confia le soin de l'expédition à son fils, le Duc de Calabre, plus ambitieux et plus actif que son père. Bientôt le Duc passa en Catalogne avec une armée, composée de Lorrains, de Provençaux (1), de Français, et attaqua le Roi Jean. Il s'était emparé de Gironne, et avait remporté quelques autres avantages, lorsque la mort le surprit à Barcelone, le 27 juillet 1471.

---

(1) Noms de plusieurs Gentilshommes Provençaux qui combattirent en 1468, dans la guerre de Catalogne, sous le Duc de Calabre, et dont les familles existent encore :
Blacas, Brancas, Castellane, Forbin, Gerente, Grasse, Grimaldi, Grille, Lestang, Pontevés, Porcellets, Sabran, Sade, Villeneuve.
Voyez les tables de P. d'Hozier.

René eut à regretter un fils, qui s'était montré généreux, obligeant, brave de sa personne et doué d'excellentes qualités. Sa mort ruina les affaires de la Maison d'Anjou dans la Catalogne. Ainsi, le malheur semblait vouloir, en tout et partout, poursuivre le bon Roi René !

Le Prince Jean, fils ainé du Duc de Calabre, succéda à son père, dans le Duché de Lorraine et de Bar. Ce Prince lui survécut peu de temps. Il mourut en 1471 : la même année que son père. Nicolas qui devint, après son frère Jean, Duc de Lorraine et de Bar, voulut soutenir les droits de sa Maison, sur la Catalogne et l'Aragon ; mais soit qu'il se fût fait un ennemi de Louis XI, en prenant le parti du Duc de Bourgogne, soit que celui-ci l'eût trompé par de fausses promesses, Nicolas ne put supporter l'idée d'être devenu odieux au Roi de France et dupe du Bourguignon. Un sentiment trop vif de sa disgrace fit périr à Nanci ce jeune Prince, plein de valeur et adoré de ses sujets, en l'an 1473.

La mort du Prince Nicolas, qui n'était âgé que de 25 ans, remit son aïeul le Roi René en possession des Duchés de Lorraine et de Bar ; mais il s'agissait de savoir quel serait son successeur à ces deux États. René n'avait plus que deux filles veuves : la première du Comte de Vaudemont, Prince d'une branche de l'ancienne Maison de Lorraine : la seconde, de Henri VI, Roi d'Angleterre. Celle-ci n'avait point d'enfans, au lieu qu'Yolande sa sœur aînée avait un fils et vivait au milieu des Lorrains. Ces raisons lui firent donner la préférence : elle fut déclarée Duchesse de Lorraine et de Bar.

Yolande, pour mieux assurer la Lorraine et le Duché de Bar à son fils, s'en démit en sa faveur. C'est ainsi que le Duché de Lorraine, qui était tombé dans la maison d'Anjou par le mariage du Roi René avec Isabelle de Lorraine, retourna dans celle de Lorraine, par le mariage de la fille de René avec un Prince Lorrain.

L'ambition n'agissait plus sur le Roi René, qui avait perdu ses fils, et s'était vu privé de plusieurs souverainetés qui de droit devaient lui appartenir. Aussi ce Prince dans son âge avancé, ne songea plus qu'à finir tranquillement ses jours. Ayant à choisir pour sa demeure l'Anjou ou la Provence, il préféra ce dernier pays à cause de la douceur du climat, et de l'amour que les Provençaux lui avaient toujours témoigné. René résidait à Aix. Il avait, comme la plupart des habitans aisés de cette ville, une *Bastide* ou maison de campagne. La sienne était située au lieu connu aujourd'hui sous le nom des *Infirmeries*. Il n'était jamais plus content que quand il allait à sa *Bastide*. C'est de là qu'il datait souvent ses lettres patentes : *Datum in nostrâ Bastidâ propè civitatem nostram aquensem, diè, etc.*, voulant perpétuer ainsi le souvenir du lieu simple et agreste qu'il se faisait un plaisir d'habiter.

Pour témoigner plus expressément son affection aux habitans d'Aix, dont il était également chéri, il leur accorda plusieurs priviléges; entr'autres, celui de tenir toutes leurs propriétés comprises dans le territoire d'Aix en franc aleu, c'est-à-dire, en héritages francs et libres de toute sujétion, ne relevant d'aucun Seigneur, et exempts de tous droits et devoirs féodaux. Il se plaisait aussi à Marseille, où il se promenait volontiers sur le port, du côté du midi, à l'abri des vents, pour y jouir de la chaleur du soleil d'hiver qui lui servait, disait-il, de cheminée. Le souvenir de ce bon Roi s'est si bien conservé dans la mémoire des Provençaux, qu'ils donnent encore aujourd'hui le nom de *cheminée du Roi René* aux promenades qui sont exposées au midi, et surtout à l'abri des vents froids, qui ne soufflent que par intervalles, et sans lesquels on pourrait dire qu'il n'y a presque point d'hiver en Provence.

Dans ce doux loisir, qui ne laissait au Roi d'autre soin que de cultiver les beaux arts, et de faire du bien à ses peuples, ce Prince fut inquiété par le Roi Louis XI, dont le génie turbulent ne pouvait laisser personne en repos. Louis ayant des vues sur le Comté de Provence sollicitait le Roi René de faire un testament en sa faveur; ne pouvant l'obtenir, il accusa faussement René d'être d'intelligence avec ses ennemis. Sous ce prétexte, il le déféra au Parlement de Paris, comme si René eût pu être justiciable de ce Parlement. Il fit plus : il s'empara du Duché d'Anjou. Un pareil procédé ne pouvait manquer d'irriter le vieux Monarque. Le Duc de Bourgogne voulut profiter de cette circonstance pour engager René à lui assurer sa succession; et mit en œuvre pour l'y déterminer, toutes les promesses qui pouvaient flatter un vieillard jaloux de conserver la paix et le repos. La possession du Comté de Provence entrait dans les projets du Bourguignon, qui se proposait de faire épouser au Duc de Savoie sa fille Marie, et de lui procurer par ce mariage une grande souveraineté. En effet, par la réunion de la Provence aux États de Savoie et à ceux du Duc de Bourgogne, cette souveraineté se serait étendue de la Méditerranée à l'Océan, et aurait renfermé un grand nombre de Provinces contiguës. Le Roi René agréa cette proposition, ou feignit au moins de l'agréer, pour faire rentrer le Monarque français en lui-même, et l'obliger à réparer les torts qu'il lui avait faits.

Ce moyen réussit, car la négociation ayant transpiré, Louis XI ouvrit les yeux et reconnut sa faute. René pouvait choisir pour son héritier, ou son neveu Charles, Comte du Maine, ou son petit-fils René, Duc de Lorraine, fils de la Princesse Yolande ; mais son affection penchait plutôt vers un Prince de sa Maison. Il n'aimait pas ceux de Lorraine, qui avaient été la cause de ses premiers malheurs. C'était malgré lui qu'il avait marié sa fille Yolande avec un Prince Lorrain, son ennemi particulier, accusé même d'avoir ravi sa fille. Ainsi la préférence étant pour son neveu, Prince d'une santé faible, jusqu'alors sans postérité, et tout dévoué à Louis XI, il était facile de voir que si la succession de René passait au Comte du Maine, ce ne serait qu'un dépôt passager, qui reviendrait bientôt au Roi de France. En conséquence, Louis changea de conduite à l'égard de René, l'invita à venir le trouver à Lyon, et là il le combla de témoignages d'amitié.

Pour venir à bout de ses projets, ce Roi savait dissimuler ; il rendit au Monarque provençal le Duché d'Anjou, en faisant accompagner cette restitution d'un somme considérable, qui aida René à mettre de l'ordre dans ses affaires, et à vivre dans une plus grande aisance. Le Roi de France fit aussi des présens considérables aux Conseillers d'État de René, surtout à Palamède de Forbin, son principal Conseiller, qu'il gagna entièrement. Il réussit par ces moyens à ramener le cœur et l'esprit de ce vieux Roi, qui naturellement généreux, oublia ses anciens griefs, et fit son testament en faveur du Comte du Maine son neveu. Il fut réglé aussi, que le

Roi de France réunirait à sa couronne après la mort de René, le Duché d'Anjou comme un apanage qui ayant été donné autrefois à un fils de France, ne devait point passer dans une branche collatérale. René, après avoir réglé ainsi sa succession, ne pensait qu'à mener une vie tranquille lorsque la mort l'enleva à Aix, le 17 juillet 1480, à l'âge de 73 ans, au milieu de son peuple dont il était adoré.

Également affectionné pour tous ses sujets, et voulant donner une dernière marque de son souvenir aux Angevins qui avaient été privés de sa présence, René ordonna, par son testament, que son corps fût transporté et enterré dans la Cathédrale d'Angers, auprès de celui de sa première femme Isabelle de Lorraine.

Ce Prince religieux, bon et affable, ne fut heureux que lorsqu'il n'eut plus de royaume à disputer, et qu'il put librement s'occuper du bonheur de ses sujets. Il y avait peu de familles distinguées en Provence, dont le nom ne lui fût connu et dont il ignorât en même temps les inclinations et les facultés. Content de son domaine, il n'exigeait l'impôt de la taille, que suivant un tarif réglé sur les bonnes ou mauvaises saisons.

Le Roi René entretenait une correspondance suivie avec les savans de son temps, et surtout avec Antoine Marcel, noble vénitien, savant distingué, de qui René reçut, entr'autres manuscrits grecs, une Homélie de S.ᵗ Jean-Chrysostome, nouvellement découverte, dans laquelle ce Saint traite des devoirs de la Religion chrétienne et des consolations qu'elle offre dans les adversités inséparables de la vie humaine.

Ce Prince cultivait la littérature et les beaux arts : il composa divers ouvrages dont l'un, qui existe en manuscrit autographe, à la bibliothèque royale à Paris, est un traité sur les Tournois, et sur les cérémonies qu'on observe à la réception d'un Chevalier. Un autre, qui a été imprimé, est intitulé : *L'abusé en Cour*. Ce sont des dialogues mêlés de prose et de vers, entre un courtisan réduit à l'indigence par sa mauvaise conduite, et l'auteur qui parle sous le nom de maître. René composa cet ouvrage pour l'instruction des jeunes gentilshommes qui entrent à la Cour.

Parmi les beaux arts, le Roi René aimait la peinture, et surtout la miniature. Son goût particulier pour ce dernier genre de peinture, a fait croire trop légèrement que les miniatures qui ornent un roman manuscrit, mystique et emblématique, sont de sa main. Ce roman est intitulé : *Le Roman de tres-doulce merci au cuer d'amour épris*. On peut croire que René est l'auteur de ce livre singulier. C'est l'histoire, les amours, et les souffrances de deux amans fidèles, dont ce Prince a caché les noms sous ceux *de Cuer d'amour et de Doulce merci*. Le style et les idées de ce galimathias allégorique, semblent en effet lui appartenir; mais on ne saurait admettre que les miniatures de ce roman soient le résultat de son talent pour la peinture; elles sont dessinées et traitées avec un art si admirable, qu'on peut les considérer comme des chefs-d'œuvres. Si elles avaient été faites par René, il aurait peut-être fait plus de bruit comme peintre, que comme Roi. Il est plus raisonnable de penser, que Jean de Bruges ou d'autres habiles peintres contemporains aient été chargés d'embellir le roman du Monarque, protecteur des arts.

Tout porte aussi à lui refuser le mérite d'avoir exécuté le grand tableau de l'église de S.ᵗ-Sauveur d'Aix. La pensée de la Vierge qui apparaît à Moyse au milieu du buisson ardent, est une de ces mysticités que le bon Roi se plaisait à inventer, et qu'il aura voulu faire peindre à Jean de Bruges, ou à quelque artiste du même rang. Les volets du tableau sont enrichis du portrait de René et de celui de sa femme Jeanne de Laval: le tout est traité par une main très-exercée dans la pratique de l'art; et la touche timide du Prince amateur, ne se laisse entrevoir nulle part dans cet ouvrage, aussi considérable que curieux.

Le petit monument d'amitié conservé dans la famille de Matheron, est le seul morceau qui puisse, sous tous les rapports, être regardé comme l'ouvrage de René. Il ne pouvait rien offrir de plus aimable à son courtois et féal compère Jean de

Matheron, que son image et celle de la Reine peintes toutes deux par sa royale main. Ici la naïveté, les incorrections du dessin et l'embarras de la touche décèlent le peintre Roi, et montrent toutes ses nobles dispositions pour le bel art, auquel il ne pouvait consacrer tout son temps.

Ce bon Roi avait un goût particulier pour les institutions extraordinaires. Il fut l'inventeur de cette fameuse procession qui se faisait à Aix, le jour de la Fête-Dieu, et qui consistait en une série de spectacles allégoriques, où étaient représentés la destruction de l'idolatrie et le triomphe de la Religion chrétienne. La veille à l'approche de minuit, toutes les divinités du paganisme paraissaient à cheval. Cette cavalcade, éclairée par un grand nombre de torches, et terminée par un char dans lequel figuraient les grands dieux de l'olympe, parcourait les principales rues de la ville. Le lendemain la scène changeait; au point du jour, le Clergé chantait *Noctem lux eliminat*: la lumière chasse les ténèbres. Ce n'étaient plus des dieux imaginaires qu'on présentait aux regards du peuple, c'étaient les principaux événemens de l'ancien et du nouveau Testament. René ne croyait pouvoir employer son loisir d'une manière plus avantageuse, qu'à instruire ses peuples en les amusant.

Ce Prince, peintre, musicien, littérateur et poëte, s'occupa aussi d'agriculture et d'histoire naturelle; mais le trait caractéristique qui le distingue le plus particulièrement, est l'amour qu'il eut pour ses sujets, et le retour qu'il en obtint.

CHARLES III.

Charles III, Comte du Maine, succéda à son oncle le Roi René, dans la souveraineté du Comté de Provence. Son règne qui ne dura que dix-sept mois, s'annonça par des bienfaits. Il confirma dans l'assemblée des trois États, les priviléges que ses prédécesseurs avaient accordés à la Provence, supprima plusieurs impôts et fit des changemens avantageux dans l'administration de la justice. L'intention de Charles était de gagner le cœur de ses sujets, pour les préparer à la conquête du royaume de Naples, à laquelle les malheurs de ses prédécesseurs ne l'avaient pas détourné d'aspirer. En conséquence, il envoya des Ambassadeurs à Rome, pour demander au Pape Sixte IV, l'investiture de ce royaume; mais ce Pontife était loin de l'accorder. Cette concession pouvait empêcher Ferdinand, Roi de Naples, de repousser les Turcs, qui venaient de faire une descente dans la Terre d'Otrante. La sûreté de l'Italie dépendait de celle du royaume de Naples. Ainsi le Pape, qui ne s'occupait que de la défense de ses États, eut peu d'égards à la demande des Ambassadeurs provençaux. Cependant par un reste de ménagement pour la Maison d'Anjou, il permit qu'ils prissent acte de leur demande, afin que le Souverain de Provence pût, dans de meilleures circonstances, faire valoir ses droits sur les États qu'il réclamait.

C'était aussi le moment, où Charles, loin de pouvoir s'occuper d'une expédition lointaine, avait à se défendre lui-même contre René, Duc de Lorraine, qui lui disputait le Comté de Provence. Le Prince lorrain, mécontent du testament du Roi René, de qui il était le petit-fils, entretenait des intelligences en Provence, où il avait déjà un grand nombre de partisans; mais Louis XI, qui pensait toujours à se ménager la possession de ce pays, après la mort de Charles qui n'avait point d'enfans, et dont la faible santé semblait annoncer la fin prochaine: Louis, dis-je, voulant agir pour lui-même, mit fin aux prétentions du Duc de Lorraine, en envoyant en Provence un corps d'armée, qui dissipa bientôt le parti du Prince lorrain, et assura à Charles la libre jouissance de ses États. Peu de temps après, ce Prince perdit son épouse, Jeanne de Lorraine. Le chagrin qu'il en eut le conduisit lui-même au tombeau. Charles mourut à Marseille, le 11 décembre 1481. Son corps fut transporté à Aix et enseveli dans l'église métropolitaine de Saint-Sauveur (1).

---

(1) Le tombeau de Charles III, ainsi que ceux de quelques autres Comtes de Provence, ont été détruits pendant le

Se voyant sans enfans, le Comte de Provence avait toujours regardé le Roi de France comme la souche principale, d'où partaient et où devaient aboutir toutes les branches de sa royale Maison. Cette considération fut encore renforcée par les conseils de Palamède de Forbin, ancien Ministre du Roi René, qui ne manqua pas de rappeler à Charles, les soins que le Roi de France s'était donnés pour le faire préférer, par le testament de René, au jeune Duc de Lorraine. Il lui représenta aussi, que la Provence ne serait heureuse et tranquille, que par sa réunion à la monarchie française.

Ces raisons pressantes, jointes au désir qu'avait Charles III, de léguer son Comté de Provence au Roi de France, le déterminèrent à instituer Louis XI, son héritier, en le conjurant, dans son testament, de traiter avec bonté ses fidèles sujets de Provence, de ne porter aucune atteinte

---

cours de la révolution. Feu M. de S.t-Vincens de l'Académie des inscriptions et Président à la Cour royale d'Aix, avait eu auparavant la sage précaution de les faire dessiner et d'en conserver les dessins dans sa bibliothèque. On doit dire à la louange de ce savant archéologue, qu'il n'a cessé de s'occuper à décrire les anciens monumens de la ville d'Aix, et à conserver les restes précieux qui rappellent l'existence des anciens Comtes de Provence. Son ami Millin a fait graver ces dessins dans l'atlas de son voyage au midi de la France.

à leur liberté, à leurs franchises et priviléges. et même de les augmenter......

Les Provençaux se conformèrent sans difficulté aux dispositions du testament de leur Souverain. Ils dressèrent dans le sein des États assemblés, leur acte de soumission franche et loyale au Roi de France, qu'ils supplièrent en même temps de les recevoir en bons et fidèles sujets : et de les laisser jouir de leurs libertés, statuts, coutumes et priviléges.

Le point principal de la constitution de Provence, sous le règne des Comtes, consistait 1.° à ce qu'il ne fût fait aucune levée de deniers sur le pays, que par les délibérations des États assemblés, auxquels était attribué aussi le droit de repartir l'impôt qu'ils avaient consenti, et de l'établir de la manière la moins onéreuse et la plus convenable; 2.° à ce que la Provence eût dans son sein un tribunal suprême de justice, regardé comme le défenseur et le dépositaire des lois constitutives du pays. Tel était l'établissement du Conseil éminent, auquel succéda avec les mêmes droits, le Parlement de Provence, qui fut institué dans la suite par Louis XII, Roi de France.

Les Provençaux ont éprouvé pendant long-temps les bienfaits de cette sage administration; et malgré l'attrait du pouvoir et le goût pour le changement, jamais avant la révolution, les Rois de France n'avaient porté atteinte à la constitution provençale. C'était au Parlement et à la Cour

Cour des Aides, qu'ils adressaient leurs Édits, prenant le titre de Comtes de Provence, pour ne pas confondre le Souverain de France avec celui de ce pays, et pour montrer par-là que la Provence, sur laquelle ils régnaient aussi, avait cependant ses lois, statuts et priviléges particuliers.

Ce temps n'est plus.

Louis XI confirma les priviléges de ses nouveaux sujets. Palamède de Forbin, qui avait dirigé le testament mémorable de son maître, en fut récompensé par le gouvernement de la Provence, que le Roi de France lui conféra, avec des pouvoirs très-étendus. Quoique tout fît ombrage à ce Roi méfiant, il lui en coûta moins d'accorder une autorité absolue à un de ses sujets, qui ne pouvait guère en abuser, que de nommer pour Gouverneur un Prince puissant, dont le crédit aurait pu lui donner de l'inquiétude. Palamède n'oublia rien pour assurer à Louis XI la tranquille possession de cette belle quoique peu fertile Province, qui depuis cette époque est toujours restée réunie au royaume de France.

Après la mort de Charles III, le Comté du Maine retourna aussi au Roi de France; mais comme un apanage réversible à la couronne, à défaut de postérité masculine du Prince qui le possédait.

FIN.

TABLE DES CHAPITRES.

INTRODUCTION.
Pages.

CHAPITRE PREMIER. La Provence avant la domination des Romains.................. 5
CHAP. II. — Sous la république romaine....... 15
CHAP. III. — — Les Empereurs romains....... 21
CHAP. IV. — — Les Bourguignons et les Goths.. 38
CHAP. V. — — Les Rois français de la race des Mérovingiens................... 46
CHAP. VI. — — Les Rois français de la race des Carlovingiens................... 63
CHAP. VII. — — Les Rois d'Arles.......... 72

ESSAI SUR L'HISTOIRE
DES COMTES DE PROVENCE.

LIVRE PREMIER.
SOUVERAINS DE PROVENCE
DE LA MAISON DE BOSON.

CHAPITRE PREMIER. Boson............... 95
                   Guillaume I.er.......... 97

(355)

		Pages.
	Guillaume II............	99
Chap. II.	Geoffroi...............	100
	Bertrand..............	103
	Gerberge et Gilbert......	105

LIVRE SECOND.

MAISON DE BARCELONE.

Chapitre premier.	Raymond-Bérenger I.er....	111
	Bérenger-Raymond.......	114
	Raymond-Bérenger II....	116
Chap. II.	Alfonse I.er.............	112
	Raymond-Bérenger III....	
	Sance d'Aragon.........	
	Alfonse II.............	129
Chap. III.	Raymond-Bérenger IV....	152

LIVRE TROISIÈME.

PREMIÈRE MAISON D'ANJOU.

Chapitre premier.	Charles I.er.............	155
Chap. II.	Charles II..............	204
Chap. III.	Robert................	225
Chap. IV.	Jeanne................	233

LIVRE QUATRIÈME.

SECONDE MAISON D'ANJOU.

Chapitre premier.	Louis I.er.............	330
	Louis II...............	303
	Louis III..............	344
Chap. II.	René.................	322
	Charles III............	549

Fin de la table des chapitres.

TABLE ALPHABÉTIQUE

DES

AUTEURS ANCIENS ET MODERNES,

Et des Mémoires, Chroniques et Documens, dont l'Essai sur l'Histoire des Comtes de Provence a été tiré.

A

Annal. fuldens.
Annal. della rép. di Genova.
Annal. metens.
Archives de la chambre des Compt. d'Aix.

B

Baluze, vit. pap. aven.
Bouche (Honoré).

C

Calmet, hist. de Lorraine.
Cassiodore.
Catel.
Chroniq. de Glaber.
Chroniq. Flandre.
Chronic. Sancti Dyonisii.
Chronic. Sancti Bertini.
Cluverius, geographia.
Collenucio, hist. del regno di Napoli.
Collet, traité des dispenses.
Commines (Philip. de).
Corio, hist. de Milan.
Costanzo, hist. della citta di Napoli.

D

Danville, notic. de la Gaule.
D'Elbenne.
D'Egli.
Diago (Francisco).
Ducange.
Duchesne (André).
Duport, histoire de l'église d'Arles.
Dupuy (Pierre).

E

Éginard.

Ennodius.
Eusebe de Césarée.

F

Favin.
Ferreiras.
Fleury, hist. eccles.
Florus.
Fredegaire.
Froissard.

G

Gallia christ.
Gaufridi.
Gesta Dagoberti.
Gesta comit. barcin.
Gesta Norman.
Grégoire de Tours.
Guesnay, annal.

H

Hincmar.

I

Isidore de Seville.

J

Jouvenel des Ursins (Jean).
Joinville.
Jornandès.
Julii Cæsar. comment.
Justin. Trog. Pomp. epitom.

L

Labbe, Conciles.

La Colombière.
La Pise, hist. d'Orange.
Lenfant, hist. du concil. de Pise.
Lenfant, hist. du concil. de Constance.
Luitprand.

M

Machiavel.
Malmesbury (Guill. de).
Marca Hispanica.
Mariana.
Mezeray.
Muratori.

N

Nangis (Guillaume de).
Nicephore (Gregoras).
Nithard.
Niem (Thierri de).
Nostradamus (César).

O

Orose.

P

Pagi.
Pasquier, recherches de la France.
Paulus diaconus.
Pline.
Plutarque.
Priviléges d'Aix.
Procope.

R

Rigord.
Robert, état de la Provence.

Roderic, Toled.
Ruffi (Antoine et Louis-Antoine de).

S

Saxi, Pontif. arel.
Script. rer. Ital.
Sigonius.
Sidonius apollin.
Sozomene.
Sponde.
S.te Marthe (les frères).
Statuts de Provence.
Strabon.
Suétone.
Sulpice Sévère.

Summonte, hist. del reg. di Napoli.

T

Tacite.
Thegan.
Tite-Live.

V

Vaissette (Dom), hist. génér. de Langued.
Villani (Jean).

Z

Zozime.
Zurita.

Fin de la Table des Auteurs.

ESSAI

SUR

L'HISTOIRE

DES COMTES SOUVERAINS

DE PROVENCE,

Précédé d'un Précis historique des différentes dominations auxquelles la Provence a été soumise dans les temps anciens, antérieurs à l'époque du règne de ses Comtes ou Souverains particuliers.

Par M. BOISSON-DE-LA-SALLE, de la Société Académique d'Aix.

A AIX,

Chez G.d MOURET, Imprimeur du Roi.

1820.

ERRATA.

Pages 18, lignes 11, Tribonius, *lisez* Trebonius.
28, 18, Suétonne, *lisez* Suétone.
49, 26, Sapund, *lisez* Sapaud.
65, 9, droit civil, *lisez* droit écrit.
108, 4, qu'il fut, *lisez* qu'il fût.
127, 5, eût, *lisez* eussent.
171, 26, Quidoguerra, *lisez* Guidoguerra.
193, 1, où les Pontifes, *lisez* Deux-Siciles, où les Pontifes.
231, 23, S'il eut été, *lisez* s'il eût été.
256, 14, sur, *lisez* par.
256, 23, la soif de régner, *lisez* ta soif de régner seule.

AVIS DE L'ÉDITEUR.

PRÉCIS HISTORIQUE

SUR LA VIE

DE RENÉ D'ANJOU,

Roi de Naples, Comte de Provence; et principalement sur son séjour dans cette Province,

Par M. le Comte de VILLENEUVE, Préfet du Département des Bouches-du-Rhône, Membre de l'Académie de Marseille, de la Société d'Agriculture, Sciences et Arts d'Agen, Associé correspondant de l'Académie de Turin, Membre Honoraire de la Société Académique d'Aix.

SECONDE ÉDITION.

A AIX,

Chez G.d Mouret, Imprimeur du Roi.

1820.

PRÉCIS HISTORIQUE

SUR LA VIE DE RENÉ D'ANJOU, (1)

Roi de Naples, Comte de Provence, et principalement sur son séjour dans cette Province, par M. le Comte de VILLENEUVE, *Préfet du département des Bouches-du-Rhône, Membre de la Société d'agriculture, sciences et arts d'Agen, de l'Académie de Marseille, Associé correspondant de l'Académie de Turin, Membre honoraire de la Société Académique d'Aix.*

LE département des Bouches-du-Rhône et la ville d'Aix viennent de voter l'érection d'une

---

(1) Le *précis historique sur la vie de René d'Anjou*, que son noble Auteur nous a permis de joindre à l'*Essai sur l'histoire des Comtes Souverains de Provence*, rappelle au souvenir du lecteur un grand nombre de traits, aussi curieux qu'intéressans de la vie et des mœurs de ce bon Roi, dont la mémoire est si chère aux Provençaux. Ces détails, quelque importans qu'ils puissent être, ne devaient pas trouver place dans l'histoire, nécessairement sommaire et abrégée, de ce Prince et de tous ses prédécesseurs : à laquelle ils forment cependant un supplément précieux, dont nous espérons que le public nous saura gré de le faire jouir. *Note de l'Éditeur.*

statue au Roi René; le Roi a daigné approuver ce vœu, et des Membres de son Auguste famille se sont empressés de souscrire, pour contribuer aux frais de cette entreprise. Quelques traits de la vie d'un Prince, dont la mémoire est si chère aux Provençaux, ne seront donc pas sans intérêt dans cette circonstance. On le connaît communément sous le rapport de son extrême bonté, et de la protection qu'il accordait aux arts; mais il mérite aussi quelque attention par les diverses vicissitudes qu'il éprouva, par l'originalité de son caractère, par ses actes comme souverain et par les grands événemens auxquels il prit part, dans sa longue carrière, comprise elle-même dans un siècle digne d'occuper une place assez remarquable dans l'histoire. C'est ce qu'on va essayer de prouver dans cet ouvrage, entrepris principalement dans l'intention de justifier les sentimens presque religieux, que la Provence conserve au *bon Roi René*; ce nom, qu'on lui donne encore après une révolution de plus de trois siècles, est le plus bel éloge qu'on puisse faire d'un Souverain.

René d'Anjou, fils puîné de Louis II, Roi des Deux-Siciles et Comte de Provence, naquit de Yolande d'Aragon, à Angers, le 15 janvier 1408. A peine était-il âgé de neuf ans, lorsque son père lui fut enlevé, laissant, pour successeur à sa couronne et à ses États, Louis III, son fils aîné. René eut pour appanage le Comté de Guise, et en porta le nom ; son frère Charles fut désigné Comte du Maine ; leurs sœurs furent établies d'une manière conforme à leur rang, car Marie épousa Charles VII, Roi de France, et Yolande fut unie à François de Montfort, Duc de Bretagne ; une troisième, dont on ignore le nom, fut mariée au Comte de Genève. La Reine-mère, femme d'un grand mérite, fut chargée de la tutelle des jeunes Princes et eut par conséquent la direction des affaires (1).

Un heureux naturel et une grande application à l'étude distinguèrent les premières années de

---

(1) La Maison d'Anjou eut pour chef un des frères de S.t Louis, Charles I.er, devenu Comte de Provence par son mariage avec Béatrix, héritière de cet État ; il mourut en 1285, laissant pour régner après lui Charles II, son fils aîné : Robert lui succéda en 1310. A sa mort, la Provence passa à Jeanne I.re, Reine de Naples, sa petite-fille, la même qui épousa successivement André de Hongrie, Louis de Tarente, Jacques d'Aragon et Othon de Brunswick. En 1380, deux ans avant sa mort, elle adopta Louis d'Anjou, son cousin, second fils de Jean, Roi de France : et c'est ici que commence la deuxième Maison d'Anjou. Louis I.er régna deux ans à Naples et sur la Provence. Louis II, son fils, Roi en 1384, mourut en 1417, laissant ses États à Louis III, dont les droits furent corroborés par l'adoption de Jeanne II, héritière elle-même des prétentions de Ladislas de Duras, son frère, sur le trône de Naples. Louis III mourut sans enfans en 1433, et désigna pour successeur René, son frère, en faveur de qui Jeanne II fit aussi un testament le 2 février 1435. *Note de l'Auteur.*

René, et il sut s'attirer ainsi l'affection du Cardinal Louis de Bar, Évêque de Verdun, son grand oncle maternel, à tel point, qu'il lui céda le Duché dont il portait le nom, et le maria, en 1419, quoique seulement âgé de douze ans, à Isabelle, fille aînée et par la suite héritière de Charles II, Duc de Lorraine. Cette union, quoique précoce, produisit promptement des fruits ; car dès l'année 1424 René était père de Jean, qui se rendit célèbre sous le nom de Duc de Calabre.

A cette époque, les guerres, qui divisaient la France et l'Angleterre, avaient amené jusques à Paris, le Souverain de ce dernier royaume. René, attaché par les liens du sang à Charles VII, semblait appelé à soutenir sa cause ; mais il paraît que des raisons de politique le forcèrent à demeurer neutre, et même à suivre, pendant quelques temps, le parti des Bourguignons. Ces motifs cessèrent, sans doute, et il fut libre de suivre des sentimens auxquels il devint si constamment fidèle, puisque les historiens racontent que » René d'Anjou, Duc de » Bar et de Lorraine, vint, le 17 juillet 1429, » avec le damoiseau de Commerci, amener une » troupe brillante au sacre du Roi de France, » à Rheims. » Ces jeunes Princes voulaient partager la gloire et les périls de cette héroïne, qui, à cette époque si étonnante de notre histoire, était sortie de l'obscurité la plus profonde;

pour délivrer sa patrie, pour placer la couronne sur la tête de son Roi, et pour périr ensuite dans des flammes attisées par une haine aussi injuste qu'atroce. Après le sacre, on mit en délibération si l'armée marcherait sur la Capitale, ou si elle se replierait sur la Loire. La Trimouille, ministre tout puissant à cette époque, opinait pour ce dernier parti; mais René, qui n'avait encore que 21 ans, se déclarait pour le parti contraire, à la fois le plus vigoureux et le plus sage, et il le justifiait les armes à la main, en se distinguant auprès de Jeanne d'Arc et de Lahire, de Dunois et de Potton de Xaintrailles, dans cette campagne où une suite de succès amena l'armée royale jusque sous les murs de Paris.

L'année suivante vit encore le Duc de Bar, défendre son beau-frère contre Louis de Châlons, Prince d'Orange, qui, soutenu par les Ducs de Savoie et de Bourgogne, voulait profiter de la triste situation de la France, pour s'emparer du Dauphiné; peu après, ce même René, plein d'ardeur et d'activité, se montrait digne de sa réputation chevaleresque en combattant sous les drapeaux français, et en concourant à les faire triompher dans le combat de la Croisette, près Châlons-sur-Marne.

Le moment était arrivé où notre jeune Prince allait entrer, pour son propre compte, dans le tourbillon des révolutions politiques, où il n'avait jusques ici figuré que comme auxiliaire.

Le Duc de Lorraine étant mort en 1431, sa succession devint la cause d'une guerre violente entre René et Antoine de Vaudemont, son cousin, dont les prétentions furent soutenues par l'alliance de Philippe-le-Bon, Duc de Bourgogne; ce Prince nourrissait un profond ressentiment contre la Maison d'Anjou, par suite du renvoi de sa sœur Catherine, destinée à épouser Louis III, avant l'assassinat du Duc d'Orléans à Montereau. Malgré les secours de la France, la fortune trahit les droits de René, à qui on reprocha un peu trop d'ardeur dans le combat, et trop peu de déférence pour le valeureux et prudent Barbasan, à qui Charles VII avait confié la conduite de cette expédition. Battu et blessé à Bugueville, le 2 juillet 1431, le Duc de Bar et de Lorraine fut fait prisonnier, et envoyé d'abord à Bracon-sur-Salins, ensuite, sur la demande du Duc de Bourgogne, renfermé dans le château de Dijon. Ainsi s'annonçaient les premiers coups de l'adversité qui devait marquer tant d'années de la vie d'un Prince, dont les destinées avaient semblé s'annoncer d'une manière si prospère!....

La médiation de l'Empereur Sigismond parut un moment faire espérer que la paix allait renaître entre les deux contendans; déjà le vaincu venait d'être mis en liberté, sur parole et en donnant des ôtages, à la tête desquels on avait exigé que se trouvât son propre fils. Deux ans s'étant écoulés dans cette situation précaire, et les négociations n'amenant rien de décisif, René vint reprendre ses chaînes, et donna ainsi le premier exemple de cette loyauté dans les engagemens, de cette fidélité à sa parole, qui devaient former les principaux traits de son caractère.

Il venait de commander ainsi l'estime de ses ennemis, en se résignant à passer dans la plus décourageante captivité les plus belles années de sa vie, lorsqu'on vint lui annoncer que Louis III, son frère, était mort, et que Jeanne II, Reine de Naples, respectant les dispositions de ce Roi, précédemment adopté par elle, avait nommé René d'Anjou, son second frère, Roi de Naples, Comte de Provence et héritier de ses autres États. Cette nouvelle devait accroître l'anxiété du Prince captif, et en même temps les rigueurs dont on usait envers lui; car la jalousie et l'ambition produites par ces ressentimens et ces dissentions de famille, étaient de nature à se montrer d'autant plus cruelles, que celui qui en était l'objet allait devenir plus puissant.

Les droits imprescriptibles de la souveraineté furent respectés quoique le Souverain fût dans les fers, et soit par cette considération, soit par égard pour les besoins des peuples, dont la Providence venait de confier la direction à René, on lui permit de pourvoir à l'administration de ses États. Le royaume de Naples surtout, exigeait une main forte pour diriger le timon des affaires au milieu de trois puissantes factions, excitées par les Souverains voisins; mais principalement par celui qui, par la nature de sa mission, aurait dû s'occuper seulement du soin de faire régner la concorde parmi les hommes. La Reine Isabelle, femme douée d'une âme forte, d'une grande habileté dans les affaires et d'une élocution entraînante, parut propre à réussir dans des conjectures si importantes, et elle fut choisie pour remplacer son époux.

Cette Princesse était en Provence avec Louis, son second fils, et y recevait toutes les preuves de dévouement et d'affection que commandaient déjà la réputation et les malheurs de René. Quoique le pays eût été désolé par une peste récente, et que les maux d'une guerre désastreuse s'y fissent encore sentir, les États s'empressèrent d'offrir des subsides en argent, des troupes et des vaisseaux, et la Reine partit de Marseille en septembre 1435, accompagnée des vœux de ses nouveaux mais fidèles sujets. La ville de Gaëte lui ouvrit ses portes et se défendit d'abord avec une grande loyauté; les Génois et le Duc de Milan (Philippe-Marie Visconti) qui avaient embrassé le parti de la Maison d'Anjou, y réunirent des forces navales, et un combat meurtrier entraîna la défaite et la captivité d'Alfonse d'Aragon, qui prétendait à la couronne de Naples. Envoyé à Milan, il eut le talent de faire changer la politique du Souverain de ce pays; et Isabelle vit tourner contr'elle ses principaux alliés; Gaëte succomba et Naples ne se maintint que par le secours de quelques troupes fournies par le Pape Eugène VI, et commandées par Jean Viteleski, Patriarche d'Alexandrie.

Cependant la Cour de France et le Concile assemblé à Bâle, intervenaient pour faire rendre à la liberté le nouveau Souverain de Naples. Un traité lui ouvrit les portes de sa prison le 28 janvier 1437, et le mariage futur de sa fille Yolande avec Ferry, fils aîné de son compétiteur, le Prince de Vaudemont, fut l'une des principales conditions qui furent imposées. Après avoir donné ses premiers soins à la Lorraine, René vint en Anjou, où il conclut le mariage de Jean, son fils aîné, à peine âgé de treize ans, avec Marie de Bourbon, nièce du Duc de Bourgogne, le 28 avril 1437. Ces alliances lui donnant une sorte de tranquillité pour ses États du nord, il se hâta de venir visiter ceux du midi, et d'abord la Provence, dont il devait faire les délices.

Arles fut la première ville qu'il honora de sa présence; il avait accordé une amnistie pour quelques troubles qui s'y étaient manifestés: des fêtes non interrompues pendant plusieurs jours, des processions et des danses, des représentations allégoriques et des festins, des décharges d'artillerie, le son des cloches et les accens d'une musique qui se faisait entendre de toutes parts, signalèrent l'allégresse publique. Aix n'en montra pas une moins vive, ni moins bruyante. La réception de René, comme Chanoine de l'Église métropolitaine de cette Capitale de la Provence le 19 décembre 1437, est citée comme l'une des cérémonies remarquables par lesquelles on célébra son arrivée. Un bon Prince est toujours porté à la clémence ; René pardonna aux habitans d'Aix quelques soulèvemens contre les juifs ; mais comme il savait que la bonté doit être l'inséparable compagne de la justice, et qu'elles doivent s'éclairer réciproquement, on ne put obtenir de lui qu'il révoquât en ce moment la décision, par laquelle voulant punir la ville d'Aix, il avait transféré à Marseille le Conseil éminent (1),

---

(1) Le Conseil éminent qui fut créé par Louis III en 1424, se composait du Sénéchal, qui en était le chef, du Juge écuyer, des Maîtres rationaux, de quelques Conseillers, d'un Avocat et deux Procureurs fiscaux, d'un Avocat et d'un Procureur pour les œuvres des pauvres : par suite, on l'augmenta de quatre Seigneurs et de quelques Prélats ou Ecclésiastiques. C'était une sorte de régence ou de Conseil d'état qui autorisait la convocation des États et exerçait la haute Police; dans quelques circonstances il devenait aussi Cour de justice. Les Maîtres rationaux avaient la garde des archives, la direction du domaine et le soin de faire les dénombremens. Par la suite ils devinrent Chambre des Comptes, Cour des aides. Le Parlement avait

les Cours et les Tribunaux de justice. L'entrée solennelle qu'il fit dans cette dernière ville fut marquée par de brillantes fêtes, et il lui témoigna sa reconnaissance et son affection par la concession de quelques franchises annuelles pour son commerce, de certains priviléges et de diverses immunités municipales.

Convaincu, comme tous les Souverains dont le cœur est droit et l'esprit juste, que le concours des peuples ajoute une grande force à l'autorité royale, René s'empressa de convoquer les États de Provence, et ils lui offrirent un don gratuit beaucoup plus considérable, que ne pouvaient le faire espérer les conjonctures dans lesquelles on se trouvait. Cette époque est marquée par des lois, des ordonnances et des règlemens d'administration, qui sont autant de monumens de la sagesse d'un Prince qui venait de mûrir, dans l'adversité et le calme d'une prison, les plus profondes études de l'art de régner.

Ses droits sur le royaume de Naples ne pouvaient être abandonnés, et il devait à sa famille,

---

été créé en 1415, pour remplacer la juridiction du Juge-mage, qui fut rétablie neuf ans après : enfin, ce Corps fut créé de nouveau par Louis XII, en 1501. Pour connaître l'organisation judiciaire de la Provence dans le 15.ᵐᵉ siècle, on peut consulter un mémoire fort étendu, dans lequel M. le Président de Saint-Vincens a réuni des documens curieux et intéressans. *Note de l'Auteur.*

à ses alliés, à sa réputation, à sa politique, l'emploi de tous les moyens propres à s'assurer la possession de cette couronne. Après avoir conféré la régence à la Reine son épouse, dont la résidence fut fixée à Aix, après avoir pris toutes les mesures que comportait la prévoyance la plus éclairée, René mit à la voile du port de Marseille, le 15 avril 1438, emmenant avec lui toutes les troupes qu'il avait pu rassembler. Un an s'était à peine écoulé depuis qu'il était connu en Provence, et déjà il avait inspiré ces sentimens d'affection et de respect, que plusieurs siècles n'ont point encore effacés.

Après quelques jours de relâche à Gênes, il se rendit à Naples avec sa famille, le 9 mai 1438. Alors commencèrent les opérations militaires, et quelques combats peu décisifs préludèrent à la prise du fort de Château-neuf. Le doge de Gênes, *Campo-Fregose*, s'était lié avec René, d'abord par des intérêts politiques, ensuite par des sentimens personnels, et surtout par les mêmes goûts pour les beaux-arts; il lui rendit de grands services dans cette campagne, et elle s'annonçait d'une manière assez brillante, quand la mort enleva *Jacques Caldora*, l'un des plus habiles généraux napolitains qui se fussent ralliés à la maison d'Anjou. Son fils lui succéda dans ses dignités, mais non dans ses sentimens; de nouvelles faveurs lui furent prodiguées, pour prouver les regrets donnés à son père et lui indiquer la nécessité de suivre de si nobles exemples; mais ce ne sont pas toujours les bienfaits des Princes qui leur assurent la fidélité des grands, et une bonté trop étendue subjugue rarement celui qui porte dans son cœur les germes d'une ambition désordonnée.

Un nouveau traité d'alliance conclu avec le Pape, les Génois et François Sforce, le 26 avril 1441, donna quelques espérances de succès à René, qui peu auparavant avait été réduit à proposer à Alfonse la cession de ses droits au royaume de Naples, à condition qu'il passerait après lui au Duc de Calabre. Les Napolitains ayant paru mécontens de ce projet, qui les plaçait sous la domination Catalane, dont ils avaient horreur, la guerre recommença; mais la trahison et la révolte de Caldora, la défection des Génois livrés à des dissentions intestines fomentées par le Duc de Milan, le fâcheux état de Naples qui, dépourvue de vivres et de munitions, était menacée d'un siége, durent décourager le Roi, qui jugea prudent de faire passer en Provence sa femme et ses enfans. Le siége eut lieu en effet, et le 2 juin 1442, des traîtres introduisirent l'ennemi dans le même aquéduc souterrain, par lequel neuf siècles auparavant, Bélisaire était venu surprendre les Goths (1).

_____

(1) En 537, Bélisaire assiégeait Naples, que défendaient

René et ses troupes se défendirent avec une bravoure extrême; mais vaincu par le nombre, il n'eut que le temps de gagner le Château-neuf et de s'embarquer ensuite pour Marseille. Ayant passé par Florence, le 25 novembre 1442, pour y voir le Pape Eugène IV, celui-ci, quoique déposé lui-même par le concile de Bâle, s'efforça de faire revivre des espérances qui pouvaient devenir si utiles à ses propres intérêts.

Tout fut inutile : fatigué des vicissitudes auxquelles il était en bute, dégoûté surtout par l'inconstance et l'infidélité des seigneurs italiens, René annonça la résolution de renoncer pour toujours à l'Italie.

De nouvelles traverses l'attendaient à son arrivée dans sa patrie ; la Reine sa mère venait d'expirer; des troubles désolaient la Lorraine, et la médiation de Charles VII n'avait pu seule y apporter quelque remède; les Anglais faisaient dans le Maine et l'Anjou des progrès alarmans. Ce ne fut donc qu'après avoir visité chacun de ces États, en 1443, qu'il crut pouvoir se rendre à la cour

---

20,000 barbares. Après vingt jours de siége, il désespérait du succès, lorsqu'un Isaurien lui découvrit un conduit souterrain, par lequel il pouvait pénétrer dans la place. Elle fut saccagée, malgré la vigoureuse résistance des Goths et les efforts de Bélisaire pour contenir ses soldats. Ce général, après cette prise importante, se dirigea vers Rome, qui lui ouvrit ses portes.

de

de France. Il venait de faire ses preuves comme guerrier, comme législateur, comme homme d'état; on voulut encore lui fournir une brillante occasion de se faire connaître par son habileté dans les négociations; chargé des pleins pouvoirs de son beau-frère, il conclut, sous la médiation du Pape Eugène IV, d'abord une trêve, ensuite un traité de paix entre ce Monarque et Henri VI, Roi d'Angleterre, en 1444. Le mariage de ce Souverain avec Marguerite, fille de René, fut la suite de cet événement; et on trouva assez naturel qu'il en résultât quelques avantages pour celui, qui avait eu la gloire de terminer la querelle, élevée depuis tant d'années entre les deux principales nations de l'Europe. Ce mariage, retardé par de légers démêlés que René eut avec la ville de Metz, fut célébré à Nanci, en même temps que ceux de Yolande, fille aînée de ce Prince avec Ferry de Vaudemont, et de Charles du Maine avec Isabelle de Luxembourg. Charles VII y assista, le duc de Suffolk y vint au nom du Roi d'Angleterre; et cette brillante réunion, ces heureuses circonstances donnèrent lieu à des fêtes magnifiques. Le Roi de France, que René était venu reconduire jusques à Châlons, en novembre 1445, lui témoigna son amitié et sa reconnaissance, en déterminant le duc de Bourgogne à rendre quelques places de la Lorraine dont il était demeuré détenteur, et à remettre entière-

B

ment les sommes promises pour la rançon stipulée dans le traité de 1457.

Quoique sa résidence fût fixée momentanément à Angers, René gouvernait la Provence, et on le voyait compatir vivement aux maux de ses habitans; car ayant éprouvé une excessive sécheresse, une ordonnance les exempta de toute espèce d'impôt pendant un an. Peu après fut institué l'ordre religieux et militaire du Croissant, le 11 août 1448. Les chevaliers devaient porter *un croissant d'armes camaillé* sur l'habit, avec ces mots écrits en lettres bleues : *Loz en croissant*; entr'autres obligations qu'ils contractaient, comme d'être pieux, fidèles au Roi, braves dans les combats, généreux après la victoire, loyaux dans toutes leurs relations sociales, il leur était expressément recommandé, non-seulement de ne jamais médire des dames, mais encore de prendre leur défense en toute occasion.

René revint en Provence peu après et y amena toute sa famille, en novembre 1448. Ce fut pendant ce séjour, qu'il reçut la visite du Dauphin son neveu, qui régna depuis sous le nom de Louis XI; ses démêlés avec le Roi son père, le tenant loin de la cour, il était venu en Dauphiné, et de là en Provence. On jugea par la suite qu'il avait eu des vues secrètes sur ce pays, dès le moment où il vint le parcourir; mais si son caractère connu permet de le supposer, on ne peut se dissimuler qu'à cette époque, la nombreuse postérité de René ne présentât de grands obtacles à cette ambition. Sa curiosité parut se porter sur les églises, sur des objets de dévotion et sur les reliques de Sainte Magdeleine; il fit même un voyage à la Sainte-Baume, grotte où, suivant une pieuse tradition, cette célèbre pénitente aurait vécu pendant plusieurs années (1). Ces démarches du Dauphin inspirèrent sans doute l'idée de faire de nouvelles recherches de ce genre, car on crut avoir découvert, à l'extrémité de l'île de Camargue, non loin de la bouche occidentale du Rhône, les dépouilles mortelles des Maries Jacobé et Salomé, et de Sara leur servante, qu'on prétendait avoir accompagné Magdeleine et Marthe, lorsqu'elles quittèrent la Palestine pour venir se réfugier en Provence. Ce fut un grand sujet de joie pour René, qui présida à la vérification et à l'exaltation de ces reliques, avec le Cardinal de Foix, avec tous les Évêques de la province ou des environs et un nombre infini de prêtres, de docteurs en théologie, *etc.*, le 2 décembre 1448. Les cérémonies furent magnifiques et conformes au goût du Prince qui les dirigeait: il donna à la petite ville où se passèrent ces événemens le nom des Saintes-Maries, avec

---

(1) Voyez une Notice sur la Sainte-Baume, insérée dans la seconde livraison de la Ruche Provençale.

des armoiries présentant une barque sans voile, voguant en pleine mer et portant plusieurs passagers (1).

Les jeux profanes succédaient rapidement aux fêtes religieuses, dans ces temps singuliers, et on n'attachait guère moins d'importance aux uns qu'aux autres. Un tournoi magnifique fut donné à Tarascon et se prolongea pendant plusieurs jours, les 2, 4, 6 juin 1449 : des combats simulés à la lance et au pugilat, des luttes à pied et à cheval, des bals et des déguisemens romanesques, des chants et des représentations dramatiques, des disputes poétiques ou littéraires et des plaidoiries devant les cours d'amour, des prix décernés par les dames à ceux qui se distinguaient dans ces sortes de concours, des festins somptueux, de magnifiques présens donnés aux dames et aux seigneurs, en un mot, tous les amusemens en usage dans les fastes de la chevalerie, servirent de spectacle à la brillante cour que René avait réunie à cette fête. Non content d'avoir réglé lui-même l'ordonnance de ces jeux, il y figura

---

(1) Une fête se célèbre le 30 mai de chaque année en mémoire de ces événemens, dans cette commune, et on s'y rend de toutes parts pour solliciter des guérisons et des miracles, tellement que l'église sert d'asile à une immense quantité de pélerins, dans la nuit qui précède le jour solennel. Dès le point du jour, on descend, à l'aide de poulies et d'une manière très-lente, la châsse où sont renfermées

comme acteur et sut même se faire distinguer. (1). Lorsque tout fut terminé, il fit recommander à chaque chevalier de payer exactement sa dépense; lui-même trouva du mécompte dans ses finances; car, soit que ces fêtes lui eussent coûté plus qu'il ne l'avait calculé, soit que les fonds qu'il croyait disponibles lui eussent manqué, la vérité est qu'il n'avait de l'argent ni pour payer la dépense faite, ni pour subvenir aux frais de son voyage. Aussi écrivait-il à son maître d'hôtel : » Envoyez-moi vite des fonds; je ne veux pas

---

les reliques des Saintes-Maries qui, dans le reste de l'année, sont déposées dans une chapelle construite sur la partie supérieure de la voûte qui couvre le maître-autel. Dès que la châsse paraît, on pousse des cris d'allégresse, on chante des cantiques analogues, et des grâces sont promises à celui qui touche le premier ces précieux restes. Le procès-verbal, transcrit sur parchemin, des cérémonies auxquelles présida le Roi René, est conservé dans les archives de cette église, qui avait déjà un trésor assez riche, composé des dons faits par plusieurs Souverains ou personnages illustres. La ville d'Arles y avait voté son plan en relief et en argent, à l'époque d'une peste meurtrière; tout cela a disparu dans les orages de la révolution. La population des Saintes-Maries se compose de 780 individus pauvres et ne vivant guère que du produit de la pêche; le territoire est vaste, mais peu fertile et occupé en grande partie, par des marais, des étangs salés et des landes; l'air y est mal-sain, et c'est une des plus tristes habitations dont on puisse se former l'idée.

(1) La description de ce tournoi a été faite par L. de

» quitter la ville sans que tout le monde soit
» content. »

René partit peu après, pour aller seconder le Roi Charles VII, dans ses projets de reprendre sur les Anglais toutes les places qu'ils occupaient en France, et emmena sous les drapeaux français le brave duc de Calabre son fils, Ferry de Vaudemont son gendre, et l'élite de la noblesse provençale. Rouen ouvrit ses portes à cette brillante armée, et le Comte de Provence y tint la droite de son beau-frère dans l'entrée solennelle qu'il y fit le 10 novembre 1449. Caen et le reste de la Normandie suivirent cet exemple, et de là l'expédition se dirigea vers la Guienne; René y accompagna l'armée française, mais il ne put achever avec elle cette belle expédition, parce que ses affaires le rappelèrent en Anjou. Après y avoir demeuré quelque temps, il se rendit en Provence, où sa présence était désirée pour adoucir les désastres causés par la peste (2); mais la

---

Beauveau, Sénéchal d'Anjou et ensuite de Provence, qui avait été l'un des principaux personnages de cette cour; ce manuscrit précieux est déposé à la bibliothèque royale, fond de Colbert, n.° 7907. Voyez le voyage de Millin, tome III, chapitre XCII, page 443; l'histoire de Provence, par Papon, en fait, d'après le même manuscrit, une relation fort détaillée. Sup. du tome III.

(1) La peste se manifesta en Provence en 1450; elle dura deux ans, pendant lesquels elle exerça de grands ravages.

maladie de sa femme le força de revenir à Angers; elle y termina sa vie de la manière la plus édifiante, laissant son époux en proie à la plus vive et à la plus profonde affliction.

René aimant son peuple et en étant chéri; ayant le goût des sciences, des lettres, des arts et pouvant s'y livrer; vivant dans une contrée où il pouvait si bien satisfaire ses inclinations pour les tournois, les cours d'amour, les fêtes et les cérémonies de tout genre; placé sous un climat magnifique et sur une terre susceptible de toutes les améliorations; partageant son temps, quand il résidait en Provence, entre les villes de Marseille, qu'il affectionnait particulièrement; d'Aix, où il faisait exécuter des embellissemens, et où il avait fait bâtir une maison de campagne (1); d'Arles, dont la situation et les antiquités excitaient tout son intérêt; de Tarascon, dont le

---

(1) Elle était située dans le lieu où ont été depuis les Infirmeries; René y passait une partie des étés, et la désignait sous le nom de *bastide*, comme les autres habitans de cette contrée. Un mémoire de M. le président de Saint-Vincens, sur les monnaies, les usages et les mœurs du quinzième siècle, contient un inventaire curieux du modeste mobilier qui ornait cette maison de plaisance. René en possédait une autre à Marseille, non loin du village de Mazargues: elle appartient à M. Bonneville, inspecteur des douanes. Près de l'église rurale de Saint-Jérôme, était aussi un rendez-vous de chasse de ce Prince: il est compris aujourd'hui dans la propriété de M. Crozet.

château avait été réparé et agrandi par ses soins; estimé de tous les Princes contemporains et lié avec les plus puissans d'entre eux; entouré de plusieurs hommes de mérite dans toutes les classes; venant de perdre une femme qu'il avait tendrement aimée, et qu'il regrettait vivement; parvenu enfin à l'âge mûr, où l'on doit être détaché des illusions de la vie, quand on a connu, surtout, l'adversité et toutes les vicissitudes attachées à la guerre et aux révolutions, René aurait dû être insensible aux vapeurs de l'ambition. Mais l'homme le plus sage et le plus modéré, peut-il donc s'empêcher de payer son tribut à la faiblesse humaine? Ou plutôt, quand on a porté une couronne, ne se croit-on pas tenu par devoir, par honneur ou par préjugé, à ne jamais y renoncer, et ne pense-t-on pas devoir compte à ses enfans de ce qu'on a dû entreprendre pour faire valoir, ou du moins pour constater des droits regardés comme imprescriptibles?

Ce fut sans doute par ces considérations, que le Souverain de la Provence se détermina à former avec les Florentins et François Sforce, duc de Milan, une ligue pour déposséder du royaume de Naples, Alphonse, Roi d'Aragon, fortement soutenu par les Vénitiens. Le Roi de France fournit quelques troupes à René, et celui-ci partit à leur tête pour l'Italie, après avoir conclu préalablement des traités avec le Duc de Savoie et le Marquis de Montferrat, qui voulaient disputer le passage des Alpes. En passant par Gap, René éprouva une sorte d'opposition de la part de ses habitans, qui étaient soutenus par un envoyé du Dauphin; mais les choses se terminèrent à l'amiable; et l'expédition d'Italie commença au mois de septembre 1453. Dès les premières opérations, il fut démontré que les Vénitiens, qui s'étaient repliés jusques sur Brescia et Crémone, voulaient attirer leurs ennemis dans le centre des États de la république: tactique qui aurait tourné contre eux, pour peu que les alliés se fussent entendus. Au lieu de l'unité de vues, qui devrait être l'âme de ces entreprises, on vit se manifester cet esprit de jalousie et de méfiance qui les ruine toutes, et des affaires pressantes furent alléguées pour motiver le retour de René en Provence; on ne pouvait même s'en plaindre raisonnablement, car il laissait aux alliés ses troupes et le Duc de Calabre pour les commander. Celui-ci éprouva les mêmes difficultés: on ne voulut pas paraître s'opposer ouvertement à l'exécution des plans, qui devaient naturellement porter le théâtre de la guerre vers l'Italie méridionale; mais on faisait tout ce qui était nécessaire pour empêcher ce résultat; il fallut néanmoins faire encore une campagne; elle eut lieu sans événemens décisifs, et le Prince désabusé retourna en Provence, où son père, forcé de s'absenter, l'avait chargé de commander en son nom.

Cette même année, le 10 septembre 1454, René

contracta un second mariage avec Jeanne de Laval, fille de Gui, 13.me du nom et d'Isabeau de Bretagne. Il fut célébré à Angers par le Cardinal de Foix, Archevêque d'Arles; mais la Provence, et en particulier cette dernière ville, témoignèrent la part qu'elles prenaient à cet événement, par leurs démonstrations accoutumées, de feux de joie, de cavalcades, des décharges d'artillerie, des danses et des fêtes qui se prolongèrent pendant un mois. Jeanne reçut de son époux, entre autres présens, la baronie des Baux, cette terre dont les seigneurs avaient jadis été assez puissans pour se faire redouter des Comtes de Provence, et qui n'est aujourd'hui qu'une commune pauvre, presque inconnue et recommandable, du moins, par les vertus des cultivateurs qui l'habitent (1).

___

(1) La commune des Baux compte à peine 570 habitans, tous occupés de travaux agricoles, peu fortunés, mais pieux, laborieux, hospitaliers et probes, tellement que les vols, les querelles et les autres délits qui désolent la société, y sont infiniment rares. En 1815, la plupart des hommes en état de porter les armes, partirent, des magistrats municipaux en tête, pour aller rejoindre les drapeaux de S. A. R. Monseigneur le Duc d'Angoulême, et ne les quittèrent qu'après la capitulation de la Palud. Une conduite si noble, si désintéressée, demeure inconnue, parce que ces braves gens la trouvent si simple, que jamais ils n'ont pensé à s'en faire un mérite. On n'a pu résister au désir de consigner ici ce fait, digne des descendans de ces hommes que René honorait d'une bienveillance particulière. Les terres Baussenques, dont les Baux étaient le chef-lieu, se composaient de près de quatre-vingt paroisses ou seigneuries.

Le gouvernement de René, quoique siégeant à Angers, se fit remarquer par l'émission de quelques lois ou règlemens de jurisprudence, sollicités par les États de Provence, réunis à Brignoles : actes qui furent promulgués par son lieutenant le Duc de Calabre. Peu de mois après, les nouveaux époux vinrent jouir du bonheur de se retrouver parmi des sujets qu'ils affectionnaient. Arles, où ils vinrent d'abord, leur fit une réception magnifique et Tarascon se montra sa digne émule ; elle leur prépara même une fête suivant les goûts du Prince, dans la translation des reliques de Sainte Marthe, le 10 août 1458, et il en régla le cérémonial pour l'année suivante.

Il était dans la destinée de René de ne jouir que pendant ses dernières années, et dans sa chère Provence, d'une tranquillité qui échappait sans cesse à ses vœux. De nouveaux événemens le forcèrent à s'occuper encore de l'Italie : son fils ayant été chargé, par le Roi de France, de défendre la république de Gênes, qui venait de se placer sous sa protection, Alphonse, constant et jusque-là heureux compétiteur de la maison d'Anjou, vint attaquer le Duc de Calabre jusque sous les murs de Gênes : il y trouva la mort. le successeur désigné par lui, fut Ferdinand, son fils naturel, qui, avec moins de talens, n'avait pas une moindre ambition de régner ; mais il fut contrarié par le Pape Calixte III, qui néanmoins ne paraissait pas être tout-à-fait dans les intérêts de René. Ce Pontife mourut, et son successeur, Pie II, se montra ouvertement favorable à Ferdinand ; tout en feignant une grande impartialité, il se montra plus que partial, et se permit même quelques railleries piquantes contre René : au point que celui-ci, usant de représailles, prononça la défense de reconnaître aucun des actes émanés de la Cour de Rome. Cette querelle, qui n'était pas sans inconveniens à cette époque et dans ces conjonctures, ne put se terminer qu'après de longues négociations.

Cependant le Duc de Calabre se maintenait à Gênes, malgré les menées ouvertes et cachées auxquelles se livraient Ferdinand et le Duc de Milan, qui avaient fini par entraîner ces peuples dans une violente révolte ; fatigué de cet état de choses et suivant l'impulsion d'un caractère courageux, le fils de René se mit à la tête d'une flotte composée de vingt-deux vaisseaux et de trois galères, pour tenter une descente sur les côtes du royaume de Naples ; une bataille eut lieu à Castelmare, et elle aurait été décisive, si ce Prince n'eût écouté des conseils perfides ou peu éclairés, qui l'engagèrent à prendre quelque temps de repos. Jean était cependant trop expérimenté et trop ferme pour ne pas se garantir contre ce double écueil : cette faute, qui tint sans doute à d'autres causes que nous ne pouvons apprécier, eut le résultat de donner à son compétiteur le temps de lever une nouvelle ar ', d'amasser des fonds pour la payer, et de amener à lui beaucoup de Seigneurs qui s'étaient prononcés pour la Maison d'Anjou ; le Pape y contribuait en les relevant de leur serment de fidélité, et pour donner à René un désagrément personnel, il supprimait, par une bulle en 1460, cet ordre du Croissant, auquel le fondateur attachait un si grand prix.

Le Duc de Milan paraissait s'être chargé du soin de susciter des traverses à la Maison d'Anjou dans le nord de l'Italie : ses démarches ayant fait éclater une nouvelle révolte à Gênes, Charles VII y envoya des troupes par terre, tandis que René s'embarquait à Marseille avec quelques vaisseaux. Un combat sanglant s'engagea dès son arrivée, mais le nombre l'emporta sur la bravoure, et une retraite honorable fut le partage des vaincus. Des écrivains estimables accusent René, sous la foi d'un historien italien (1),

---

(1) Jean Simoneta, historien contemporain, qui parle de ce fait, ne le rapporte que comme un bruit populaire et qu'il ne garantit pas ; il le cite dans sa vie de Ludovic Sforze, qui était l'ennemi de René. Un autre écrivain, Christophe de Soldo, le rapporte aussi dans une histoire de Brescia, mais d'une manière plus invraisemblable et plus incertaine. Quand d'ailleurs les écrivains les plus estimés de l'Italie, rangent ces bruits parmi les fables que se plaisent à accréditer l'esprit de parti et la haine, il est à regretter que Villaret ait adopté si légèrement une

d'avoir demeuré sur sa galère, tranquille spectateur de cette scène de carnage, et d'avoir fui honteusement en abandonnant ses soldats à la discrétion d'un ennemi irrité, pour les punir de ne pas avoir vaincu. Ce témoignage est partial et heureusement presque unique : il est démenti par plusieurs auteurs dignes d'estime, mais surtout par le caractère et les actions de ce Prince; s'il fut calomnié, sous le rapport du courage et de l'humanité, quel homme pourrait s'étonner de l'être?

De retour en France, il fut témoin de la mort de Charles VII et du sacre de Louis XI en 1481. Cependant le Duc de Calabre voyait arriver le moment où il faudrait quitter le royaume de Naples, puisque son parti y diminuait considérablement. Le fameux Scanderberg, Prince d'Albanie, était accouru à la voix de Ferdinand; le Pape, plusieurs Souverains d'Italie, quelques Puissances éloignées soutenaient ce parti, et c'était montrer une grande force d'âme que de résister à tant de circonstances réunies.

René, revenu en Provence, s'adonna encore plus particulièrement à l'étude des lettres et à la culture des beaux arts; on rapporte à cette époque, l'institution des jeux qui accompagnent

---

inculpation aussi odieuse, dirigée contre un Prince français, à qui la postérité a si unanimement accordé des qualités recommandables.

la procession de la Fête-Dieu à Aix, mélange bizarre du sacré et du profane, des mystères religieux et des scènes du paganisme; mais dans lesquels on voyait percer, toutefois, l'intention de satisfaire certains ressentimens politiques (1). C'est ainsi qu'après des simulacres de tournois, de combats de courtoisie ou de plaisance, et de plusieurs exercices d'esprit, restes des Cours d'amour, on voyait paraître, dans le costume qu'on est convenu de leur donner, un grand nombre de personnages de l'ancien et du nouveau testament, retraçant, dans des jeux burlesques, quelques événemens de leur vie (2). Moïse et

---

(1) Il paraît que, dès l'année 1443, René avait conçu le projet des jeux de la Fête-Dieu; il en acheva le plan en 1462, mais ils n'eurent lieu, pour la première fois, qu'en 1475. On les exécuta constamment jusques à la révolution, et si quelques oppositions se manifestèrent en 1645, de la part du Clergé et postérieurement de celle de M. de Grimaldi, Archevêque d'Aix, elles cédèrent au vœu du peuple. Dans l'une des années qui suivirent le concordat de 1801, on en essaya une représentation; elle ne fut suivie d'aucune autre, parce que la ville n'est plus en situation de subvenir à cette dépense, qui ne laisse pas d'être assez considérable.

(2) Tous les détails de ces cérémonies sont consignés dans un ouvrage intitulé : *Explication des cérémonies de la Fête-Dieu*, orné de figures très-exactes, gravées en taille douce, que publia à Aix, chez Esprit David, en 1777, feu M. Grégoire, ancien commerçant de cette ville. Les figures furent dessinées d'après nature par un de ses fils,

Aaron punissent les Hébreux, qui adorent le Veau d'or ; la Reine de Saba danse devant Salomon ; Hérode ordonne le massacre des innocens ; les trois Mages suivent l'étoile mystérieuse ; les Apôtres et les Évangélistes paraissent dans le cortége, où se fait remarquer la taille gigantesque de Saint Christophe ; les principales divinités de la mythologie, Neptune et Amphitrite, Mars et Minerve, Saturne et Bacchus, Apollon, et Diane, les Parques, les Faunes, les Satyres, les Sylvains et les Centaures, auxquels font vraisemblablement allusion les Chevaux-frux, tels qu'on les voit en Provence (1) ; une légion de

---

M. Gaspard Grégoire, artiste distingué, connu surtout par l'ingénieuse manufacture de velours de soie, teinte en laine, présentant des tableaux d'une vérité frappante, dont il est l'inventeur, et qu'il continue d'exploiter avec le plus grand succès, dans un beau local, qu'il tient de la munificence éclairée du Gouvernement, rue de Charonne, Hôtel Vaucanson, Faubourg S.t Antoine, n.º 47, à Paris.

M. Millin en a fait aussi une description fort étendue dans son voyage dans les départemens du Midi, tome 2, page 302 et suivantes. Ces deux auteurs citent aussi un ouvrage intitulé: *Esprit du cérémonial d'Aix en la procession de la Fête-Dieu*; les trois éditions qui en ont été faites remontent aux années 1708, 1730 et 1758.

(1) Un homme se place debout dans le milieu du corps d'un cheval façonné en carton, de manière à ce que le buste a l'air d'être en selle, et ses jambes, cachées par le caparaçon, servent à faire mouvoir dans tous les sens la machine. Ces cavaliers, réunis en troupe, exécutent des

grands

grands et petits diables, et de grouppes de lépreux, déguisés sous le nom de *rascassetos*; des bâtonniers, des danseurs, des chevaliers du guet et des ordres institués pour la cérémonie; le Duc et la Duchesse d'Urbin, ridiculement habillés, montés sur des ânes et exposés à la risée de la populace; cet immense cortége marchant ou dansant au son d'une musique, dont René avait lui-même composé les airs et déterminé les instrumens: tels étaient les ornemens accessoires de la procession, et le dais était immédiatement suivi de la figure de la mort, armée d'une faulx. Tout cela se prolongeait pendant quinze jours presque consécutifs, puisque, dès la veille de la fête de la Pentecôte, on élisait le Roi de la basoche, le Lieutenant et le Prince d'amour, l'Abbé de la ville ou de la jeunesse, dignitaires de ces singulières représentations. Le fondateur avait pourvu à tout, même aux rangs que devaient occuper le Clergé, le Parlement, les divers Corps de magistrature, par les règlemens les plus minutieux; et des rentes constituées en argent, sur les fonds de son trésor, assuraient à jamais l'exécution de ses ordres. On prétend que ce fut dans le fort de sa composition, que lui parvint la lettre par laquelle

---

danses ou des évolutions, et on les désigne sous le nom de chevaux *frus*, *frisques*, *fringans*.

en lui annonçant ses désastres à Naples, on lui demandait de prompts secours: » Je ne puis y » aller, répondit-il en patois provençal, je suis » ici occupé de choses saintes. » Le messager qui lui apporta la nouvelle de l'expulsion de son fils du royaume de Naples, et son retour en Provence, le trouva, dit-on, peignant une perdrix, et il poussa la force d'âme ou peut-être l'insouciance, jusques à ne point vouloir abandonner son ouvrage. Il dessinait aussi des oublies dans sa prison de Dijon, quand on lui annonça sa liberté : c'était vraisemblablement une allégorie dont le but était de prouver qu'on ne se souvenait plus de lui.

Quoiqu'il en soit de la réalité de ces faits, il n'en est pas moins certain que René cultivait la peinture; on conserve encore, dans l'Église métropolitaine d'Aix, un grand tableau à l'huile représentant le buisson ardent, ouvrage de ce Prince qui y a placé son propre portrait, avec celui de Jeanne de Laval; la famille de Matheron conserve religieusement une peinture très-soignée, où la ressemblance de René et de sa femme est parfaite; il l'avait peinte lui-même pour en faire cadeau à Jehan de *Matheron*, son compère et son chancelier (1) : outre plusieurs autres tableaux

---

(1) Ces portraits peints sur bois, sur des tablettes se fermant en guise de livres, sont accompagnés de vignettes, de devises, d'armoiries, de fleurs allégoriques, telles que

d'église ou portraits qu'on lui attribue, il avait aussi beaucoup travaillé en miniature, sur vélin ou sur verre; plusieurs livres de prières sont ornés de dessins, sortis de ses pinceaux, et on y reconnaît partout un talent assez remarquable pour le temps et pour un aussi grand personnage.

Ces douces occupations furent troublées par la douleur que lui causa la mort de sa sœur, Marie d'Anjou, le 29 novembre 1463 (1), femme de Charles VII, et par l'obligation où il crut être de revendiquer le Comté de Nice et la vallée de Barcelonnette, que, suivant lui, sa mère Yolande et Louis III, son frère, n'avaient pu valablement aliéner. Le Duc de Savoie ne trouva pas ces raisons plausibles; il était en possession et assez fort pour s'y maintenir: motifs assez

---

des lis; tous ces ornemens sont soignés, bien conservés et du meilleur goût. On conserve ce précieux monument dans le même sac de velours cramoisi, qui servit à le renfermer quand René le donna à son ami. Un médaillon, représentant le profil de Jehan de Matheron, sera placé sur le piédestal de la statue qu'on se propose d'ériger sur le cours d'Aix.

(1) C'était une Princesse d'un grand mérite, et elle fut extrêmement utile à Charles VII, quoiqu'elle eût souvent à se plaindre de ses procédés. Les cinq années qu'elle lui survécut furent employées à le pleurer, et à pratiquer tous les actes de piété et de bienfaisance que sa douleur croyait devoir joindre à ceux dont toute sa vie avait été une suite continuelle.

puissans pour faire échouer toutes les négociations de la Maison d'Anjou. Son chef eut aussi à s'occuper des moyens de calmer les ressentimens de Louis XI, qui savait mauvais gré au Duc de Calabre d'être entré dans la ligue dite du bien public ; et on vit le père fournir des troupes au Roi de France pour l'aider à soumettre le parti dans lequel servait un fils tendrement aimé : tant il est vrai que la politique fait souvent agir d'une manière contraire à ses opinions et à ses sentimens ! Les traités de Conflans et de Saint-Amour mirent fin, en octobre 1465, à ces dissentions intestines, pendant lesquelles le Comte Charles du Maine avait figuré alternativement dans chaque parti. La médiation de René ne fut pas toutefois inutile aux Princes de sa famille.

Elle recevait, peu après en 1468, une grande preuve de la confiance et de l'estime des Catalans ; car ces peuples s'étant vu enlever par la mort Don Pedro de Portugal, qu'ils s'étaient donné pour Souverain, après avoir renversé Jean II du trône, vinrent l'offrir à René, dont la mère était une Princesse d'Aragon. Tout disposé que fût ce Prince à goûter les douceurs d'une tranquillité, dont son âge commençait d'ailleurs à lui faire sentir le besoin, il ne crut pas pouvoir refuser ces offres, et le Duc de Calabre passa en Espagne à la tête d'une armée de 8000 combattans Français, Lorrains et Provençaux. Des succès assez brillans et quelques revers marquèrent successivement ses premières opérations; mais ensuite, une bataille presque décisive qui eut lieu devant Roses, et la prise de Gironne (1), firent espérer un moment la soumission totale de la Catalogne; elle aurait eu lieu si Louis XI, qui craignait de voir la Maison d'Anjou devenir trop puissante, eût envoyé les troupes qu'il avait promises, et s'il n'eût presque refusé, le 19 janvier 1469, la signature d'une trêve de deux ans avec le Roi d'Aragon, qui avait cherché à faire une diversion en descendant sur les côtes de Provence (2). Le Duc de Calabre attendait impatiemment le moment de reprendre des armes paralysées dans ses mains par une politique astucieuse, lorsque la mort, qui le surprit à Barcelonne, le 15 décembre 1470, l'enleva à son père dont il faisait les délices, et à des peuples qui avaient fondé sur ses grandes qualités leurs plus chères espérances. Ils ne

---

(1) René érigea Gironne en principauté, et en donna le titre à son fils en avril 1468. Nostradamus cite les lettres-patentes qui constatent ce fait, et elles sont conçues dans les termes les plus honorables et pour le père et pour le fils. (Histoire de Provence, par Nostradamus, page 627.)

(2) Sa flotte remonta le Rhône et se dirigea sur Arles, où les troupes manifestèrent l'intention de ravager le pays; on s'arma de toutes parts, et elles furent obligées de remonter sur leurs galères, pour retourner dans les ports d'où elles étaient parties.

crurent mieux prouver leurs regrets qu'en demandant, pour Souverain, le fils du héros qu'ils pleuraient, et de nouvelles larmes devaient arroser la tombe du jeune Duc Nicolas, au moment où il semblait avoir surmonté les difficultés qui s'opposaient à la réalisation de leurs vœux.

Tant de chagrins domestiques, tant de traverses politiques, avaient plongé le bon René dans une profonde tristesse. « Ma fille, » écrivait-il de Gardanne en 1470, à Marguerite, dont le mari, Henri VI, Roi d'Angleterre, venait d'être détrôné et assassiné : « Ma fille, que Dieu vous assiste
» dans vos conseils, car c'est rarement des hom-
» mes qu'il faut en attendre dans les revers de
» la fortune. Lorsque vous désirerez moins res-
» sentir vos peines, songez aux miennes ; elles
» sont grandes, ma fille : Dieu les connaît, et
» pourtant c'est moi qui vous console ! » Dès ce moment il se fixa en Provence et parut avoir renoncé à toute ambition : on le vit sans cesse occupé à rétablir l'ordre dans ses finances obérées par tant d'expéditions lointaines, à faire fleurir l'agriculture et le commerce, à encourager l'industrie, à donner des lois sages, à réprimer les abus et à faire chérir son gouvernement par sa justice, sa bonté et des améliorations de tout genre.

C'est dans de si nobles soins et dans l'étude, qu'il chercha des consolations pendant le reste de sa vie ; les lettres et les arts avaient charmé sa jeunesse et ajouté un nouveau lustre à la pourpre dont il était revêtu; l'adversité et la vieillesse lui faisaient encore plus apprécier les avantages de ces intéressantes occupations. L'agriculture lui dut des expériences pour naturaliser la canne à sucre, et l'introduction de plantes inconnues en France, telles que la rose de Provins, l'œillet de Provence, le raisin muscat, et de plusieurs espèces d'animaux rares, entr'autres des paons de diverses couleurs.

Outre des ouvrages d'assez longue haleine, tels que l'*Abusé en court*, en vers et en prose; un écrit sur les tournois et la description de celui de la *Grachuse*; le roman intitulé: *Roman de très-dulce merci au cœur d'amour épris*; une dissertation ascétique sous le titre de *Traité d'entre l'âme dévote et le cœur*, ou le *Mortifiement de vaine plaisance* (1), on connaît de

---

(1) Le premier existe en manuscrit original dans la bibliothèque royale à Paris: il a été réimprimé à Vienne en 1484, et se trouvait dans la bibliothèque du feu Duc de la Vallière.

Le second et le troisième écrits de la propre main de René, qui les avait adressés à Louis XI, enrichis de miniatures faites par lui, sont soigneusement conservés à la bibliothèque du Roi à Paris.

Le quatrième, est du plus haut prix, et avait été vendu 1620 fr. à la bibliothèque de M. le Duc de la Vallière: il a 38 feuillets, et contient, outre les majuscules écrites en or et azur et les vignettes, près de 70 miniatures.

Le cinquième, qui est manuscrit autographe et enrichi

lui des poésies en français, en italien et même en provençal, telles que des rondeaux, des ballades, des fabliaux, des comédies, des dialogues, des mystères en poëmes religieux et même quelques satyres. Le bon Roi René était naturellement gai et quelquefois un peu malin : on cite de lui des saillies et des mots assez piquans, et chacun connaît les épithètes ou sobriquets donnés par lui à vingt-huit des principales familles de Provence. La lettre suivante, qu'il écrivit à l'Évêque de Marseille, Jean Allardeau, donnera une idée de son genre d'esprit (1).

---

de dessins coloriés, existe à la bibliothèque de l'Empereur à Vienne : un double se trouve aussi dans celle du Roi à Paris ; cet ouvrage est de 1455.

Les heures du Roi René sont aussi admirées des amateurs, en raison des ornemens qu'on y voit, des prières qui y sont annotées et des événemens intéressans pour la Maison d'Anjou, dont la date y est relatée, tels que les naissances, les mariages, les morts, *etc.*

Un exemplaire fait partie de la bibliothèque de M. de Méjanes donnée à la ville d'Aix ; il est de 1458. Le second, qui est de 1454, faisait partie de la bibliothèque de la Vallière ; il était estimé 1200 fr.

(1) Jean Allardeau, qui occupa le siége épiscopal de Marseille depuis l'année 1466 jusques en 1497, fut surintendant des finances de René, et Louis XI lui confia le gouvernement de Paris : il passait pour être habile politique et courtisan délié, bien plus que Prélat uniquement voué à ses devoirs religieux. On lui accorde cependant quelques vertus.

Comme elle se compose de mots français, catalans, italiens et provençaux, nous en placerons le texte original en regard de la traduction:

DE PAR LE ROY,	DE PAR LE ROI,
» Moss de Marsella e mon compere. Da parte d'alcuni poveri homini a noi e stato humilmente supplicato come *p.* la supplicatione laquale qui interclusa ve mandamo chiaramente intenderete d'alcuno loro errore e fallimento. Et considerato sono homi maritimi et che hanno de-gli-altri carrighi assai, ove cognoscerete sia caso di pieta. *P.* quanto tocha a noi volemo loro sia remesso 2 *p* donato. Che Christo sia in vostra gnardia. Dats al ponte Sey lo VI giorno de jullet de lanno 1468. » RENÉ. » Dirigit Epo Massi-	» Mons de Marseille et mon compère, il m'a été exposé par quelques pauvres gens, qu'ils avaient commis certaines choses que je ne vous dis point, mais je crois que ce doit être par erreur ou par faiblesse, comme verrez par leur supplique, que trouverez ci-incluse. Vous saurez d'abord que ce sont des marins qui ont bien d'autres soucis dans ce monde. Il vous appartient de juger si c'est un cas d'église, car, pour ce qui me regarde, je suis bien aise qu'on leur pardonne. Que J. C. soit à jamais votre gardien.

» lien. et locuntenent » Au pont de Cé, le 6
» provintie. » » juillet 1468. » RENÉ.
A. PAGANUS.

Cette lettre fait partie d'un recueil dont la découverte est due aux soins de M. le Docteur Lautard, Secrétaire perpétuel de l'Académie de Marseille, dont le zèle pour tout ce qui peut concourir au lustre de sa patrie peut être seulement comparé au dévouement qu'il manifeste chaque jour pour le soulagement de l'humanité souffrante et à l'obligeance avec laquelle il communique à ses amis les précieux documens qu'il possède sur la Provence; c'est avec son autorisation que nous citerons encore quelques lettres, propres à faire connaître René, à qui il a voué une sorte de culte (1).

La théologie, l'astronomie, les mathématiques, la médecine, la jurisprudence, étaient spéciale-

---

(1) Ces lettres, au nombre de 290, furent trouvées dans le château de Simiane, autrefois Collongues, près Gardanne, appartenant à Madame de Simiane, née du Muy. Elles font partie d'un registre, où il paraît que René faisait tenir copie de toutes les lettres qu'il écrivait. Toutes sont revêtues de sa signature et contresignées par un secrétaire. M. Lautard a donné deux notices fort intéressantes sur cette correspondance, et il les a lues à l'Académie de Marseille, dans ses séances publiques des 25 août 1812 et 28 avril 1816. On lui doit les savantes lettres sur Marseille qui ont été insérées dans la Ruche Provençale,

ment cultivées par ce Prince, et il fit venir d'Italie plusieurs Savans distingués. L'enseignement public excita toute sa sollicitude; non content de protéger l'Université d'Aix et d'y placer des Professeurs recommandables, d'établir un Collége à Saint-Maximin et de fonder des bourses gratuites dans ceux d'Aix, d'Avignon et d'autres villes, il s'occupa de la refonte des livres élémentaires. Sous son règne, l'architecture, la sculpture, la gravure, la peinture sur verre, l'art de frapper les médailles furent perfectionnés et encouragés. L'achèvement de la belle Église de Saint-Maximin, les travaux exécutés au château de Tarascon, les grandes portes et les vitraux du chœur de l'Église métropolitaine d'Aix, les monnaies de ce siècle, sont des témoignages encore existans de ce qu'on vient d'avancer; et on reconnoit, jusque dans ces objets secondaires, le soin si important pour un souverain, de reconnaître, de s'attacher et de protéger les hommes de mérite dans tous les genres.

Aucune des branches de l'administration et de la prospérité publique ne l'occupa autant que le commerce; l'institution des Tribunaux consulaires en 1437 est son ouvrage, ainsi qu'une nouvelle extension donnée à la juridiction des prud'hommes pêcheurs; il accorda en 1472 de grandes franchises au port de Marseille, en les restreignant toutefois à la durée d'un an. Con-

vaincu que l'usure et la fraude sont désastreuses pour l'État, non moins que ruineuses pour le négociant honnête, il les proscrivit avec une grande sévérité. Des traités furent conclus avec les puissances barbaresques pour la sûreté de la navigation, et des expéditions maritimes furent encouragées, non-seulement pour le Levant, mais encore pour le nord de l'Europe et d'autres pays lointains. L'industrie est l'aliment et l'âme du commerce, et ce principe dirigea René dans l'attention qu'il donna aux verreries, aux savonneries, aux tanneries, aux fabriques de soie, aux salaisons de poissons : et s'il n'obtint pas, sous ces rapports, tout ce qui pouvait entrer dans ses vues, il fit, du moins, beaucoup plus qu'aucun de ses prédécesseurs, excepté Louis II son père, à qui la Provence fut redevable d'un grand nombre d'améliorations. On cite, comme prouvant la protection qu'il accordait au commerce et le peu d'importance qu'il attachait à des préjugés reprochés à son siècle, deux lettres, écrites par lui à son fils, pour lui prescrire de réclamer, auprès du Roi Jean d'Aragon, contre une violation du droit des gens commise envers un gentilhomme d'Aix faisant le commerce. « N'oubliez pas, dit-il dans l'une d'elles,
» que je suis touché de la plus vive compassion
» du malheur de ce gentilhomme, qui ne pourra
» bientôt plus pourvoir à ses besoins, ni satis-
» faire à ses engagemens, et pensez que le Roi

» Jean ne peut, sous aucun prétexte, être le
» détenteur des biens d'un de mes fidèles sujets,
» que je regardai toujours avec des yeux de père,
» parce qu'il est laborieux, plein d'honneur et
» de loyauté : et si, je veux que nul puisse l'in-
» quiéter pour dettes et le traîner devant les
» tribunaux, parce qu'il serait injuste et inhumain
« de le contrarier pour cet objet, vu que sa
» volonté ne fut pour rien dans son malheur.
» Angers, le 23 décembre 1468. »

Rien de plus simple que le bon Roi René dans sa vie privée; la dépense de sa maison ne dépassait pas 144,000 francs (15,000 florins). Ses principales maisons de campagne étaient situées à Gardanne, aux environs d'Aix et de Marseille; il y passait alternativement la belle saison, et son ameublement n'était pas plus somptueux que celui de ses voisins, qu'il aimait à visiter sans cérémonie. Cet accueil était ce qui convenait le plus à ses goûts, et il le preférait aux réceptions plus magnifiques qu'on se serait empressé de lui faire chez les Seigneurs ou les Évêques. On a dit que souvent il avait adopté des déguisemens romanesques pour parcourir ses États, et en acquérir la connaissance, en même temps qu'il se livrait à des amusemens assez en usage dans les mœurs de son siècle; mais il est certain que, plus d'une fois et surtout dans des parties de chasse qu'il rangeait parmi ses plaisirs les plus chers, il descendit chez de simples particuliers, dans le plus sévère *incognito*, et avec l'intention de connaître la vérité pour réprimer les abus qu'on lui dévoilait dans l'abandon de la conversation. Excepté dans les cérémonies publiques et l'éclat de la représentation, ses vêtemens étaient exempts de toute sorte de luxe, et c'était ainsi qu'il aimait à se promener et à causer avec les désœuvrés, rassemblés, pendant l'hiver, dans des lieux exposés au soleil et à l'abri du vent : c'est ce qui a fait nommer en Provence cette sorte de promenade, *la cheminée du Roi René*.

Les quais du port de Marseille lui convenaient parfaitement sous ces rapports, et on l'y rencontra plus d'une fois s'entretenant familièrement avec les patrons pêcheurs et leurs prud'hommes, qu'il qualifia toujours dans ses actes, de *dilecti nostri*, et auxquels il ne cessa de porter une affection particulière. Il leur cède le port de Morgiou en 1440, pour en jouir en toute propriété (1) : il les exempte en 1442 de certains droits de gabelles, tributs, rèves, *etc.* : il fait bâtir, pour leur servir d'appui, les deux tours qui défendent l'entrée du port de Marseille : il leur concède de très-importans privilèges ; il leur accorde en 1462, le droit de pêche dans toute la Méditerranée ; il

---

(1) Le port de Morgiou est formé par une petite anse, contenue elle-même entre deux langues de terre qui avancent dans la mer, à deux ou trois lieues au sud de Marseille.

règle leurs différens et fixe la législation de cette branche de l'industrie publique, en 1477; il ne dédaigne même pas de recevoir d'eux des sommes assez considérables, lorsque des circonstances désastreuses le forcent de recourir à des emprunts... Les pêcheurs de Marseille ont conservé religieusement la tradition de tant de bonhomie; ils ne parlent du bon Roi qu'avec vénération, et se plaisent, en racontant des particularités de sa vie, à transmettre à leurs enfans tous les souvenirs qu'ils ont reçus de leurs pères (1).

René avait toujours fait profession d'aimer les dames, et on le vit rompre des lances pour elles dans divers tournois; la sévérité de l'histoire

---

(1) Le tribunal des prud'hommes pêcheurs de Marseille, a traversé les orages de la révolution sans éprouver aucune atteinte. Les cinq juges qui le composent, et qui sont renouvelés chaque année, tiennent leurs audiences tous les dimanches. Tout pêcheur qui a un démêlé d'intérêt à faire décider, cite son adversaire par une invitation écrite, qu'il dépose dans un tronc avec quelques sous, pour subvenir aux frais de la procédure. Les huit jours expirés, les deux parties exposent leurs griefs et leur défense: jamais les avocats ne sont admis à plaider, et des juges qui, pour la plupart, ne savent pas lire, n'admettent aucun plaidoyer; sans autre loi que la tradition des usages transmis par leurs prédécesseurs, ils prononcent suivant les règles de l'équité et de leur raison; leur unique formule est celle-ci: *La loi vous condamne*, adressée en patois à la partie qui succombe, et ce jugement est scrupuleusement exécuté.

pourrait même lui reprocher quelques faiblesses, qui ne se concilieraient pas trop avec ses principes religieux; il en avait néanmoins montré dans tous les temps, et jamais il ne négligea aucune pratique extérieure. A Aix, il assistait régulièrement aux offices en qualité de chanoine de la cathédrale, et s'occupait à composer des chants ou de la musique d'église, à prononcer sur des questions de préséance, à régler des processions; il en vint même jusqu'à solliciter des absolutions, à troquer des cures, à nommer des curés, tellement, dit un savant critique, qu'il eut quelquefois l'air d'être devenu l'un des vicaires-généraux de ses États. S'il rendit des édits contre le blasphème et la licence des mœurs, s'il eut à sévir contre les Juifs, il sut concilier ces mesures avec une sage tolérance (1); sa bonté naturelle tempéra toujours la sévérité royale, et en punissant les délits des individus de cette nation, on put croire que les opinions religieuses n'en-

---

(1) On a reproché à René d'avoir fait acheter un peu cher aux Juifs, les grâces qu'il leur accorda; ses besoins financiers et les mœurs du temps peuvent seuls expliquer ces exactions. En 1454 il leur avait donné des garanties et même certains priviléges, moyennant des tributs et l'obligation de porter extérieurement certaines marques distinctives. Louis III, qui donna cet exemple en 1424, avait créé un emploi de conservateur des Juifs, et les plus grands personnages de la Cour n'avaient pas dédaigné de l'occuper.

traient

traient pour rien dans ses décisions; il protégeait même assez ouvertement plusieurs personnes qui tenaient à ce culte. Le Clergé, les temples, les monastères reçurent de lui des dons beaucoup plus considérables que l'état de ses finances ne pouvait le permettre, et on a conservé, dans plusieurs églises de Provence, principalement à Aix, à Arles, à Tarascon, à Saint-Maximin, à la Sainte-Baume, aux Saintes-Maries, des preuves de ses largesses. Ne pouvant faire lui-même le pélérinage de Jérusalem, comme il en avait formé le vœu pendant sa captivité, il légua une somme pour subvenir à la dépense de la personne que ses héritiers étaient chargés d'y envoyer à sa place.

La vieillesse et les chagrins, en rendant sa dévotion plus fervente, ne l'avaient pas dégagée de tous les accessoires qu'il y joignait dans les temps de sa jeunesse et de sa prospérité; aussi, son goût pour les cérémonies d'église et leur mélange avec des amusemens profanes, présida-t-il en 1469 à l'institution des jeux qui se célèbrent à Tarascon le lendemain de la Pentecôte; la Tarasque (1) figure à la tête de la procession,

---

(1) Une tradition immémoriale prétend qu'un monstre amphibie, qui ravageait cette contrée, fut détruit par S.te Marthe. L'animal est désigné sous le nom de *Tarasque*; et c'est là l'origine du nom donné à la ville de Tarascon. Le jour où l'église célèbre la deuxième fête de la Pentecôte,

entourée des chevaliers de ce nom, auxquels il avait été assigné des costumes et des décorations analogues; pendant la marche, le simulacre de ce monstrueux animal s'agite par les mouvemens des hommes qui sont placés sous son énorme ventre, de manière à blesser ceux qu'une indiscrète curiosité porte à s'en rapprocher; on promène ensuite, sur une charrette, un bateau plein d'eau, qui sert à mouiller les personnes qui se trouvent aux croisées, et ce jeu, qui se nomme l'Esturgeon, à aussi ses chevaliers; des vignerons, des laboureurs, des tonneliers, des ouvriers de plusieurs espèces y simulent les exercices de leur profession au son du galoubet et du tambourin; les chevaux-frux servent d'escorte au cortège et le garantissent d'une foule que ce spectacle livre à la joie la plus bruyante. Tout, jusques aux moindres détails, fut déterminé par René, et ses intentions sont encore scrupuleusement suivies; il cherchait, dit-on, à distraire, par ces amusemens, Jeanne de Laval, sa seconde femme, en proie, à cette époque, à une maladie de langueur qui semblait menacer ses jours. Des jeux semblables avaient été établis dans plusieurs autres villes de Provence; mais ceux que ce

---

la Tarasque est représentée en fureur et renversant, de son énorme queue, tous ceux qui l'environnent; elle est au contraire tranquille et menée par un ruban, que tient une jeune fille vêtue de blanc, le jour de Ste Marthe.

Prince donna à celle de Salon, méritent une attention particulière, par le but moral qui semble y avoir présidé. Un paysan, désigné *Roi de la pioche*, portant un de ces instrumens en guise de sceptre et entouré d'une suite de bergers et de danseurs, marche immédiatement avant la mairie, et sur la même ligne qu'un *Roi de la badoche* pris parmi les artisans; celui-ci, revêtu d'un habit fort riche et d'un manteau parsemé d'étoiles, a pour cortège des princes d'amour, des pages, des courriers, des danseurs d'une mise recherchée, et sa femme prend le titre de Reine. L'élection de ces souverains éphémères, qui se faisait tous les ans, se termine, ainsi que les cérémonies où ils figurent, par des festins, des bals et des divertissemens; mais René avait joint à leur titre quelques priviléges et entre autres celui d'être exempt de la milice.

Ce Prince si doux et si populaire ne manquait ni de dignité, ni d'énergie, quand il croyait blessés envers lui les droits de sa couronne ou les règles de l'équité qu'il pratiquait si bien pour son propre compte. Dans les démêlés qu'il eut avec Louis XI, il sut quelquefois lui résister, et ne fut pas moins ferme envers les Papes: faits assez remarquables dans ce siècle. Une lettre qu'il écrivit le 28 novembre 1468, à Paul II, était ainsi conçue: « Très-Saint Père, j'ai si
» souvent écrit à V. S. au sujet de la vacance
» du siége de Barcelonne, que je ne sais plus,

» en vérité, de quelles expressions me servir pour
» vous engager à me répondre. Je désirerais me
» taire ; de votre côté vous devriez faire cesser
» la cause de nos sollicitudes. Je ne me lasserai
» jamais de vous demander humblement ce que
» vous devez faire ; mais dites-moi, jusques à
» quand votre bonté prolongera-t-elle ma peine ?
» Dès que le Christ eut reconnu trois fois la
» constance de cette femme dont parle l'Évangile,
» il ne souffrit pas qu'elle soupirât plus long-
» temps après ce qu'elle désirait, il se laissa
» donc fléchir. Ainsi, Saint père, je vous en
» conjure. veuillez-bien partager ma peine, ou
» m'apprendre que vous la connaissez. »

René avait fini, sans doute, par être plus satisfait de ce Pontife, car il lui écrivit d'un style plus affectueux, pour lui recommander Philippe de Lévis, Archevêque d'Arles, et on reconnaît une adresse parfaite dans la manière dont il fait valoir ses titres à la faveur sollicitée.

» Saint Père, disait-il, je pensais l'autre jour
» en moi-même, que les Princes mes cousins
» auraient employé leur crédit pour faire nommer
» plusieurs Cardinaux, et que de mon côté, je
» ne vous avais encore présenté personne. Est-ce
» qu'on croirait que dans mon royaume je n'aie
» pas de sujet qui soit digne de cet honneur ?
» Vous sentez donc qu'il est de mon devoir de
» démentir ces soupçons injurieux et de prouver
» que dans mes États je puis compter des per-

» sonnages aussi distingués que ceux qui, dans
» le monde, occupent les plus hauts rangs ; la
» justice et la politique exigent, aujourd'hui,
» que V. S. daigne m'accorder ce que la dis-
» crétion et le respect que je lui porte, m'ont
» toujours empêché de lui demander. Je vous
» propose donc l'Archevêque d'Arles, mon con-
» seiller intime, mon prédicateur et mon ambas-
» sadeur près de vous ; vous le nommerez sans
» doute, puisque vous connaissez ses éminentes
» qualités, et que V. S. n'ignore pas qu'il a
» depuis longt-temps toute notre amitié, *etc.* »

En choisissant et protégeant les hommes éclairés qui l'aidaient à supporter le poids de sa couronne et à en augmenter l'éclat, René remplissait un des premiers devoirs imposés aux Souverains ; mais la bonté de son cœur le rendait aussi susceptible des procédés les plus délicats : il écrivait dans ces termes à son gouverneur général et à ses conseillers du comté de Provence : « Il est fort
» essentiel que les grandes familles d'un royaume
» ne tombent jamais dans la misère. C'est le
» devoir d'un bon Prince de venir à leur secours,
» lorsqu'elles éprouvent des malheurs. On nous
» expose qu'Éléonore, veuve de Guillaume de
» Castellane est assiégée par des créanciers avides
» qui vont dévorer son héritage. Nous voulons,
» en conséquence, que pendant deux ans on ne
» puisse la poursuivre pour dettes, sous quelque
» prétexte que ce soit. Dans cet intervalle elle

» pourra mettre ordre à ses affaires, payer ses
» dettes et posséder encore de quoi faire honneur
» à son nom, tel est notre plaisir. Aix, le 29
» mai 1470. »

Recommandait-il au Pape Paul II, en 1468, Honoré-Pierre de Castellane et Honoré de Flotte, recteur de l'Université d'Aix, il disait, en parlant du premier, « que c'était faiblement exprimer sa
» pensée que de dire que ses vertus le lui ren-
» daient très-cher; lui et les siens furent dans
» tous les temps fort attachés à sa maison, et
» la sienne mérite, sans contredit, d'être payée
» du plus tendre retour. »

Quant au second : « La science et la vertu,
» dit-il, la noblesse des sentimens, la douceur,
» les bonnes mœurs, le font distinguer parmi
» les gens de bien et le rendent toujours plus
» cher à mon cœur. Voilà ce qui m'engage à
» vous le recommander, *etc.* »

Parmi les hommes qu'il estima ou affectionna plus particulièrement, auxquels il accorda plus de confiance, ou qui se firent remarquer sous son règne, on cite : Palamède de Forbin, Président de la Cour des Comptes, ensuite Conseiller d'État et Chambellan; Jean de Cossa; Louis de Beauveau, Pierre de la Jaille, grands Sénéchaux; Jehan de Matheron ou Matharon, Président, Chancelier et Ambassadeur à Rome; Vidal de Cabannes, Ambassadeur à Milan; Jehan des Martens, Chancelier; Charles de Castillon, Maître rational, Chancelier de l'ordre du Croissant; Guillaume de Rousset, Archivaire de Provence; Antoine de la Tour, Conseiller d'État; Balthazard et Jean de Jarente, Chambellans; d'Allardeau, Évêque de Marseille, Surintendant des finances; Giraud d'Abessie, Maître d'hôtel; Louis de Glandèves, Nicolas de Brancas, Évêque de Marseille; les Cardinaux de Foix et de Lévis, Archevêques d'Arles; Pierre Marini, Évêque de Glandèves, confesseur et prédicateur du Roi (1); Lalande, précepteur du Duc de Calabre; Melchior de Seguiran, savant jurisconsulte; d'Arlatan, dit le grand; Jean-Antoine des Baux, des Ursins, Gabriel Valory, Jean Quiqueran de Beaujeu, Honoré de Châteauneuf, Guillaume de Lessart, Pierre d'Albert, Pierre de Nostra-Donna, juif converti qui fut le médecin, l'astronome, le confident de René, et forma, dit-on, la tige des Nostradamus de Salon, si célèbres dans le siècle suivant.

Nous avons laissé ce Prince livré à la douleur d'avoir perdu un fils digne de ses regrets et sur qui reposaient les espérances de la Maison d'Anjou; cependant ce n'était pas la seule perte qui dût lui coûter des larmes amères. Charles, Comte du Maine, frère de René, succombait à Aix sous

---

(1) M. le Président de Saint-Vincens a donné une notice curieuse sur les sermons de Marini; elle fut lue à l'Institut et imprimée à Paris chez Sajou, 1813.

les coups d'une maladie cruelle, en 1475, laissant un fils qui dut devenir l'héritier du comté de Provence, dès l'instant que Nicolas, fils du Duc de Calabre eut cessé de vivre. Ce jeune Prince annonçait la bravoure et les qualités de son père, auprès duquel il avait combattu en Catalogne; aussi les peuples de cette contrée le désiraient-ils pour Souverain; mais Louis XI, fidèle à sa politique, contraria, d'abord secrètement, des vues qu'il feignait d'approuver; ensuite, il se plaignit hautement de ce que Nicolas, après avoir pris l'engagement d'épouser la fille de ce Monarque, s'était permis de faire des démarches pour obtenir la main de Marie de Bourgogne; tandis que ce même Louis XI, respectait assez peu sa parole pour proposer au Duc de Guienne son frère, de resserrer leurs liens en contractant un mariage avec sa nièce. Des propos offensans envenimèrent ces procédés; l'Anjou fut séquestré au profit du Roi de France; on se prépara à combattre en Lorraine le Duc de Bourgogne, qui n'avait pas été plus fidèle à ses engagemens, et ce fut au milieu de ces préparatifs, qu'une maladie violente enleva à Nanci le Duc Nicolas, au milieu d'une Cour brillante, dont il était adoré (1), le 27 juillet 1473.

---

(1) On prétendit, au premier moment, qu'il avait été empoisonné, et un de ses officiers fut arrêté; mais il fut

René aimait trop ses peuples, il avait dû être trop bien préparé à la mort par celle de ses enfans, pour ne pas s'occuper de ce qui arriverait après lui, et ne pas régler dès son vivant l'ordre de sa succession. Après avoir assemblé les États de Provence, il fit son testament à Marseille, le 22 juillet 1474, laissant pour héritier Charles d'Anjou, Comte du Maine, fils de son frère. Palamède de Forbin contribua beaucoup à cette détermination, et parvint à combattre avec avantage l'inclination du Prince pour René II, Duc de Lorraine, son petit-fils par Yolande sa fille: il lui donna en dédommagement le duché de Bar, et à sa mère des legs en argent. Marguerite, Reine douairière d'Angleterre, qui était en ce moment enfermée à la tour de Londres, par suite de la révolution qui avait précipité du trône Henri VI, fut traitée de la même manière. Des terres en Anjou et en Provence, des pensions et le don d'une grande quantité de bijoux furent le partage de Jeanne de Laval.

L'année suivante fut marquée par quelques démêlés survenus entre René et le Pape Sixte IV, au sujet de la nomination à l'évêché de Fréjus; il y eut d'un côté, défense à tous les sujets provençaux de reconnaître le prélat nommé par

---

bientôt relâché, et aucun indice ne confirma ces prmières conjectures. Nicolas fut inhumé dans l'église de S.t Georges de Nanci, et on lui éleva un superbe mausolée.

la Cour de Rome de sa propre autorité, et de l'autre, cet événement motiva des interdits contre le Clergé de ce diocèse, l'an 1476. En même temps, des pirates vinrent ravager cette ville, dont les habitans, frappés de l'anathème papal, étaient allés suivre les exercices religieux dans les villes environnantes. Des négociations amenèrent des résultats conformes aux vues des deux puissances.

Cependant, Charles III recevait, d'après les ordres de son oncle, les hommages des États, des Cours de justice et des villes de Provence; mais ces arrangemens étaient loin de convenir à Louis XI, qui appuyait ses désirs de réunir cette province à la France, sur les droits qu'il prétendait tenir de Marie d'Anjou sa mère. Pour les rendre encore plus plausibles, il s'était fait faire une cession par Marguerite, Reine d'Angleterre, en reconnaissance des secours qu'il lui avait donnés contre l'usurpation d'Édouard VI. Ce double titre, il le soutenait par des décisions qu'il avait dictées au Parlement de Paris et par des forces imposantes qui menaçaient l'Anjou, la Lorraine et la Provence. René se jeta dans les bras du Duc de Bourgogne et lui offrit sa succession; mais ce Prince ayant été battu par les Suisses, il fallut courber la tête sous le joug de la nécessité. Un vieillard accablé de chagrins, et d'un caractère doux, n'était pas propre à soutenir une lutte aussi inégale; il se détermina à traiter avec son neveu, et une entrevue eut lieu à Lyon. Après des discussions assez vives, où René retrouva quelquefois la vigueur de la jeunesse, et où Jean de Cossa s'exprima avec une noble énergie qui sembla ne point déplaire à Louis XI, on finit par s'entendre; une trève de vingt ans fut signée, mais des articles secrets déterminèrent, dit-on, que Charles III, d'une faible santé et présumé devoir mourir sans héritier, régnerait tranquillement, et qu'après lui, le comté serait réuni à la couronne de France. Les événemens subséquens justifient, à défaut d'autres preuves, les conjectures formées par les auteurs contemporains sur le traité de Lyon; tous s'accordent à considérer Palamède de Forbin, comme ayant fortement contribué à cette détermination (1).

---

(1) Charles III fit son tesament les 10 et 11 décembre 1481, et mourut ce dernier jour; Louis XI fut institué son héritier universel, et après lui ses descendans, successeurs à la couronne royale.

Palamède de Forbin fut nommé Gouverneur et Lieutenant-général de Provence par le Roi, et prit en son nom possession de cette province, qu'il avait si puissamment contribué à faire réunir à la France. Il jouit aussi d'une grande faveur sous Charles VII, qui le fit son conseiller et son chambellan; la jalousie de quelques seigneurs l'attaqua pendant la minorité de Charles VIII, mais il fut reconnu hors de toute atteinte, et conserva jusques à sa mort, en 1508, la réputation de grand homme d'État et de sujet fidèle.

Tout paraissait réglé, quand la jalousie de Louis XI et la tendresse témoignée par René à son petit-fils, le Duc de Lorraine, qui était venu en Provence, donnèrent lieu à de nouvelles inquiétudes. Il est certain que le testament précédent aurait été annulé si le jeune Prince eût eu quelque condescendance pour son aïeul, et si le Roi de France pour soutenir, disait-il, les droits de la Reine d'Angleterre, n'avait, en menaçant la Lorraine, forcé son Souverain à venir défendre ses États.

René, dès ce moment, sembla ne plus s'occuper que de l'accomplissement de ses devoirs et comme Chrétien et comme Monarque : si son cœur fut déchiré par l'idée de voir encore sa chère Provence dévastée par la peste, il retrouva son courage quand il s'agit de prescrire les mesures convenables pour faire cesser ce fléau ou en prévenir le retour ; et il crut appaiser le Ciel en rendant des lois repressives du jeu, du blasphème, de l'usure, de la licence des mœurs. Enfin, une maladie grave vint mettre un terme à la douleur qu'il éprouvait sans cesse de survivre à une grande partie des personnes qui lui avaient été chères. Après avoir donné à son neveu les instructions les plus paternelles sur la manière dont il devait traiter les Provençaux (1); après en avoir reçu

---

(a) L'histoire de Provence par Gaufridy a conservé cette instruction remarquable.

les témoignages d'une affection que l'idée d'une séparation prochaine rendait encore plus touchante; après avoir enfin, reçu toutes les consolations spirituelles avec un courage digne de l'homme dont la conscience est pure, René mourut, âgé de 72 ans, après en avoir régné 46, le 10 juillet 1480. A la suite de magnifiques obsèques, qui eurent sans doute pour plus bel ornement des larmes générales et sincères, son corps fut déposé dans l'église métropolitaine d'Aix, et onze mois après, il fut furtivement transporté à Angers. Il est facile de concevoir la désolation qui suivit la perte d'un Prince si excellent; ces regrets et l'opinion qu'on avait de lui se trouvent consignés dans une complainte en vingt-quatre couplets et dans l'épitaphe qu'on destinait à son tombeau (1)

Il avait eu de son premier mariage cinq fils: Jean, Duc de Calabre; Louis d'Anjou, Prince de Piémont; Nicolas, Duc de Bar; Charles, Comte de Guise, et René; tous moururent avant lui. Ses quatre filles furent Élisabeth, morte en

---

(1) Cette complainte, curieuse sous le rapport des sentimens qu'elle exprime et comme monument de la poésie du quinzième siècle, est l'ouvrage de M. de Remerville, Lorrain, que René avait appelé en Provence pour lui confier la charge de maître rational de la chambre des comptes. Cette pièce de vers, en vingt-quatre strophes, se trouve dans l'histoire de Provence par Papon, tome III, page 75.

bas âge; Yolande, mariée à Ferry de Lorraine; Marguerite, Reine d'Angleterre, dont le caractère altier et si peu analogue à celui de son père, contribua à aggraver les malheurs qui pesèrent sur la tête de Henri VI, et Anne d'Anjou, morte dans l'enfance.

Son second mariage avec Jeanne de Laval fut stérile, et cette Princesse, dont on a dit beaucoup de bien, lui survécut de huit ans.

René eut aussi plusieurs enfans naturels, parmi lesquels ont cite: 1.° Jean, auquel il donna les terres de Saint-Rémi et de Saint-Cannat, et qui épousa Marguerite de Glandèves; 2.° Blanche, qui fut mariée à Bertrand de Beauveau; elle mourut à Aix en 1470, âgée de vingt-un ans et sans laisser de postérité; 3.° Magdeleine, que Charles VIII maria à Louis-Jean de Bellenave, son Chambellan.

René était grand et bien fait; son visage gracieux et ouvert inspirait la confiance; ses yeux étaient bruns, bien fendus et à fleur de tête; le nez était court et un peu arrondi par le bas; sa bouche fort gracieuse et un front sur lequel était empreinte la candeur de son âme, formaient les principaux traits de son visage, sur lequel l'on remarquait la cicatrice honorable d'une blessure qu'il reçut au combat de Bugueville: cet ensemble néanmoins faisait désirer un peu plus de noblesse dans l'expression de la physionomie. Ce défaut se fait surtout remarquer sur l'effigie représentée par le médaillon (1) d'ivoire que possède M. le Président de Saint-Vincens. Les portraits de René qui ont été faits lorsqu'il approchait de sa vieillesse, et dont la ressemblance est incontestable, lui donnent une figure très-vénérable et un air de mélancolie qui fixent presque le moment où ils furent peints; sa tête toujours couverte d'un bonnet de velours noir, ses cheveux coupés en rond, sa fraise en fourrure brune et sa longue robe, le long chapelet qu'il tient ordinairement dans ses mains, se rapprochent d'ailleurs trop du costume monacal pour qu'on ne présume pas, ou qu'il le portait assez habituellement, ou qu'il voulait exprimer par-là le dégagement des vanités humaines, ou le triste état de son âme.

Louis III, dans un règne extrêmement court, avait créé en 1424 un conseil éminent pour être tout à la fois une Cour de justice et un conseil d'administration; il avait ordonné la refonte des lois sur les impositions et la création d'un cadastre ou affouagement général; René, son frère, non-seulement maintint et étendit, en 1443, ces institutions utiles, mais il y ajouta de nouvelles dispositions, qui prouvent qu'il considérait une

---

(1) Ce médaillon est gravé, ainsi que celui de Jehan de Matheron, dans un ouvrage de M. de Saint-Vincens, intitulé: *Monnaies des Comtes de Provence*. Aix, Antoine Henricy, an X.

bonne législation comme le premier devoir du Souverain et le plus pressant besoin des peuples ; c'est dans ce but, qu'il régla tout ce qui avait rapport aux tutelles, aux curatelles, aux secondes nôces ; qu'il donna une nouvelle existence à l'université d'Aix; plus tard, en 1460, il s'occupait de la forme des testamens, des substitutions, de toutes les espèces de donations et des constitutions dotales; il diminuait le délai accordé pour appeler des jugemens par arbitres ; il créait, en 1471, des tribunaux consulaires destinés à prononcer en matière de commerce ; il défendait la vénalité des offices de judicature ; il formait trois degrés de juridiction ou d'appellation dans les tribunaux; il maintenait l'institution des assises que le Sénéchal allait tenir dans les principales villes (1) ; il autorisait enfin les communautés à établir des tailles ou des octrois pour leurs besoins locaux, pourvu que les conseils les eussent délibérés à la pluralité des voix.

Accordait-il des priviléges à certaines localités qui lui avaient donné des preuves d'affection, ordonnait-il la construction de quelques édifices?

---

(1) Cet établissement remonte au règne de Charles II, dit le boiteux, en 1298 ; ou, pour mieux dire, il existait antérieurement, car ce Prince dit, dans son édit, que le Sénéchal continuerait à faire des *chevauchées* dans les principales villes pour rendre la justice et examiner si les juges faisaient leur devoir.

On

On pouvait toujours reconnaître dans ses actes des vues d'intérêt public: en même temps qu'il donnait des priviléges aux habitans des Baux, il imposait l'obligation de ne jamais aliéner cette terre. Les Marseillais recevaient-ils une exemption de tailles pour leurs biens en Provence et à Naples, la Tour de Bouc était-elle transformée en une fortification régulière, les habitans du Martigues obtenaient-ils la cession des droits dûs sur les naufrages, les terres gastes qui environnent la ville d'Aix devenaient-elles sa propriété? Ces actes, et un grand nombre de cette nature, prouvent que les intérêts généraux et particuliers n'échappaient point au gouvernement de ce Prince, et qu'aucun détail de l'administration ne lui était étranger.

Ses finances furent presque toujours obérées, et on lui a reproché d'avoir employé des sommes trop considérables à satisfaire son goût pour les fêtes et les tournois; d'avoir fait aux églises des libéralités qui surpassaient de beaucoup ses ressources, et même d'avoir été trop complaisant envers les personnes qui l'entouraient, soit en leur accordant des gratifications, soit en donnant trop facilement des lettres de noblesse. Ces inculpations ne paraîtraient pas dénuées de fondement, si l'on ne considérait que l'esprit de son siècle était également porté vers les amusemens chevaleresques, et une dévotion qui plaçait la générosité envers le Clergé parmi les plus éminentes qualités d'un Prince; et quant à ce qu'il faisait pour sa Cour, il était difficile que sa bonté résistât aux instances de tant de compagnons de ses expéditions lointaines, qui avaient compromis leur fortune pour son service. René fut d'ailleurs économe et ennemi de tout faste pour sa personne, et quand ses peuples, dont il s'occupait sans cesse et qu'il soulageait même aux dépens de son propre trésor dans les calamités qui pesaient sur la Provence, lui ont pardonné des torts qui tenaient au temps où il vivait, et aux conjonctures dans lesquelles il se trouvait, la postérité devra-t-elle, après trois siècles, se montrer plus rigoureuse que les contemporains ?

On se demande aussi comment, avec un caractère si doux et des principes si pacifiques, René put se déterminer à entreprendre de passer deux fois en Italie, et d'envoyer son fils en Espagne, pour disputer des royaumes dont la possession ne pouvait le dédommager de la perte de ses meilleurs soldats, de la ruine de ses finances et de tous les fléaux qu'accumule sur une nation la fureur des conquêtes qui s'empare de son Souverain. Nous avons essayé de répondre à cette observation, par cette nécessité qui force souvent les Monarques à céder contre leur propre opinion à des considérations politiques, à des vues d'ambition qu'ils croient devoir au lustre et à l'agrandissement de leur famille. Sans doute il serait sage et beau de refuser une couronne ; mais les exemples de cette modération sont trop rares pour qu'on fasse un crime à René de ne pas l'avoir suivi ou donné : et d'ailleurs, ce sont les résultats qui peuvent seuls motiver le jugement impartial dû aux actions des Princes. Si les expéditions sur Naples et l'Aragon avaient pu réussir, serait-ce avec équité qu'on prétendrait reprocher à René d'avoir regardé comme devant être soutenus, les titres qui l'appelaient à gouverner ces États ? Sa bravoure dans les combats ne fut jamais contestée, mais on regrette de ne pas voir en lui cette force d'âme, cette fermeté dans les résolutions qui assurent l'exécution des grandes vues. Il fut facile à tromper, comme tous les hommes doués d'une bonté, d'une candeur, d'une loyauté, qui s'opposent à tous les efforts qu'on voudrait faire pour ne juger les autres que d'après soi ; et si le caractère d'un personnage marquant reçoit toujours une certaine influence des qualités bonnes ou mauvaises de ceux avec lesquels il se trouve sur la scène politique, peut-on raisonnablement accuser René d'avoir été faible, et par conséquent inférieur en audace et en astuce, à Alphonse et à son fils, à François Sforce, Duc de Milan, au Duc d'Urbin, à Caldora, aux Seigneurs italiens, aux Papes Calixte II et Pie II, et surtout à Louis XI, qui fit le désespoir de sa vieillesse ?

Une gloire qu'on ne saurait contester à René,

c'est celle d'avoir protégé l'instruction publique, les sciences, les lettres et les arts, de leur avoir fait faire de grands progrès, de les avoir mis en honneur et de les avoir cultivés lui-même d'une manière très-remarquable. Ces goûts, qui environnent d'une sorte de prestige le souvenir des Princes qui en ont apprécié les avantages et les douceurs, suffiraient seuls pour faire considérer René comme le précurseur de Léon X et de François I.er; mais lorsqu'à ces titres brillans se joignent une extrême bonté, une rare franchise, une sensibilité exquise, une justice toujours en action, un amour pour ses peuples qu'on peut seulement comparer à celui qu'il portait à sa propre famille; lorsque la longue carrière d'un tel homme fut marquée presque aussi constamment par les bienfaits dont il fut le dispensateur, que par les malheurs qu'il éprouva dans ses affaires politiques, comme dans ses affections privées, faut-il s'étonner que sa mémoire vive encore parmi les Provençaux, qu'elle y soit en vénération, et que les enfans soient si jaloux d'acquitter la dette de la reconnoissance de leurs pères, envers un Monarque auquel on avait donné dès son vivant le titre, que l'histoire se plut depuis à décerner à Louis XII et à Henri IV?

FIN.

SOUSCRIPTEURS

A l'Essai sur l'Histoire des Comtes souverains de Provence.

Messieurs

AILLAUD (l'Abbé), Chanoine honoraire de Digne.
D'ALBERTAS, Pair de France.
D'ALBERT-S.t-HIPPOLYTE, Maire de Venelles.
D'ALLEIN (le Marquis).
ANDRAVY, Docteur en Médecine à Marseille.
D'ANSELME, Conseiller en la Cour royale d'Aix.
D'ARBAUD-JOUQUES (le Marquis).
D'ARLATAN-DE-LAURIS, Président en la Cour royale d'Aix.
ARNAUD, Docteur en Chirurgie.
ARNAUD, Étudiant en Droit.
BAFFIER (le Baron), premier Président honoraire en la Cour royale d'Aix.
BAILE, Propriétaire.
BARNOIN (Charles), Propriétaire.
DE BAUDUEN (Charles).
DE LA BAUME (l'Abbé), Chanoine de l'Église métropolitaine d'Aix.
DE BEAUMONT, de Brignoles.
DE BAUSSET-DE-ROQUEFORT, Archevêque d'Aix et d'Embrun.
DE BAUSSET (le Marquis).
DE BEC, ancien Officier d'Artillerie.
BERAUD, Notaire royal.
BERNARD, Professeur en la Faculté de Droit d'Aix.
DE BERTRAND-FONCUBERTE.

Messieurs

BEUF, Conseiller en la Cour royale d'Aix.
BIROTTEAU, Avocat en la Cour royale d'Aix.
BILLOT, Conseiller en la Cour royale de Mets.
BLAIN, Propriétaire à Saint-Remy.
DE BOADES (le Baron).
BONDIL (Antoine) Docteur en médecine, à Moustiers.
DE BONIFACE-DE-FONBETON.
DE LA BOULIE, premier Avocat-Général à la Cour royale d'Aix.
DE BOURNISSAC, Propriétaire.
BOUTEILLE, Professeur en la Faculté de Droit d'Aix.
BREMOND de la Roque, Avocat en la Cour.
CABASSE, Conseiller en la Cour royale d'Aix.
DE CABRE, l'aîné.
CANAPLE, Inspecteur de l'Académie d'Aix.
CAPPEAU, Président en la Cour royale d'Aix.
DE CASTELLET, l'aîné.
CHAMBEAU, Avocat en la Cour.
CHAVE, Propriétaire à Pelissanne.
CLÉMENT-TINELLY, Vérificateur du Domaine.
CONSTANS, Professeur en la Faculté de Droit d'Aix.
DE CORIOLIS, Sous-Préfet de l'Arrondissement d'Aix.
DAUMAS fils, Propriétaire.
DAUPHIN, Notaire royal à Salon.
DESTIENNE-DUBOURGUET, Maire de la ville d'Aix
DIOULOUFET, Bibliothécaire en second.
DOUBLIER, Bibliothécaire à Draguignan.
DUBREUIL, Avocat en la Cour.
DUCLOS, Juge au Tribunal civil d'Apt.
ÉMERIC-DAVID, Membre de l'Institut.
EMPEREUR, Procureur du Roi, à Apt.
D'ESTIENNE (Martial), de Saint-Chamas.
D'ÉTIENNE - GAUFRIDI - DE - S.ᵗ - ESTEVE, ancien Conseiller au Parlement de Provence.

Messieurs

D'EYMAR-DE-MONTMEYAN, Président en la Cour royale d'Aix.
D'EYMAR, Recteur de l'Académie d'Aix.
DUVEYRIER, premier Président honoraire en la Cour Royale de Montpellier.
EYMON, Avoué à la Cour royale d'Aix.
DE FABREGOULE, père.
DE FABRY, premier Président en la Cour royale d'Aix.
FLORENT, Chanoine, Doyen en Théologie, à Aix.
DE FORBIN-LA-BARBEN (le Marquis).
DE FORBIN-D'OPPEDE (le Marquis).
DE FORESTA, Conseiller en la Cour royale d'Aix.
GABRIEL, ancien Magistrat.
DE GABRIELLI (le Comte).
DE GARIDEL, ancien Conseiller au Parlement d'Aix.
GAUTIER, Juge au Tribunal de première Instance.
GIBELIN, D. M. Bibliothécaire en chef, à Aix.
GIBELIN, Avocat en la Cour.
DE LA GOY, (le Marquis).
GRAFFAN, Avoué.
DE GRAS, Conseiller en la Cour royale d'Aix.
DE GUEYDAN (le Marquis).
EYRIÈS, Avoué en la Cour royale d'Aix.
JAUFFRET, Bibliothécaire en chef, à Marseille.
D'ISOARD., Propriétaire.
DE LAINCEL (le Marquis).
DE LAPOUKHYN (le Prince), Général Russe.
MAGNAN-DE-LA-ROQUETTE (le Marquis).
MARESCHAL, Propriétaire.
MASVERT, Libraire à Marseille.
MATHIEU, Négociant.
MERENDOL, Conseiller-Auditeur en la Cour royale d'Aix.
MEYRONNET-DE-S.t-MARC.
DE MONTAIGU (le Comte Léon).
DE MONTVALLON.

Messieurs

DE PARADE (le Chevalier Alexandre).
DE PERIER, ancien Conseiller au Parlement d'Aix.
DE PERIER (Alexandre).
DE PHILIP.
PIN (l'Abbé), Secrétaire de l'Archevêché.
PIN, ancien Conseiller aux Comptes.
POILROUX, Docteur en Médecine.
PONS, Greffier au Tribunal civil d'Apt.
PONTIER, Imprimeur-Libraire à Aix.
DE PORTALY-MARTIALIS.
DU QUEYLAR, Propriétaire.
RAMBERT, Greffier en chef au Tribunal de première Instance.
RAMBERT, Secrétaire-général de la Faculté de Droit d'Aix.
DE REGINA, Conseiller-Auditeur en la Cour royale d'Aix.
REGNAULT, Avocat en la Cour.
ROUX-ALPHERAN, Greffier en chef de la Cour royale.
RUSSEL (Milady).
DE SAINT-PONS (Victor).
DE SALIGNAC.
SALLIER, Receveur de l'Arrondissement d'Aix.
SÉMINAIRE (le grand).
SÉMINAIRE (le petit).
SIMÉON (le Baron), Préfet du Département du Pas-de-Calais.
TARDIEU, Avocat, à Marseille.
TOPIN (l'Abbé), Professeur de philosophie.
DE TRESSEMANES, Maire de Grasse.
VASSE, Inspecteur de l'Académie d'Aix.
VERNET, Avoué en la Cour royale d'Aix.
DE VIGNE, Propriétaire.
DE VILLENEUVE (le Comte), Préfet du Département des Bouches-du-Rhône.